0,50

Goldmann Ratgeber

Von Rudolf Teschner sind im Goldmann Verlag
bereits erschienen:

Meisterspiele. Unvergeßliche Schachpartien
(10537)
Schach. Eine Schule des Schachs in 40 Stunden
(10520)
Sie sind am Zug. 300 Schachkombinationen
(10522)
Das moderne Schachlehrbuch:
Teil 2 – Das Mittelspiel (10770)
Teil 3 – Das Endspiel (10805)

Rudolf Teschner

Das moderne Schachlehrbuch

Teil 1 – Die Eröffnung

Originalausgabe

Wilhelm Goldmann Verlag

1. Auflage September 1978	·	1.– 8. Tsd.
2. Auflage März 1979	·	9.–13. Tsd.
3. Auflage Februar 1980	·	14.–23. Tsd.
4. Auflage September 1981	·	24.–33. Tsd.

Made in Germany 1981

Umschlaggestaltung: Atelier Adolf + Angelika Bachmann, München
Umschlagfoto: Manfred Schmatz, München
Satz und Druck: Presse-Druck Augsburg
Verlagsnummer 10740
Lektorat: Cornelia Schmidt-Braul
Herstellung: Gisela Ernst
ISBN 3-442-10740-7

Inhaltsverzeichnis

Vorwort

In der Eröffnung entscheidet der Schachspieler, welche Richtung die Partie nehmen wird. Er kann die offene Feldschlacht wählen, sich unternehmungslustig geben oder sich anfänglich zurückzuhalten. Die Annahme, man könne aus der Eröffnung heraus zwangsläufig in Vorteil kommen, ist irrig. Hätte der Zug, mit dem Weiß die Partie beginnt, entscheidende Bedeutung, wäre das Schachspiel schon längst tot. Der Zug mehr bedeutet zweifellos eine gewisse Führung in der Partie, die jedoch nur so lange anhält, bis Schwarz, bei materiellem Gleichgewicht, in räumlicher und zeitlicher Hinsicht ausgeglichen hat.
Darum dreht sich also der Kampf. In der Praxis erringen die weißen Steine in statistischer Hinsicht ein gewisses prozentuales Übergewicht. Der Anziehende übt längere Zeit einen Druck aus, der sich beim Nachziehenden im Mehrverbrauch von Zeit bemerkbar machen kann. Spielt ein stärkerer Spieler mit den weißen Steinen gegen einen etwas schwächeren, wird er alles daransetzen zu gewinnen. Mit den schwarzen Steinen ist er meistens ein wenig bescheidener. Das Turnierschach hat in den letzten Jahrzehnten einen gewaltigen Aufschwung genommen. Die Schachliteratur und zahlreiche praktische Beispiele haben dazu beigetragen, die Schachtechnik in breite Kreise zu tragen und auch die allgemeine Spielstärke zu heben. Nicht

selten muß heute ein Meister vor einem Amateur die Segel streichen.
Dieses Buch möchte dazu beitragen, den heutigen Stand der wichtigsten Angriffs- und Verteidigungsideen zu vermitteln und eine aussichtsreiche Partieanlage zu ermöglichen.

Rudolf Teschner

Allgemeine Hinweise

Es ist wichtig zu wissen, warum gewisse Züge gut oder schlecht sind. Die Begriffe »Zeitverlust«, »Schwächung«, »Sicherheit des Königs«, »Zentrum«, »Entwicklung«, »Angriff« und »Verteidigung« spielen eigentlich beim Nachdenken über jeden einzelnen Zug eine Rolle. Immer sollte man sich fragen, wie das Zentrum durch einen Zug beeinflußt wird und wie sich der Zug mit der Entwicklung der anderen Steine verträgt. Immer wieder aber ist darauf hinzuweisen, daß vor den theoretischen Erwägungen die praktische Seite den Vorrang hat. Die allererste Frage bei einem Zug muß also lauten: »Was droht?«
Der Amerikaner Reuben Fine, von Beruf Psychologe, hat in seinen Schachschriften (er war in seiner aktiven Zeit einer der stärksten Schachspieler der Welt, mehrmals auf **zehn Regeln zur Eröffnung** hingewiesen (siehe auch »Schach«, Goldmann-Ratgeber Nr. 10520, Seite 31):

1. Eröffne mit dem Königs- oder Damenbauern.
2. Wenn möglich, mache einen guten Entwicklungszug, der etwas droht.
3. Entwickle erst die Springer, dann die Läufer.
4. Wähle das geeignetste Feld für die Figur und weise ihr den Platz endgültig zu.
5. Mache einen oder zwei Bauernzüge in der Eröffnung, nicht mehr.
6. Bringe die Dame nie zu früh heraus.

7. Rochiere so früh wie möglich, vorzugsweise auf die kurze Seite.
8. Spiele auf die Herrschaft in der Mitte.
9. Versuche stets, wenigstens einen Bauern in der Mitte zu behaupten.
10. Opfere nicht ohne klaren und ausreichenden Grund.

Die Kenntnis dieser Regeln ist besonders für den ungeübten Spieler eine große Hilfe. Der Fortgeschrittene weiß allerdings, daß es viele Ausnahmen gibt.

A. Offene Spiele

Das Ziel der Eröffnung besteht darin, alle Figuren einschließlich der Türme auf gute Plätze zu stellen, wo sie beweglich sind, sich gegenseitig nicht behindern und den Gegner bedrohen. Meist ist es günstig, rasch die Rochade anzustreben; man muß allerdings auch wissen, wann es ratsam ist, sie aufzuschieben, oder wann man ohne sie auskommen kann. Der König steht am sichersten hinter einer Bauernreihe, die keine Schwächen – wie sie durch Bauernzüge hervorgerufen werden – aufweist. Ein »Luftloch« ist im allgemeinen erst nötig, wenn die Türme die Grundreihe verlassen wollen und dort Angriffe drohen. Es gibt allerdings eine ganze Reihe von Eröffnungen, in denen man ohne einen Zug wie »h2–h3« oder »h7–h8« nicht auskommt. So beruht manchmal die Eröffnungsstrategie darauf, daß ein Springer auf f3 Druck auf den Punkt e5 ausübt und in diesem besonderen Fall wichtiger ist als ein Läufer. Dann ist es empfehlenswert, einen Fesselungszug wie Lc8–g4 auszuschalten (zum Beispiel in der **Spanischen Partie** nach den Zügen 1. e2–e4 e7–e5
2. Sg1–f3 Sb8–c6 3. Lf1–b5 a7–a6
4. Lb5–a4 Sg8–f6 5. 0–0 Lf8–e7
6. Tf1–e1 b7–b5 7. La4–b3 d7–d6
8. c2–c3 0–0).

Man teilt die Eröffnungen grob in **Offene Spiele (1. e2–e4 e7–e5), Halboffene Spiele (1. e2–e4 nicht** e7–e5) und **Ge-**

schlossene Spiele (nicht 1. e2–e4) ein. Die Bezeichnung ist nicht ganz zutreffend, denn es entscheidet sich häufig erst im Lauf der Partie, ob sie sich bild öffnet oder einen geschlossenen Charakter behält. Außerdem geht manchmal auch eine Gruppe in die andere über. Wir wollen uns zunächst mit den **Offenen Spielen** befassen, die von der großen Mehrheit der Schachspieler bevorzugt werden.

SPANISCH

Die **Spanische Partie (1. e2–e4 e7–e5 2. Sg--f3 Sb8–c6 3. Lf1–b5)** ist der weitaus wichtigste unter den offenen Spielanfängen. Die große Mehrheit der Turnierspieler strebt die »Spanische« an, wenn sie mit dem Doppelschritt des Königsbauern eröffnet. Der spanische Priester Ruy Lopez erwähnte diese Eröffnung in einem Lehrbuch, das er im Jahr 1561 veröffentlichte. Er hatte erkannt, daß der Läuferzug indirekt das schwarze Zentrum unter Druck setzt. Daß es sich um einen ganz natürlichen Zug handelt, geht schon daraus hervor, daß er sogar bereits in der »Göttinger Handschrift« (1491) aufgeführt ist.

1. Mit dem Bauernzug 3. . . . a7–a6. Die Einschaltung des Zuges 3. . . . a6 zur »Befragung« des Läufers ist die häufigste Antwort. Er kann sich als nützlich erweisen, wenn der Läufer sich nach a4 (A) zurückzieht. Tauscht Weiß auf c6 ab, gesteht er zugunsten eines Zeitgewinns dem Gegner das Läuferpaar zu. Er kann zusätzlich auf die gestörte Struktur der schwarzen Bauern verweisen. Robert Fischer, der Weltmeister von 1972–1975, pflegte gern so zu spielen (B).

1. e2–e4 e7–e5
2. Sg1–f3 Sb8–c6
3. Lf1–b5 a7–a6

A.*)

4. Lb5–a4

A1.*)

4. . . . d7–d6

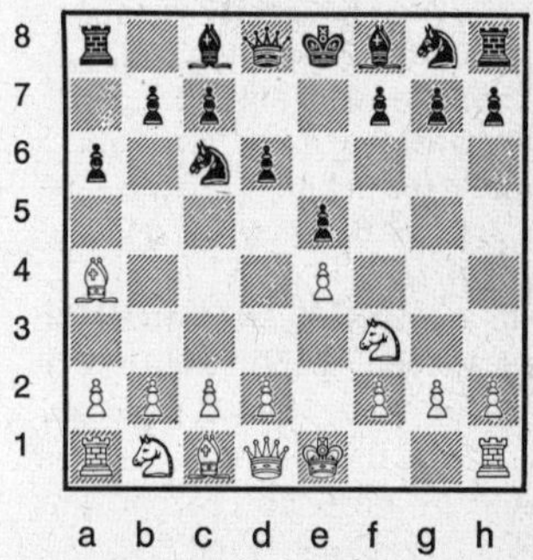

Die **moderne Steinitz-Verteidigung** (im Gegensatz zur **Steinitz-Verteidigung** ohne den Zug 3. . . . a6) ist eine ruhige, sichere Spielweise, bei der Schwarz versucht, möglichst lange einen Bauern auf e5 zu behaupten. Schwarz hat aber nicht vor, sich dauernd passiv zu verhalten. Unter Umständen liebäugelt er mit einem Zug

*) Zur besseren Übersicht wurde der Stoff in dieser vielseitigen Eröffnung nach Großbuchstaben in alphabetischer Ordnung unterteilt.

wie f7–f5. Auch die Chance d6–d5 (eventuell nach vorangegangenem Tausch auf d4) verliert er nicht aus dem Auge. Großmeister wie Keres und Smyslov, auch der frühere Weltmeister Aljechin pflegten sich gern dieses Systems zu bedienen.

A1a.*)

5. 0–0

Heute die beliebteste Fortsetzung. Nach 5. c3 müßte Weiß mit 5. . . . f5 **(Siesta-Variante)** rechnen, die insbesondere Keres oft angewandt und genau untersucht hat.

5. . . . **Lc8–d7**

Früher glaubte man, die weiße Rochade mit 5. . . . Lg4 günstig beantworten zu können. Nach 6. h3 dürfte Weiß aber in jedem Fall etwas besser stehen, zum Beispiel 6. . . . Lh5 7. c3 Sf6 (7. . . . Df6?! 8. g4 Lg6 9. d4 Le4: 10. S1d2 Lg6 11. Lc6:+ bc 12. de de 13. Se5: mit Vorteil für Weiß, Fischer-Geller, Bled 1961) 8. d4 Sd7 (8. . . . Se4:? 9. d5 b5 10. Lc2 mit Eroberung einer Figur, oder 8. . . . b5 9. Lb3 Le7 10. Le3 0–0 11. S1d2 d5 12. g4 Lg6 13. Se5:! Se5: 14. de Se4: 15. f4 Sd2: 16, Dd2: Le4 17. Tad1 und Weiß übt Druck aus, Boleslavski), oder 6. . . . h5 7. d4! Df6 8. de de 9. hg hg 10. Lg5 De6 (10. . . . Dg6 11. Dd7+!!, eine reizende, auf der Springergabel beruhende Wendung, die klaren Vorteil verspricht) 11. Sh4 Le7 12. Lb3 Dc8 13. Dd5 Sd8 14. De5: Th 5 15. f4! und Weiß gewinnt (Enzyklopädie der Schacheröffnungen, 1974).

6. d2–d4

Weiß kann hier den Zug 6. c3 eher einsparen als in der Variante ohne die weiße Rochade (also 5. d4).

6. . . .	**b7–b5**
7. La4–b3	**Sc6×d4**
8. Sf3×d4	**e5×d4**
9. c2–c3!	

Natürlich nicht sofort 9. Dd4: c5, gefolgt von c5–c4 und Einsperrung des weißen Läufers, eine Variation der **Arche-Noah-Falle.**

9. . . . **d4×c3**

Es kommt auch in Frage, das Bauernopfer abzulehnen und 9. . . . d3 zu spielen. Doch steht Weiß nach 10. Dd3: Sf6 10. Lg5 Le7 1. f4 recht gut.

10. Dd1–h5.

Gut spielbar ist 10. Sc3: Sf6 11. f4 Le6 12. Df3.

10. . . . **Dd8–e7**

Wenn 10. . . . g6, so 11. Dd5 Le6 12. Dc6+ Ld7 13. Dc3: mit schönem Spiel für Weiß.

11. Sb1×c3	**Sg8–f6**
12. Dh5–f3	**Ld7–c6**
13. Sc3–d5	**Lc6×d5**
14. e4×d5	**De7–d7**
15. a2–a4	

Nach Ansicht von Mieses wiegt der Angriff den geopferten Bauern mehr als auf (Mieses – Schlechter, Hastings 1895).

A1b.

5. c2–c3 **Lc8–d7**

Ein sehr scharfes Spiel kann die von Capablanca eingeführte **Siesta-Variante** 5. . . . f5 ergeben. Nach 6. ef Lf5: 7. d4 (Gut spielbar dürfte auch 7. 0–0 Ld3 8. Te1 Le7 9. Lc2 Lc2: 10. Dc2: Sf6 11. d4 0–0 12. de Se5: 13. Se 5: de 14. Sd2 Lc5 15. Sb3 Lb6 16. Le3 sein.)

7. . . . e4 8. Sg5 d5 9. f3 h6 10. fe hg 11. ef Ld6 12. Sd2 Df6 13. Lc2 0–0–0 14. Sf3 Te8+ haben beide Teile Chancen.

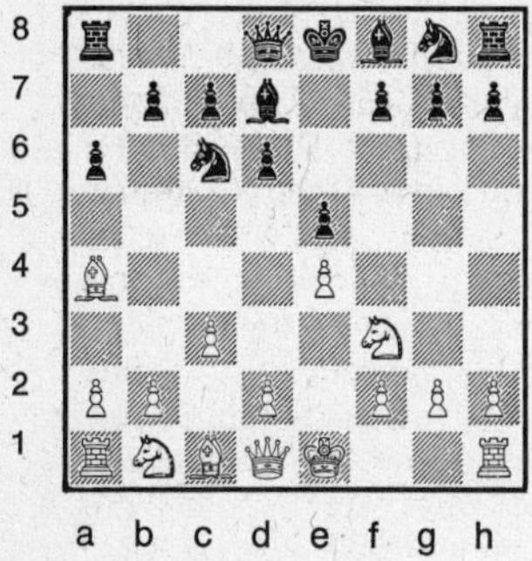

6. d2—d4 Sg8—e7

Ein Aufbau, der in vielen Partien von Keres auftaucht, aber auch von Rubinstein, Reshevsky, Boleslavski und anderen großen Meistern gespielt wurde.

7. Sb1–d2

Hier eine Finesse: auf 7. de muß 7. . . . Se5:! geschehen, denn 7. . . . de 8. Sg5! führt zu für Weiß günstigen Verwicklungen. Undurchsichtig ist die Variante 7. Lb3 h6 8. Le3 g5 9. Lg5: hg 10. Sg 5: Sd5! 11. Sf7: Kf7: 12. Ld5:+ Ke8 (Keres).

7. . . . Se7–g6

8. Sd2–f1 Sg6–h4

Ein Grundgedanke dieser Spielweise.

9. Sf3×h4 Dd8×h4

10. Sf1–g3 g7–g6

11. 0–0 Lf8–h6

12. Lc1×h6 Dh4×h6

13. d4×e5 d6×e5

14. Dd1–d5 Dh6–g7

Soweit eine Partie Boleslavski–Bondarevski, UdSSR 1960. Schwarz hält ohne weiteres stand. Kennen sollte man auch den Versuch 7. Le3 Sg6 8. h4, der am besten mit 8. . . . Lg4 beantwortet wird (9. Lc6:+ bc 10. S1d2 Le7 11. Da4 Ld7, aber nicht 11. . . . Sh4 12. Sh4: Lh4: 13. Th4: mit Vorteil für Weiß wie in einer Partie Damjanović–Mestrović, Jugoslawien 1964).

Nicht ganz so brauchbar wie 6. . . . S8e7 scheint 6. . . . g6 zu sein. Nach 7. 0–0 Lg7 hat Weiß zum Beispiel in 8. d5 Sce7 9. Ld7:+ Dd7: 10. c4 Sf6 11. Sc3 0–0 12. c5 Se8 13. Le3 dc 14. Lc5: Sd6 15. Te1 (Simagin – Gipslis, UdSSR 1960) einen aussichtsreichen Plan.

Wichtig ist außerdem der Zug 6. . . . Sf6, den Weiß am besten mit 7. 0–0 beantwortet, denn das Schlagen auf e4 ist für Schwarz nicht zu empfehlen, wie die Zugfolge 7. . . . Se4: 8. Te1 f5 9. de de 10. S1d2 Sd2: 11. Lc6: Lc6: (11. . . . Sf3:+ 12. Lf3: e4 13. Le4:!) 12. Se5: Le4 (12. . . . Se4 13. Dh5+!) 13. Ld2: Df6 14. Sg4! (Hort) zeigt.

Darum wird Schwarz sich mit 7. . . . Le7 8. S1d2 ed 9. cd 0–0 10. h3 Te8 11. Lc2 mit etwas besserem Spiel für Weiß oder 7. . . . g6, 8. Te1 De7 9. S1d2 Lg7 10. Sf1 0–0 11. Lg5 h6 12. Lh4 b5 13. Lc2 De8 14. Se3 Sh5 15. Sd5 Dc 8 16. de de begnügen müssen, wonach Weiß in einer Partie Unzicker–Ciocaltea, Hastings 1971/72, mit 17. a4! stark fortsetzen kann (darum kommt 11. . . . De8 in Frage).

A1c.

5. La4×c6+.

Weiß will mit dem Druck gegen den Be5 beginnen, ohne mit der Abdrängung des Läufers rechnen zu müssen. Außerdem kommt noch 5. c4 in Betracht (nach einer Idee von Duras), was die Läuferstellung auf a4 sichert und den Punkt d5 verstärkt. Darauf scheint 5. . . . Lg4 6. Sc3 g6 7. d3 Lg7 8. Sd5 h6 zum Ausgleich zu genügen, zum Beispiel 9. b4 Kf8 10. Lb2 S8e7 11. h3 Lf3: 12. Df3: Sd4 nach einer Partie Petrosjans.

5. . . . b7×c6

6. d2–d4 f7–f6

Nach dem Abtausch des weißfeldrigen Läufers kann sich Schwarz diesen schwächenden Zug leisten, weil er den Vorteil hat, den Punkt e5 endgültig zu sichern. Weniger logisch erscheint die »Aufgabe des Zentrums« (nach Dr. Tarrasch) 6. . . . ed 7. Dd4: c5 8. Dd3 Le7 9. 0–0 Le6 10. c4 Sf6 11. Sc3 mit Raumvorteil für Weiß, ebenso wie 6. . . . Lg4 7. de de 8. Dd8:+ Td8: 9. Le3 Ld6 10. S1d2 Se7 11. Sc4 f6 12. Sfd2 Kf7 13. c3 Tb8 14. b4 Thd8 15. Sb3 Sc8 16. Sba5 (Cosulich–Unzicker, Bari 1970), und Schwarz steht unbequem. (Siehe Diagramm links)

7. Dd1–d3.

Außerdem kommt noch 7. Le3 in Betracht, zum Beispiel 7. . . . g6 8. Dd2 Lg7 9. Sc3 Se7 10. h3 0–0 11. Lh6, oder 7. . . . Se7 8. Sc3 Sg6 9. Dd2 Le7 10. h4 h5 11. de fe 12. Lg5 0–0 13. Le7: De7: 14. Sg5 Sf4 15. f3, und Weiß steht besser.

7. . . . Sg8–e7

Weniger günstig ist 7. . . . g6 8. h h6 9. Sc3 Le6 10. Le3 Se7 11. 0–0–0 Lg7 12. Sh2 Db8 13. f4 Db4 14. a3!, wie in einer Partie K. Richter–Naegeli, München 1936, geschah.

8. h2–h4

Um den Springer, falls er auf g6 auftaucht, sofort zu verjagen.

8. . . . Lc8–e6

Zu erwägen ist nach der »Schachenzyklopädie« 8. . . . Lg4.

9. Sb1–c3 Dd8–b8

10. Lc1–e3 Db8–b7

11. 0–0–0 a6–a5

12. d4×e5 f6×e5

Das Zurückschlagen mit dem

d-Bauern kommt wegen der Schwäche des Punktes c5 nicht in Betracht.

13. Sf3—g5 Le6—g8
14. f2—f4

(Siehe Diagramm S. 16/rechts) Weiß hielt in einer Partie K. Richter–Sämisch, Berlin 1933, die Initiative fest (14. . . . ef 15. Lf4: Sg6 16. Lg3 Le7 17. e5! d5 18. e6! und so fort).

A2.

4. . . . Sg8–f6

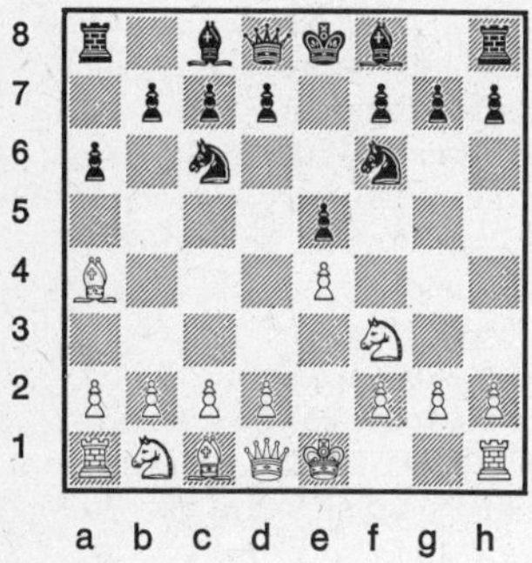

Die Fortsetzung, die bei weitem am häufigsten anzutreffen ist. Zu erwähnen wäre ferner der Zug Schliemanns 4. . . . f5 (5. d4 ed 6. e5! Lc5 7. 0–0 S8e7 8. Lb3 d5 9. ed e. p. Dd6: 10. Te1 h6 11. S1d2 b5 12. a4 Tb8 13. ab ab zugunsten von Weiß) und die sofortige Abdrängung des Läufers mittels 4. . . . b5 5. Lb3 Sa5, wonach das Läuferopfer auf f7 nicht ausreicht (6. Lf7:+ Kf7: 7. Se5:+ Ke7 8. Df3 Sf6 9. d4 Lb7 10. Sc3 De8 11. Lf4 Kd8, und der Platztausch von König und Dame sichert vorteilhaft die Stellung).

Weiß setzt am einfachsten 6. 0—0 d6 7. d4 fort, zum Beispiel 7. . . . ed 8. Sd4: Lb7 9. c4 c5 10. Sc2 Sf6 11. Sc3 Le7 12. Se3 Se4: 13. Se4: Le4: 14. Dg4 Lg6 15. cb Sb3: 16. ab ab 17. Ta8: Da8: 18. f4 mit Chancen für Weiß nach einer Analyse von Petrosjan.

5. 0–0

Andere Züge spielen eine untergeordnete Rolle. Zur Abwechslung kommt sofort 5. d4 in Frage, das wohl am besten mit 5. . . . ed 6. 0–0 Le7 beantwortet wird, denn bei 5. . . . Se4: 6. De2 b5 (6. . . . d5 7. Se5: Le6 8. Sc6: Dd7 9. f3 Sf6 10. f4!, Lasker) 7. De4: d5 8. De3 ba 9. Se5: Se5: 10. 0–0 Le6 11. de Dd7 12. Sc3 Lb4 13. Dg3 0–0 14. Lh6 f6 15. Lf4 c5 16. Tad1, Cholmov-Chassin, UdSSR-Meisterschaft 1961, wäre die weiße Stellung vorzuziehen.
Keine besonderen Sorgen hat Schwarz nach dem bescheidenen Zug 5. d3. Er kann sich etwa so aufstellen: 5. . . . d6 6. c3 Le7 7. 0–0 0–0 8. De2 Sd7 9. d4 Lf6 10. Le3 b5 11. Lc2 Sb6 12. S1d2 Lg4, Bronstein–Teschner, Hastings 1953/54. Zu gleichem Spiel führt auch 5. . . . b5 6. Lb3 Le7 7. c3 d5 8. De2 de 9. de 0–0 10. S1d2 Ld6 11. Sf1 Se7 12. Ld2 Lb7, eine Analyse von Löwenfisch.

A2a.

5. . . . Lf8—e7

(Siehe Diagramm S. 18)
Die geschlossene Variante. Die »offene« Spielweise 5. . . . Se4:, für die sich besonders Dr. Tarrasch eingesetzt hat und die nie ganz aus der Praxis verschwunden ist, behandeln wir unter »A2b«.

Die Möller-Variante 5. ... Lc5 gibt Weiß zum Beispiel mit dem Scheinopfer 6. Se5: Se5: (6. ... Se4: 7. Sc6: dc 8. De2 De7 9. Te1 Sf6 10. d4 De2: 11. Te2:+ Le7 12. Lb3 Sd5 13. c4, Analyse von Hort und Prybil) 7. d4 Se4: 8. Te1 Le7 9. Te4: Sg6 10. c4 0–0 11. Sc3 f5 12. Te2 f4 13. f3 d6 14. Lc2 eine gewisse Initiative.

6. Tf1–e1

Droht Bauerngewinn nach Tausch auf c6. Zu einer strategischen Partie führt der sofortige Tausch auf c6. Weiß versucht danach, die gesündere Bauernstellung in ein günstiges Endspiel zu retten. Ob es ein Nachteil für Schwarz ist, daß, anders als beim früheren Tausch, im 4. Zug der Königsspringer schon auf f6 steht, ist nicht ausgemacht. Hier eine Variante: 6. Lc6: dc 7. d3 (Oder 7. De1 Sd7 8. d4 ed 9. Sd4: Sc5 10. De3 0–0 11. Sc3 Te8 12. Td1 Ld6 13. b4 Sd7 14. Sf5 Se5 15. Sd6: cd 16. Dg3 mit gleichem Spiel) 7. ... Sd7 8. S1d2 0–0 9. Sc4 f6 10. Sh4 Sc5 11. Df3 Te8 12. Dg3 Kh8 13. Le3 Se6 14. Sf5 Lf8 15. a4 c5 16. f4 ef 17. Lf4: Sf4: 18. Df4: und Schwarz hat noch nicht voll ausgeglichen, Hort–Lengyel, Wijk aan Zee 1971.

6. De2, der **Worral-** oder **Englische Angriff,** ermöglicht die Beschäftigung des weißen Turms auf der d-Linie, von Aljechin und Keres gern angewandt, wird am besten mit 6. ... b5 7. Lb3 d6 8. c3 Sa5 9. Lc2 c5 10. d4 Dc7 11. Td1 0–0 im Stile Tschigorins bekämpft, zum Beispiel 12. Lg5 Lg4 13. de de 14. S1d2 Tfd8 15. Sf1 Sh5 16. h3 Lf3: 17. Df3: Lg5: 18. Dh5: De7 mit gleichem Spiel. Vielleicht kann Weiß mit 8. a4 Lg4 9. c3 b4 10. a5 0–0 11. h3 Le6 12. Le6: fe 13. d4 mehr herausholen. Für Schwarz kommt 7. ... 0–0 (anstelle von 7. ... d6) in Betracht, um den d-Bauern gleich zwei Felder vorzustoßen. So führt 8. c3 d5 9. d3 (unklar 9. ed Lg4 10. dc e4 11. d4 ef 12. gf Lh5 13. Lf4 Te8, Foltys–Keres, Salzburg 1943) 9. ... Te8 10. Te1 Lb7 11. S1d2 Dd7 12. Sf1 Tad8 13. Sg3 zu einer annähernd gleichrangigen Stellung.

6. ... b7–b5

Man kann den Bauern auch mit 6. ... d6 verteidigen und den schwächenden Zug des b-Bauern unterlassen. Weiß steht aber danach recht bequem. Ein Beispiel: 7. c3 0–0 8. d4 Ld7 9. S1d2 Te8 (9. ... Le8, die Kecskemet-Variante, ist aussichtsreich für Weiß, wie eine Partie Smyslov–Lublinski, UdSSR-Meisterschaft 1949, gezeigt hat: 10. Lb3 Sd7 11. Sf1 Lf6 12. Se3 Se7 13. Sg4 Sg6 14. g3 Le7 15. h4 Sf6 16. Sg5 h6 17. Sf6:+ Lf6: 18. Dh5! Kh8 19. de de 20. Le3) 10. Sf1 h6 11. Sg3 Lf8 12. a3 Sa5

13. Lc2 c5 14. b4 cb 15. cb Sc4 16. Sd2 Sd2: 17. Dd2: ed 18. Lb2, nach einer Partie Suetin–Zeschkovski, UdSSR 1971, die zwar Remis endete, die aber nach 18. . . . . Sg4 19. Ld4: Dh4 20. Sf1 Tac8 21. Lb3 Le6 22. Le6: Te6: 23. Tac1 (anstelle von 23. f3?) mehr versprochen hätte.
Chancenreich ist auch 7. Lc6:+ bc 8. d4 ed 9. Sd4: Ld7 10. Sc3 0–0 11. Lf4 Te8 12. h3 c5 13. Sb3 Le6 14. e5 de 15. Le5: Ld6 16. Df3!, Kapengut–Cholmov, UdSSR-Meisterschaft 1972 (etwas besser war 13. . . . a5).

7. La4–b3 0–0

Zugumstellung bedeutet im allgemeinen 7. . . . d6 8. c3 0–0. Schwarz behält sich mit der Rochade die Möglichkeit des **Marshall-Angriffs** (8. c3 d5!?) vor. Auf 7. . . . d6 kann Weiß auch 8. a4 einschalten, worauf nach Rubinstein 8. . . . Lg4 9. c3 b4! 10. d3 bc 11. bc 0–0 12. h3 Lh5 13. Lg5 h6 geschehen sollte.

8. c2–c3 d7–d6

Eine wirkliche Widerlegung des Marshall-Angriffs 8. . . . d5 ist nicht bekannt. Für den geopferten Bauern erhält Schwarz wohl ausreichendes Angriffsspiel, wie Spasski in vielen wichtigen Partien nachgewiesen hat. Nach dem neuesten Stand besteht eine für beide Seiten plausible Zugfolge in 9. ed Sd5: (9. . . . e4 10. dc ef 11. d4! fg 12. Lg5 Lg4 13. Dd3 Te8 14. Sd2 Sh5 15. Sf3 Lf6 16. Te5 Dd6 17. De4 Te5: 18. Dg4: Tg5: 19. Sg5: 20. Dh5: und Weiß stand in einer Fernpartie Strand–Dahlke, 1963, aussichtsreicher) 10. Se5: Se5: 11. Te5: c6 (in der Stammpartie Capablanca–Marshall geschah 11. . . . Sf6 12. d4 Ld6 13. Te1 Sg4 14. h3 Dh4 15. Df3 Sf2: 16. Te2 [am besten 16. Ld2! Lb7 17. Db7: Sd3 18. Te2 Tae8 19. Df3 Te2: 20. De2: Dg3 21. Df3! Dh2+ 22. Kf1 Dh1+ 23. Ke2 Sb2: 24. Le3 und Weiß gewinnt – nach Dr. Euwe] 16. . . . Lg4? [zum Ausgleich genügt 16. . . . Sg4 17. Te8 Sf6 18. Tf8:+ Kf8: 19. Sd2 Tb8 20. Sf1 Lb7 – nach Dr. Tartakower] 17. hg Lh2+ 18. Kf1 Lg3 19. Tf2: Dh1+ 20. Ke2 Lf2: 21. Ld2! Lh4 22. Dh3 Tae8+ 23. Kd3 und Weiß gewann.) 12. d4 (Von dem Amerikaner Fischer stammt der Versuch 12. g3. Nach 12. . . . Ld6 13. Te1 Sf6 14. d4 Lg4 15. Dd3 c5 hätte 16. Lc2 – anstelle von 16. dc Lc5: 17. Dd8: Tad8: 18. Lf4 h6 in Fischer – Spasski, Santa Monica 1966 – 16. . . . c4 17. Df1 Dd7 18. f3 Lh3 19. Df2 zu einer Stellung geführt, in der Schwarz es nicht leicht hätte, den materiellen Nachteil wettzumachen.) 12. . . . Ld6 13. Te1 Dh4 14. g3 Dh3 15. Le3 (gilt als bestes, um den Sb1 herauszubringen, ohne den Lc1 zu verstellen) 15. . . . Lg4 16. Dd3 Tae8. (Der Turm soll eventuell über e6 nach h6 geführt werden. Die Verstärkung des Angriffs mit 16. . . . f5 17. f4 g5 reicht nach 18. Df1 Dh5 19. Sd2 Tae8 20. Dg2! gf 21. Ld5:+ Kh8 22. Lf4: Lf4: 23. Lc6:! Le3+ 24. Kh1 Lh3 [oder 24. . . . Te6 25. Lf3!, Fischer] 25. De2! Lg4 26. Le8: Te8: 27. De3 nach Boleslavski nicht aus.) 17. Sd2 Te6 18. a4 f5! 19. Df1 Dh5 20. f4 ba 21. Ta4: Tb8!? (Alles andere scheint für Weiß günstig zu sein, zum Beispiel 21. . . . g5 22. Ta6: Kh8 23. Tc6: Se3: 24. Df2 Sd1 25. Ld1: Te1: 26. De1: Te8 27. Df1 Ld1: 28. Td6: und Weiß gewinnt nach einer Analyse von Gutman.) 22. Ld5: cd 23. Dg2 De8 24. Dd5: Kh8 25. Kf2! (Aber nicht 25. Sc4? Lf4:! 26. gf Tg6 27. Kh1, und die reizende Schlußwendung 27. . . . Dd7! 28. Dg2 Lh3! zwang Weiß in der Partie Johannsson–Mortensen, Glücksburg 1977, zur Aufgabe.) 25. . . . g5 26. Ta6: Tb2: 27. Ta2 gf 28. gf Ta2: 29. Da2: Lf4: 30. Sf1 Te4. Soweit eine Analyse von Tal und Gutman. Die Stellung ist noch immer ungeklärt.

9. h2–h3

Der gebräuchliche Zug: Weiß möchte die Fesselung Lg4 vermeiden. Allerdings ist auch 9. d4 durchaus spielbar. Nach 9. . . . Lg4 hat Weiß die Wahl zwischen 10. Le3 ed 11. cd d5 (11. . . . Sa5 12. Lc2 Sc4 13. Lc1 c5 14. b3 Sa5 15. d5 Sd7 16. S1d2 Lf6 17. Tb1 Se5 18. h3 Sf3:+ 19. Sf3: Lh5 20. g4 Lg6 21. Sh2, etwas besser für Weiß) 12. e5 Se4 13. Sc3 Sc3: 14. bc Sa5 15. Lc2 Sc4 16. Lc1 Dd7 (Keres) mit gleichem Spiel und 10. d5 Sa5 11. Lc2 c6 12. dc Dc7 13. S1d2 Dc6:! 14. h3 Le6 15. Sf1 Tfe8 16. a4 Db7 17. Lg5 b4 18. cb Db4: 19. Ld2 Db6 mit gleichem Spiel, Radovici – Smyslov, Hamburg 1965.

A2a1.

9. . . . Sc6–a5

Die klassische Fortsetzung, die zum Tschigorin-Aufbau führen kann.

10. Lb3–c2 c7–c5

Auf 10. . . . c6 erwidert Weiß am besten 11. a4.

11. d2–d4 Dd8–c7

In der Partie Teschner – Petrosjan, Bamberg 1968, sparte Schwarz nach 11. . . . cd 12. cd mit Lb7 den Deckungszug der Dame ein. Das Spiel auf Bauerngewinn mit 13. de de 14. Dd8: Ld8: 15. Se5: würde nach 15. . . . Tc8 16. Ld3 Te8 Schwarz einen bequemen Ausgleich gewähren. In Tal – Petrosjan, Portoroz 1959, kam es nach 13. b3 Sc6 14. S1d2 ed 15. Lb2 Sd7 16. Sd4: Sd4: 17. Ld4: Lf6 zum baldigen Remis. Am besten ist wohl 13. S1d2 und auf 13. . . . Tc8 14. Sf1. Teschner setzte 13. a4 Tc8 14. ab ab 15. Ld3 fort, wonach das Scheinopfer 15. . . . Tc1: 16, Dc1: Sb3 17. Dd1 Sa1: 18. S1d2 Db6 19. Da1: Sd7 zu gleichem Spiel führte.

Brauchbar scheint auch 11. . . . Sd7 12. S1d2 cd 13. cd Sc6 zu sein. In der Partie L. Schmid – Gheorghiu, Monaco 1969, stand das Spiel nach 14. Sb3 a5 15. Le3 a4 16. Sbd2 ed 17. Sd4: Sd4: 18. Ld4: Se5 19. a3 (in Frage kommt 19. Sf1 Le6 20. Se3 Sc6 21. Lc3 b4 22. Ld2 a3 23. b3 Lf6 24. Tb1 Ld4 25. Sd5, und Weiß stand etwas besser, Gligorić – Reshevsky, Tel Aviv 1964) 19. . . . Lf6 20. Sf1 Le6 21. Se3 Sc4 ausgeglichen.

12. Sb1–d2 **c5×d4**

Die Öffnung der c-Linie erhöht im allgemeinen die Chancen des Nachziehenden. Andere erprobte Züge sind 12. . . . Sc6, 12. . . . Ld7, 12. . . . Te8 und sofort 12. . . . Lb7.

13. c3×d4 **Lc8–b7**

14. Sd2–f1

Der Springer wird in dieser Variante regelmäßig über f1 nach g3 oder e3 geführt. Wenn 14. d5, so Lc8.

14. . . . **Ta8–c8**

15. Te1–e2 **Tf8–e8**

In Prins – Ed. Lasker, Havanna 1952, geschah 15. . . . Sh5 16. g4 (besser 16. d5 Sf4 17. Lf4: ef 18. b3 Lf6 19. Tb1 Tfe8 20. S1h2, Gipslis – Radovici, Bukarest 1968) 16. . . . Sf4 17. Lf4: ef 18. Dd2 f5! 19. gf Tf5: mit Vorteil für Schwarz.

16. Sf1–g3 **g7–g6**

17. b2–b3 **Sa5–c6**

18. Lc1–b2 **Le7–f8**

19. Dd1–d2 **Lf8–g7**

20. Ta1–d1 **Dc7–b6**

21. Lc2–b1 (Matanović – Keres, Wien 1957) mit leichtem Vorteil für Weiß.

A2a2.

9. . . . **Sc6-b8**

Eine alte, von dem ungarischen Schachmeister Breyer herrührende Variante. Der Springer soll zum Schutz des wichtigen Punktes e5 nach d7 geführt werden, wo er seinen c-Bauern nicht verstellt. Diese Spielweise hat seit einigen Jahren einen großen Aufschwung erlebt. Grundsätzlich wird sich Weiß ähnlich aufbauen wie in der Variante »A2a1«.

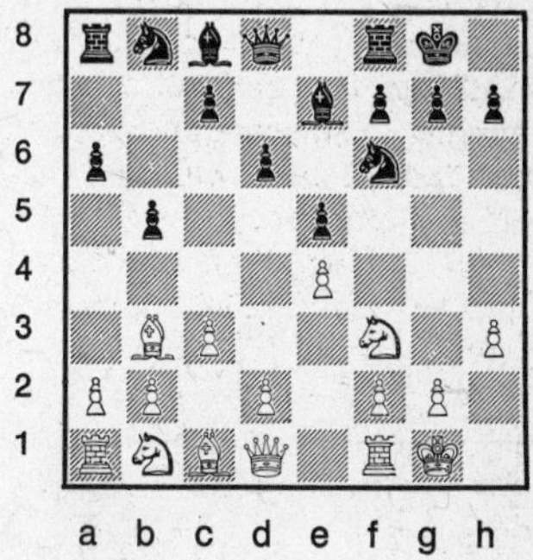

10. d2-d4

Möglich ist auch 10. d3, zum Beispiel 10. . . . S8d7 11. S1d2 Lb7 12. Sf1 Sc5 13. Lc2 Te8 14. Sg3 Lf8 15. Sh2 d5 (15. . . . Se6 wie in L. Schmid – Spasski, San Juan 1969, wird günstig mit 16. Sf5 beantwortet) 16. Df3 Se6 17. Sf5 Kh8 (17. . . . de 18. de c5 19. h4! ist gut für Weiß, Matulović – Robatsch, Vinkovci 1968) 18. ed Ld5: 19. Dg3 Sh5! (besser als 19. . . . Sd7 20. Sg4 f6 21. f4!, Matulović – Unzicker, Venedig 1969) 20. Dg4 mit gleichem Spiel.

10. . . . **Sb8–d7**

11. Sb1–d2 **Lc8–b7**

12. Lb3–c2 **Tf8–e8**

13. b2–b4 **Le7–f8**

14. a2–a4 **a6–a5**

Für Weiß angenehmer ist 14. . . . Sb6 15. a5 Sbd7 16. Lb2 Db8 17. c4 (oder 17. Tb1 c5, Fischer – Spasski, Match 1972) 17. . . . bc 18. La4 Td8.

15. b4×a5 Ta8×a5
16. Ta1–b1 Lb7–a6
17. a4×b5 Ta5×b5
18. Tb1–a1 Tb5–b6
19. Lc2–b3 h7–h6
20. Lc1–a3 c7–c5
21. d4×c5 Sd7×c5
22. La3×c5 d6×c5
23. Lb3–c4 La6–b7,

Matanović – Smejkal, Ljubljana - Portoroz 1973. Weiß hat eine spürbare Initiative.

A2b.

5. . . . Sf6×e4

Die **offene Variante** hat zwar den Vorteil, den lästigen weißen Zentrumsbauern zu beseitigen, aber dafür muß Schwarz gewisse schwache Punkte in seinem Bauernskelett am Damenflügel in Kauf nehmen.

6. d2–d4

Der gebräuchliche Zug. Weiß greift den Bauern e5 an, der wegen der Öffnung der e-Linie nicht gut auf d4 nehmen kann. Man sollte auch 6. Te1 kennen, das am einfachsten mit 6. . . . Sc5 7. Lc6: (7. Se5: Se5: 8. Te5: + Le7 mit gleichem Spiel) 7. . . . dc 8. Se5: Le7 (8. . . . Le6 9. Dh5 De7! 10. d4 Sd7) 9. d4 Se6 beantwortet wird.

6. . . . b7–b5

Nach 6. . . . ed erhält Weiß das bessere Endspiel, wie aus einer Partie Capablanca – Dr. Ed. Lasker, New York 1915, hervorgeht: 7. Te1 d5 8. Sd4: Ld6 9. Sc6: Lh2:+ 10. Kh1 Dh4 11. Te4:+ de 12. Dd8: 13. Sd8:+ Kd8: 14. Kh2: Le6 15. Le3 f5 16. Sc3 Ke7 17. g4 g6 18. Kg3.

7. La4–b3

Erwähnenswert ist 7. d5, wie der Berliner Meister Kurt Richter zu spielen pflegte. Nach 7. . . . Se7 (oder 7. . . . ba 8. dc d6 9. Te1 Sf6 10. c4 Le7 11. Sc3 Lg4 mit etwa gleichen Aussichten) 8. Te1 ba (in die Falle 8. . . . Sc5 9. Se5: Sa4:? 10. Df3! ist schon mancher getappt, 10. . . . f6 11. Dh5+ und gewinnt) 9. Te4: d6 steht Schwarz nicht übel.

7. . . . d7–d5

8. d4×e5

8. a4 wird am besten mit 8. . . . Sd4: beantwortet. 8. Se5: Se5: 9. de führte in einer Partie Petrosjan – Teschner, Europa-Mannschaftsmeisterschaft Oberhausen 1961, nach 9. . . . c6 10. c3 Lc5 11. Sd2 Sd2: 12. Ld2: Lf5 13. Df3 Dd7 14. Le3 Le3: 15. De3: 0–0 16. Tfe1 Tab8 17. f3 Tfe8 18. Dc5 Te6 19. De3 De7 zu gleichem Spiel.

8. . . . Lc8–e6

A2b1.

9. c2–c3

Wegen der wichtigen Alternative 9. De2 siehe A2b2. Der Bauernzug soll dem Lb3 einen Rückweg

ermöglichen und gleichzeitig den Punkt d4 sichern.
Weiß plant, den Se4 zu vertreiben oder abzutauschen. Danach kann er entweder auf die Schwäche des Punktes c5, womöglich nach Abtausch der schwarzfeldrigen Läufer, spielen oder den Vorpostenbauern angriffsmäßig verwerten, indem er mit dem f-Bauern vorstößt. Beseitigt Schwarz frühzeitig den Be5, indem er f7–f6 zieht, schwächt er seinen Königsflügel. Das strategische Ziel des Nachziehenden muß sein, den c-Bauern nach c5 vorzustoßen; dabei darf er eine gewisse Anfälligkeit des Zentralbauern auf d5 nicht aus dem Auge verlieren.

9. . . . Lf8–c5
Am unternehmendsten. Solide ist 9. . . . Le7, wo der Läufer an der Verteidigung mitwirkt und außerdem den c-Bauern nicht verstellt. Am aussichtsreichsten dürfte für Weiß dann 10. Le3 sein, zum Beispiel 10. . . . 0–0 11. S1d2 Lg4 12. Se4: de 13. Dd5! ef 14. Dc6: fg 15. Dg2: Dd7 16. Tfe1 (Keres).
Die »Berliner Variante« (nach 1945 von Teschner und Dr. Lehmann regelmäßig angewandt) 9. . . . Sc5 führte in der 28. Matchpartie Karpov-Kortschnoj, Baguio 1978, nach 10. Lc2 (ungeklärt ist 10. Sd4 Se5: 11. f4 Sed3) 10. . . . Lg4 11. Te1 Le7 12. S1d2 Dd7! 13. Sb3 Se6 14. h3 Lh5 15. Lf5 Scd8! zu einer guten Partie für Schwarz.

10. Sb1–d2 0–0
11. Lb3–c2 f7–f5

Der von Dilworth herrührende Einschlag auf f2, den der frühere Weltmeister Botwinnik eine Zeitlang bevorzugte, wird nicht für ganz vollwertig gehalten: 11. . . . Sf2: 12. Tf2: f6 13. ef e.p. (oder 13. De2 fe 14. Sb3 Lf2:+ 15. Df2: Lg4, Keres) 13. . . . Lf2:+ 14. Kf2: Df6: 15. Kg1 Tae8 16. Sf1 Se5 17. Le3 Sf3:+ 18. Df3: Df3: 19. gf Tf3: 20. Lf2 Lh3 21. Sg3 g6 22. Td1 c6 23. Td2 Kg7 24. Ld3. Spielbar ist 11. . . . Lf5.

12. Sd2–b3

Mit 12. ef e.p. Sf6: 13. Sb3 Lb6 14. Sg5 Dd7 15. Se6: De6: 16. Sd4 Sd4: 17. cd Tae8 (Larsen) ist nicht mehr als gleiches Spiel zu erreichen. Schwarz kann sich sogar auf 14. . . . Lg4 15. Lh7:+ Kh8 16. Dc2 Dd6 einlassen.

12. . . . Lc5–b6
13. Sf3–d4 Sc6×d4
14. Sb3×d4 Lb6×d4
15. Dd1×d4

Bogoljubows Verfahren. Nach 15. cd f4 16. f3 Sg3 ist ein klarer Vorteil für Weiß nicht ersichtlich, zum Beispiel 17. hg fg 18. Dd3 Lf5 19. Df5: Tf5: 20. Lf5: Dh4 21. Lh3 Dd4:+ 22. Kh1 De5:.

Eine vieluntersuchte und öfter in der Praxis vorgekommene Stellung, die schwer einzuschätzen ist. In einer Partie Teschner – Honfi, Monaco 1969, geschah 23. Ld2 c5 24. Tae1 Db2: 25. Lf4 Df6! 26. Lg3: d4 27. Te6 Dg5 28. Le5 d3 29. f4 Dh4 mit unklaren Folgen (Pachman schlug hier 24. Lc3 d4 25. Tae1 Df4 26. Te4 Dh6 27. Le1 als günstig für Weiß vor). Am besten spielt Schwarz wohl 23. ... Db2: 24. Lf4 d4 25. Lg3: d3 26. Tad1 d2! 27. Tf2 Td8 28. Lf4 Da2: 29. Tfd2: 30. Td2: Dc4! 31. Td8+ Kf7 32. Td7+ Ke8 33. Lc7: b4 und steht nach Estrin gut; zum Ausgleich scheint für Weiß 27. Le6+ Kf8 28. Lc7: zu genügen.

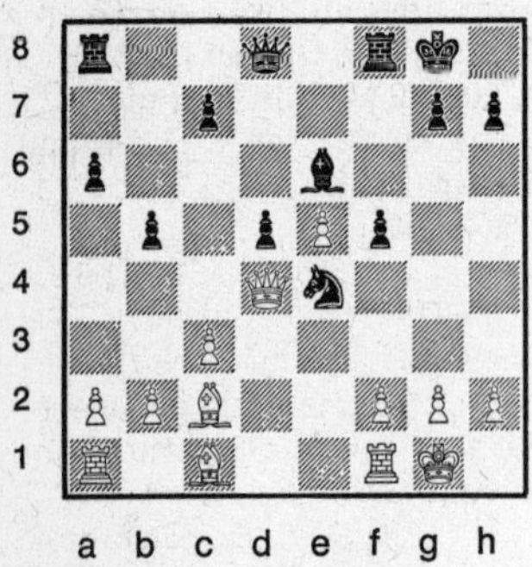

15. ... **c7–c5**
16. Dd4–d1 **f5–f4**
17. f2–f3 **Se4–g5**

Hier ist die Opfervariante 17. ... Sg3 nicht angängig, weil die schwarze Dame kein Angriffsziel auf d4 findet.

18. a2–a4

Zu erwägen ist auch 18. h4 Sf7 19. Lf4: Dh4: 20. Dd2.

18. ... **b5–b4**
19. c3×b4 **c5×b4**
20. Dd1–d4 **Le6–f5**
21. Lc2–b3 **Sg5–e6**
22. Dd4×d5 **Dd8–b6+**
23. Kg1–h1 **Ta8–d8**
24. a4–a5! **Db6–a7**

25. Dd5–c6 mit Vorteil für Weiß. Der Nachziehende fährt etwas besser, wenn er im 14. Zug nicht auf d4 schlägt, sondern 14. ... Dd7 15. f3 Sc5 16. Kh1 Tae8 17. b4 Sa4 18. Dd3 c5 19. Se6: Te6: 20. a4: ba 21. bc, wie in Kieninger – Bogoljubow, Krakau 1941, fortsetzt.

A2b2.

9. Dd1–e2

Als **Moskauer Angriff** bekannt

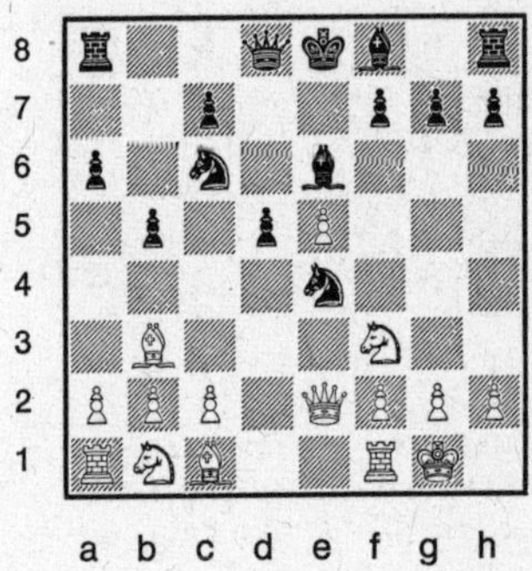

(nach der Weltmeisterschaft 1948, wo Keres den alten Zug von Howell erfolgreich anwandte). Der Damenzug soll vor allem das Eingreifen des Turms auf d1 vorbereiten, aber auch den eventuellen Vorstoß des c-Bauern nach c4. (Siehe Diagramm oben.)

9. ... **Lf8–e7**

Nur Zugumstellung bedeutet 9. ... Sc5 10. Td1 Le7. Gut für Weiß ist

9. . . . Lc5 10. Le3 De7 11. Td1 Td8 12. S1d2 Le3: 13. De3: Sc5 14. c3 Lg4 15. Te1 0–0 16. Sd4 Sd4: 17. cd Se6 18. f4 (Schamkowitsch).

10. Tf1–d1 Se4–c5

Eine wichtige Spielweise ist 10. . . . 0–0 (Larsen). Als Vorbild eine Partie Kavalek – Burger, Berlin 1974: 11. c4 bc 12. Lc4: Dd7 13. Sc3 Sc3: 14. bc f6 15. ef Lf6: 16. Sg5! Lg5: 17. Lg5: h6 18. Le3 Se5 19. Lb3 Dd6 20. h3 (20. Td4 c5 21. Tf4 g5! Kavalek; Keres hält 20. Td2 für das beste.) 20. . . . c6 21. Td4 Sg6 22. Tad1 De5 23. T1d2 a5 24. Ta4 Tfe8 25. c4! Weiß hat die Führung.

11. Lc1–e3!

Lange Zeit galt 11. Ld5: als aussichtsreich, bis man herausfand, daß 11. . . . Ld5: 12. Sc3 Lc4 13. Td8:+ Td8: 14. De3 b4 15. b3 Le6 16. Se4 Td1+ 17. Se1 Sd4 18. Lb2 Sc2 19. De2 Ta1: 20. La1: Sa1: 21. Sc5: Lc5: 22. Sd3 Lb6 23. Sb4 a5! 24. Sc6 Kd7 25. Db5 Kc8 26. Da6+ Kd7 zum Remis ausreicht.

11. . . . 0–0
12. c2–c4 b5×c4
13. Lb3×c4 Sc6–a5
14. Lc4×d5 Le6×d5
15. Sb1–c3 Ld5×f3
16. De2×f3 Dd8–e8
17. b2–b4 Sc5–d7

Nicht so gut 17. . . . Sa4 18. Sd5! Sc4 19. Sc7: Db8 20. Sa8: Da8: 21. Df4, Jansa – Sydor, Bukarest 1971.

18. b4×a5 Sd7×e5

mit geringem Plus für Weiß.

B.

4. Lb5×c6.

Mit dem Abtausch seines schönen Läufers erkauft Weiß die vorteilhaftere Bauernstellung und schnellere Entwicklung. Schon der frühere Weltmeister Dr. Emanuel Lasker pflegte in wichtigen Partien gern so zu spielen. In neuerer Zeit haben erst der Holländer Prof. Dr. Barendregt und nach ihm der Amerikaner Robert Fischer für ein Wiederaufleben dieser Spielweise gesorgt, die für Schwarz nicht ungefährlich ist.

4. . . . d7×c6

Nicht vollwertig ist 4. . . . bc, zum Beispiel 5. Sc3 d6 6. d4 f6 7. Le3 Se7 8. Dd3 Le6 9. 0–0–0 Sg6 10. h4 h5 11. Sd2 a5 12. g3. Gegenüber der Variante A1c hat Weiß ein Tempo mehr.

5. 0–0.

Barendregts Zug hat die früher üblichen Fortsetzungen 5. d4 und 5. Sc3 verdrängt. Nach 5. d4 ed 6. Dd4: Dd4: 7. Sd4: Ld7 8. Le3 0–0–0 9. Sc3 Te8 10. 0–0–0 Lb4 11. S4e2 f5! 12. ef Lf5: gleicht Schwarz ebenso leicht aus wie nach 5. Sc3 f6 6. d4 ed 7. Dd4: Dd4: 8. Sd4: Ld7 9. Le3 Lb4 10. S4e2 Se7.

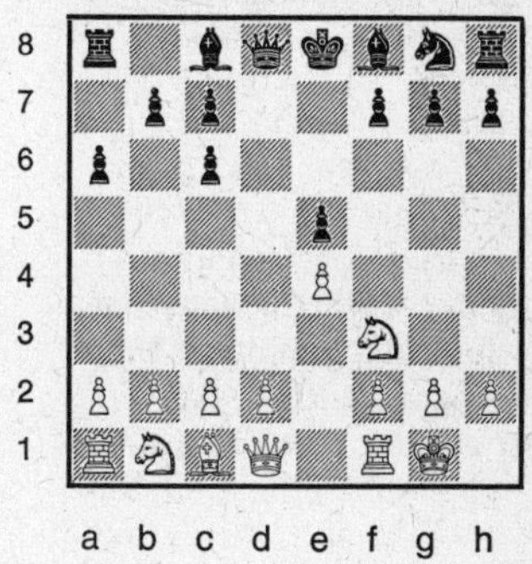

5. . . .   Lc8–g4

Auf Keres' Zug 5. . . . Se7 geschieht am einfachsten 6. d4 ed 7. Sd4:, denn 6. Se5: Dd4 7. Dh5 g6 8. Dg5 Lg7 9. Sd3 f5 10. e5 c5 11. b3 h6 12. De3 f4 13. Dd4: cd gleicht lediglich aus. Manche Theoretiker halten 5. . . . f6 für das beste, um erst auf 6. d4 den Läufer nach g4 zu spielen. Falls dann 7. de Dd1: 8. Td1: fe 9. Td3 Lf3: 10. Tf3: Sf6 11. Sc3 Lb4 12. Lg5 Lc3: 13. bc Tf8! 14. Lf6: Tf6: 15. Tf6: gf 16. Td1 a5! (in Fischer – Smyslov, Monaco 1967, stand Weiß nach 16. . . . Ke7 17. Td3 Tf8 18. Kf1 etwas besser) 17. Td3 a4 18. Th3 Ta5! (Gipslis) mit Ausgleich. Auch mit 7. c3 Ld6 8. Le3 De7 9. S1d2 0–0–0 10. Dc2 ed 11. cd Te8 12. e5 Lb4 13. h3 Le6 14. Se4 Df7 15. a3 Lb3 (Geller) ist nichts zu erreichen.

6. h2–h3   h7–h5
7. d2–d3

Auf 7. c3 geschieht am besten 7. . . . Dd3 8. Te1 Lf3:, denn 8. hg hg 9. Se5: Ld6! 10. Sd3: Lh2+ führt zum Remis durch ewiges Schach.

7. . . .   Dd8–f6
8. Sb1–d2   Sg8–e7
9. Tf1–e1   Se7–g6
10. d3–d4   Lf8–d6
11. h3×g4   h5×g4
12. Sf3–h2   Th8×h2
13. Dd1×g4!

Eine Partie Dr. Barendregt – Teschner, Europa-Mannschaftsmeisterschaft Hamburg 1965, nahm nach 13. Kh2:? Df2: ein rasches Ende: 14. Te2 (14. De2 ed+ 15. Kh1 Dh4+, 14. Dg4: De1:) 14. . . . ed+ 15. e5 Le5:+ 16. Te5:+ Se5: 17. Khi 0–0–0.

13. . . .   Df6–h4

Oder auch 13. . . . Th4 14. Df5 Se7 15. Df6: gf.

14. Dg4×h4   Th2×h4
15. Sd2–f3   Th4–h8

Eine Partie Mohrlok – Bilyap, 1967, ging nach 16. Le3 f6 17. g3 0–0–0 18. Tad1 The8 remis aus. Am besten ist wohl 16. de Se5: 17. Se5: Le5: 18. c3. Theoretisch hat Weiß wegen des schwarzen Doppelbauern mehr vom Spiel. Ob das praktische Bedeutung hat, ist nicht erwiesen.

2.. Ohne den Bauernzug

3. . . . a7–a6

Die Einsparung des Bauernzugs a7–a6 hat den Sinn zu vermeiden, daß Weiß mit Tempogewinn die Abtauschvariante (I. B) 4. Lc6: spielt. In allen anderen Fällen schadet der Bauernzug nicht, weil er eine eventuelle Abdrängung des weißen Läufers ermöglicht. Schwarz hat im dritten Zug die Auswahl unter einer ganzen Reihe von Verteidigungssystemen, die meist schon sehr lange bekannt sind. In der Praxis haben besonders der neuerdings von Smyslov rehabilitierte Zug 3. . . . g6, die

Berliner Verteidigung 3. ... Sf6, der Zug von **Cordel** 3. ... Lc5, die **gambitartige Spielweise** 3. ... f5, die **Steinitz-Variante** 3 ... d6 und die **Bird-Variante** 3. ... Sd4 Bedeutung.

A. 3. ... Sg8–f6

Schwarz beantwortet die Bedrohung seines Mittelbauern mit einem Gegenangriff.
(Diagramm S. 26)

4. 0–0

Gilt als aussichtsreichstes. 4. Sc3 kann nach 4. ... Lb4 zum **Spanischen Vierspringerspiel** oder nach 4. ... Sd4 zur **Rubinstein-Variante** führen. Bei dem ruhigen Verfahren 4. d3 (droht Bauerngewinn!) 4. ... d6 (4. ... Lc5 5. Le3) 5. c3 kann Schwarz sich nach Pachman mit 5. .... g6 6. 0–0 Lg7 7. Te1 0–0 8. Lg5 h6 9. Lh4 Ld7 fest und sicher aufstellen.

4. ... Sf6×e4

In Berliner Schachkreisen schon vor fast hundert Jahren untersucht; eine eigentliche Widerlegung ist bis heute nicht bekannt. Schwarz hat jedoch kein leichtes Leben.

5. d2–d4 Se4–d6

Verhältnismäßig am einfachsten. Die **Rigaer Variante** 5. ... ed 6. Te1 d5 (zu beachten ist der »Reinfall« 6. ... f5 7. Sd4: Lc5? 8. Te4:+ fe 9. Dh5+ g6 10. Dc5:) 7. Sd4: ist kaum zu empfehlen. Lange Zeit wurde hier 5. ... Le7 **(Rio de Janeiro-Variante)** bevorzugt.
Ein klassisches Beispiel bietet der Partieanfang Dr. Tarrasch – Dr. Lasker aus dem Wettkampf um die Weltmeisterschaft 1908: 6. De2 Sd6 7. Lc6: bc 8. de Sb7 9. Sc3 0–0 10. Te1 Sc5 11. Sd4 Se6 12. Le3 Sd4: 13. Ld4: c5 (13. .... d5 14. Sa4!) 14. Le3 d5 15. ed e.p. Ld6: 16. Se4 Lb7 17. Sd6: cd 18. Tad1 Df6 19. c4 Tfe8 20. Dg4, und hier hätte Schwarz am besten 20 ... Te6 fortgesetzt, wonach Weiß nur wenig besser stünde.
Ein Versuch, das weiße Spiel zu verstärken, zeigt eine Partie Schamkowitsch – Lein, Tiflis 1969: 11. Le3 Se6 12. Tad1 d5 13. ed e.p. cd 14. Sd4 Ld7 15. Sf5 d5 16. Se7:+ De7: 17. Sa4. Weiß hat mehr vom Spiel.

6. Lb5×c6

Das originelle Verfahren 6. de Sb5: 7. c4 (oder 7. a4) bringt nicht viel ein, zum Beispiel 7. ... d6 8. e6 fe 9. cb Se7 10. Te1 Sf5 11. Sg5 Le7 12. Se6: Le6: 13. Te6: 0–0 14. Sc3 Dd7 15. Te2, Suetin – Faibissowitsch, UdSSR 1969. Die Partie endete hier unentschieden.
Sehr in Frage kommt aber Fischers Zwischenmanöver 6. Lg5 Le7 (6. ... f6? 7. Lc6: dc 8. de) 7. Le7: De7: und nun erst 8. Lc6: dc 9. de Sf5 10. Sc3 Le6 11. Dd2 Td8 12. Df4 0–0 13. Se4 h6 14. h4 (Fischer – Fuller, USA-Meisterschaft 1963).

6. ... d7×c6

7. d4×e5 Sd6–f5

8. Dd1×d8+ Ke8×d8

Der Rochadeverlust erschwert das Eingreifen der Türme. Das Läuferpaar dürfte kaum ein ausreichender Gegenwert für die anderen Nachteile sein.

9. b2–b3

Gut ist auch 9. Sc3. In einer Partie Richter – Teschner, Berliner Meisterschaft 1948, folgte 9. ... h6

10. b3 Le7 11. Lb2 Le6 12. Tad1+ Ke8 13. Se4 Td8 14. c4 b6 15. h3! c5 16. g4 mit Vorteil für Weiß.

9. ... Kd8–e8
10. Lc1–b2 Lf8–e7
11. Sb1–d2 a7–a5
12. a2–a4 Lc8–e6
13. Sd2–e4 Ta8–d8
14. Ta1–d1 h7–h6
15. h2–h3 Td8×d1
16. Tf1×d1 Le6–d5
17. Td1–e1.

Weiß steht etwas besser. In einer Partie Hort – Minev, Warna 1969, gelang es dem Nachziehenden, sich zu behaupten.

B. 3. ... Lf8–c5

Ein Anhänger der Cordel-Variante ist der ehemalige Weltmeister Boris Spasski.

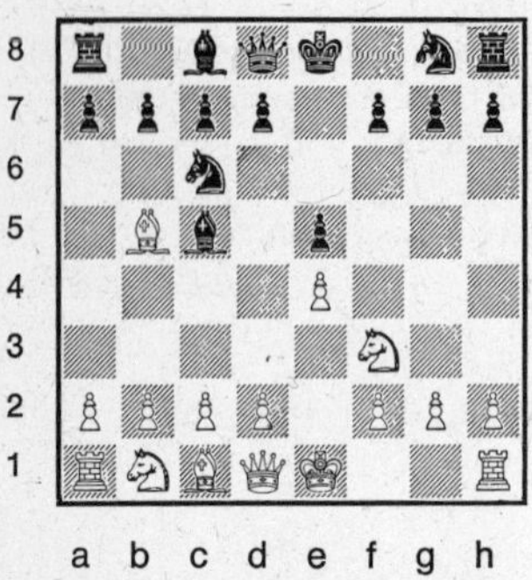

4. 0–0

Gut ist auch 4. c3, doch muß Weiß dann mit 4. ... f5 (5. d4 fe 6. Lc6: dc 7. Sfd2! Ld6 8. de e3 9. fe Lc5 10. Dh5+ g6 11. Df3 Dh4+ 12. g3 Dh3 13. Se4 Lg4 14. Df1 Le7 15. Dh3: Lh3: 16. Sf2 Le6 17. e4 h5 18. Sd2 Sh6 19. Sf3, Liberson – Giterman, UdSSR 1968) und mit 4. ... Sf6 (5. d4 ed 6. e5 Se4 7. cd Lb4+ 8. Kf1!) rechnen.

4. ... Sc6–d4

5. Sf3×d4

I. Saizev hat den überraschenden Zug 5. b4 vorgeschlagen (5. ... Sb5: 6. bc d6 7.a4, oder 5. ... Sf3:+ 6. Df3: Lb4: 7. Lb2, oder 5. ... Lb4: 6. Sd4: ed 7. Lb2 Se7 8. Ld4: 0–0 9. c3 La5 10. Dg4 mit verwickelten Folgen).

5. ... Lc5×d4
6. c2–c3 Ld4–b6
7. d2–d4 c7–c6
8. Lb5–a4 d7–d6
9. Sb1–a3 Sg8–f6
10. Lc1–g5 h7–h6
11. Lg5×f6 Dd8×f6
12. d4–d5 Lc8–d7
13. Sa3–c4 Ke8–e7

Nach 13. ... Lc7 14. dc bc 15. Dd3 steht Weiß ebenfalls gut.

14. b2–b4.

Folgerichtig ist Tausch auf c6, gefolgt von Dd3. Weiß vermeidet den Tausch auf b6, der dem Gegner die a-Linie öffnen würde. Mit dem Bauernzug verfolgt er den interessanten Plan, sich die b-Linie zu öffnen.

14. ... h6–h5

15. **Sc4–a5** **Lb6×a5**
16. **b4×a5** **Th8–c8**
17. **Ta1–b1.**

Weiß hatte in der Partie Timman – Spasski, Trainingswettkampf 1977, eine gewisse Initiative.

C. 3. . . . Sc6–d4

(Diagramm S. 28 rechts)

Die **Bird-Variante** verschafft dem Weißen ein bequemes Spiel. Schwarz schüttelt zwar den Druck gegen den Be5 mit einem Schlag ab, nimmt jedoch Zeitverlust in Kauf.

4. Sf3×d4.

Nach dem »Handbuch« von P. R. v. Bilguer ist auch 4. La4 gut (4. . . . Sf3:+ 5. Df3: Lc5 6. Dg3 Df6 7. Sc3 c6 8. d3 Se7 9.Le3 Lb6 10. 0–0 h6 11. f4).

4. . . . **e5×d4**
5. 0–0 **c7–c6**
6. Lb5–a4

6. Lc4 ist ebenso gut spielbar.

6. . . . **Sg8–f6**

Oder 6. . . . Lc5 7. d3 Se7 8. Lg5 0–0 9. Lb3 h6 10. Lh4 d6 11. f4, Honfi – Thiellement, Monaco 1967.

7. d2–d3

Angängig ist gleichfalls 7. Te1 d6 8. d3 Le7 9. c3! dc 10. Sc3: mit gutem Spiel. Die Beseitigung des Bd4 zwecks Entwicklung des Damenspringers nach c3 taucht in vielen Variationen auf.

7. . . . **d7–d5**
8. Lc1–g5 **d5×e4**
9. d3×e4 **Lf8–e7**
10. e4–e5 **Sf6–d5**
11. Lg5×e7 **Sd5×e7**
12. La4–b3 **0–0**
13. Sb1–d2

und Weiß hatte in einer Partie Aronin – Tolusch, UdSSR 1951, mehr vom Spiel.

D. 3. . . . g7–g6

Diese frühzeitige Flankierung des Königsläufers wird in letzter Zeit gelegentlich auch »auf höchster Ebene« angewandt. Wie in der Variante 3. . . . a6 erreicht Weiß nichts mit 4. Lc6: dc 5. Se5: Dd4.

4. c2–c3

Mehr als Ausgleich ist mit 4. d4 ed 5. Lg5 Le7 6. Le7: S8e7: 7. Sd4: d5 kaum zu erreichen.

4. . . . **d7–d6**

Wenn 4. . . . Lg7, so droht 5. d4 mit dem d-Bauern bis nach d6 zu marschieren. Falls 5. . . . ed, so 6. cd Sce7 7. Sc3 Sf6 8. e5 S6d5 9. Sd5: Sd5: 10. Db3 mit sehr guter Stellung.

5. d2–d4 **Lc8–d7**
6.0–0 **Lf8–g7**
7. d4×e5 **d6×e5**

Als Ungenauigkeit entpuppt sich 7. . . . . Se5: wegen 8. Se5: de (Lb5:? 9. Db3!) 9.Db3!, und Schwarz hat schwere Sorgen (Geller).

8. Lc1–e3 **Sg8–f6**
9. Sb1–d2 **0–0**

10. Le3–c5 **Tf8–e8**
11. Dd1–e2 mit aussichtsreichem Spiel für Weiß.

E. 3. ... d7–d6

Die klassische, von Steinitz bevorzugte Verteidigung. Schwarz erhält ein beengtes, festes Spiel, das aber schwer auszubauen ist.

4. d2–d4 **Lc8–d7**
5. Sb1–c3

Weiß kann ja mit 5. Lc6: Lc6: 6. de nichts erreichen, weil Be4 »hängt«.

5. ... **e5×d4**

Früher oder später muß Schwarz doch tauschen und (nach Tarrasch) »das Zentrum aufgeben«. Zum Beispiel nach 5. ... Sf6 6. 0–0 Le7 7. Te1, denn 7. ... 0–0? brächte ihn, wie Dr. Tarrasch nachgewiesen hat, unmittelbar in Nachteil: 8. Lc6: Lc6: 9. de: de 10. Dd8: Tad8: 11. Se5: Le4: 12. Se4: Se4: 13. Sd3 f5 14. f3 Lc5+ 15. Sc5: Sc5: 16. Lg5 Td5 17. Le7 Te8 18. c4 mit Materialeroberung. Moderner als 6. 0–0 ist 6. Lc6:! Lc6: 7. Dd3, zum Beispiel 7. ... ed 8. Sd4: g6 9. Lg5 Lg7 10. 0–0–0 Dc8, oder 7. ... Sd7 8. Le3 ed 9. Ld4: f6 10. Sh4! Se5 11. De2 Dd7 12. f4 Sg6 13. Dh5, Saizev-Smyslov, Moskau 1967. Man kann übrigens nach 7. ... Sd7 genau so gut auch 8. d5 Sc5 9. Dc4 Ld7 10. b4 Sa6 spielen (nach Nimzowitsch).

6. Sf3×d4 **g7–g6**
7. Lc1–e3 **Lf8–g7**
8. Dd1–d2 **Sg8–f6**
9. Lb5×c6

Brauchbar ist auch 9. Sc6: bc 10. La4.

9. ... **b7×c6**
10. Le3–h6 **Lg7×h6**

Wenn 10. ... 0–0 11. Lg7: Kg7: 12. 0–0 und Weiß steht bequemer.

11. Dd2×h6 **Sf6-g4**
12. Dh6–d2.

Weiß behält sich die lange Rochade vor und steht wegen seiner größeren Raumfreiheit und des schwarzen Doppelbauern merklich besser. Eine praktische Probe: 12. ... Dh4 13. g3 Dh3 14. f4 0–0 15. 0–0–0, Cholmov – Kimelfeld, UdSSR 1970. Schwarz geriet nach 15. ... Sf6 16. e5 de 17. fe Sg4 18. Sf3! Lf5 19. The1 Tad8 20. Dd8:! Td8: 21. Td8:+ Kg7: 22. Td2 in eine aussichtslose Lage, vor allem wegen der Schwäche des Damenflügels.

F. 3. ... f7–f5

Das **Jänischgambit** (nach einem russischen Schachmeister) macht von vornherein einen gewagten Eindruck, aber unternehmungslustige Spieler haben sich in neuerer Zeit dieses Zuges angenommen, so der russische Großmeister Tolusch, der Jugoslawe Matulović und der Österreicher

Dückstein. Eine direkte Widerlegung ist nicht bekannt.

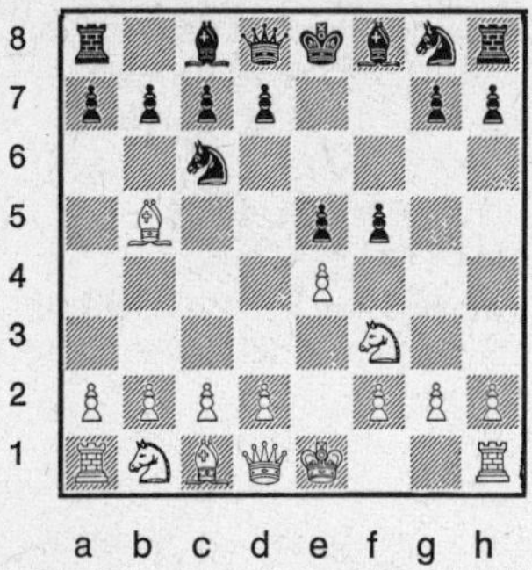

4. d2–d3

Einfach und gut. Sehr verwickelt ist Dr. Dyckhoffs Empfehlung 4. Sc3, wonach Schwarz die Möglichkeiten 4. ... fe 5. Se4: d5, 4. ... Sd4 5. La4 Sf6 und 4. ... Sf6 hat.

Empfehlenswert ist außerdem 4. d4 fe 5. Se5: Se5: 6. de c6, allerdings nur in Verbindung mit dem Opferspiel 7. Sc3! cb 8.Se4: d5 9. ed e.p. Sf6 10. Dd4 Se4: (möglich ist Kofmans Zug 10. ... Le7) 11.De4:+ Kf7 12. Lf4 De8 13. Le5 Dc6 14. Df4+ Kg8 15. 0–0–0 wie in einer Partie Kuindschi – Reschnev, UdSSR 1957. Weiß hat zwei Bauern für die Figur, darunter einen starken Freibauern, und die schwarzen Steine haben erhebliche Mühe, sich zu entfalten.

4. ... f5×e4

Wenn 4. ... d6, so 5. 0–0 Sf6 6. ef Lf5: 7. d4, und falls 4. ... Sf6, so 5. ef Lc5 (5. ... d6 6.. d4 e4 7. Sh4) 6. 0–0 0–0 7. Le3 De7 8. Sc3, Heinemann.

5. d3×e4 Sg8–f6
6. 0–0 d7–d6
7. Dd1–d3 Lc8–g4

8. a2–a3!

Eine Empfehlung Tarraschs. Dem weißfeldrigen Läufer, der auf c4 die Rochade erschweren soll, winkt das Rückzugsfeld a2. Weiß hat mehr vom Spiel. Zu prüfen ist, ob Schwarz schon im 7. Zug a7–a6 spielen und den Tausch des Läufers erzwingen sollte.

Nach einer Idee Taimanovs kommt deshalb 7. Sc3 in Betracht (7. ... a6? 8. Lc4 Sa5 9. Le2!), etwa mit der Folge 7. ... Le7 8. Dd3 Lg 4 9. h3 Lf3: 10. Df3: 0–0 11. Dd1! (die Dame kontrolliert das Feld h5) 11. ... Kh8 12. Le3 De8 13. Sd5!, Pilnik – Rubinetti, Mar del Plata 1971, mit aussichtsreicherem Spiel für Weiß.

SCHOTTISCH

Die **Schottische Partie** (1. e2–e4 e7–e5 2. Sg1–f3 Sb8–c6 3. d2–d4) bezeichnete Tarrasch als »flott«; er hielt den Bauernzug 3. d4 für ein wenig übereilt (tatsächlich ist er nach einer Vorbereitung wie 3. Lb5 d6 nachhaltiger, weil der schwarze Läufer eingesperrt ist). Die Eröffnung kann aber zu interessantem Kombinationsspiel führen, besonders in Verbindung mit dem eventuellen Bauernopfer c2–c3 (nach e5×d4). Ähnlich wie in der **Spanischen** ist Schwarz gut beraten, sehr sorgfältig vorzugehen.

1. e2–e4 e7–e5
2. Sg1–f3 Sb8–c6
3 d2–d4 e5×d4

A. 4. Sf3×d4

Ernstlich in Betracht kommen auch die Züge 4. c3 (B) und 4. Lc4 (C).

A1

4. ... Sg8-f6

Etwa gleichwertig ist 4. ... Lc5 (A2).

5. Sb1–c3

Den unmittelbaren Angriff 5. Sc6: bc 6. e5 beantwortet Schwarz mit 6. ... De7 7. De2 Sd5 8. c4 Sb6 9. Sd2 De6 10. b3 Le7 11. Lb2 0–0 nebst d7–d5

5. ... Lf8–b4
6. Sd4×c6

Das einzige, um den Be4 decken zu können, ohne die Entwicklung zu vernachlässigen.

6 ... b7×c6
7. Lf1-d3 d7–d5

Der alte, bewährte Zug. Spielbar ist aber auch 7. ... 0–0 8. 0–0 Te8 9. Df3 Ld6 10. Lf4 Lf4: 11. Df4: d6 12. Tad1 De7, Radulov – Planinc, Vrsac 1971.

8. e4×d5

Ungünstig wäre 8. e5 Sg4 9. Lf4 f6!.

8. ... Dd8–e7+

Gilt als der einfachste Weg zum Ausgleich.

9. Dd1–e2.

Der unternehmungslustige jugoslawische Meister Velimirović hat 9. Kf1 versucht. Nach 9. ... cd 10. Lg5 c6 11. Df3 h6 (besser die Rochade) folgte in einer Partie mit Lukić, Jugoslawische Meisterschaft 1962, die Überraschung 12. Lb5!, die Weiß starken Angriff einbrachte.

9. ... c6×d5

Nach Czerniak ist 9. ... Sd5: nicht so gut wegen 10. De7+ Ke7: 11. a3 La5 12. b4.

10. De2×e7+ Ke8×e7
11. 0–0 Tb8–d8

mit gleichen Aussichten.

A2.

4. ... Lf8–c5

Der ältere Zug.

5. Lc1–e3.

Möglich ist auch 5. Sb3 Lb6 6. a4 a6 7. Sc3 S8e7 8. Lg5 f6 9. Lh4 0-0 10. Dd2 d6 11. Lc4+ Kh8, Rodriguez–Unzicker, Siegen 1970 (Schacholympiade), mit etwa gleichen Aussichten.

5. . . . Dd 8–f6

Weiß drohte, mit 6. Sc6: eine Figur zu erobern. Der ruhige Zug 5. . . . Lb6 gibt Weiß nach 6. Sc3 d6 7. Le2 Sf6 8. Dd2 Sg4 9. Lg4: Lg4: 10. f3 Ld7 11. Sd5 0-0 12. 0-0-0 Angriffschancen, wie eine Partie Spielmann–Tarrasch, Breslau 1912, bewies: 12. . . . Le6? (12. . . . f5!) 13. Lg5! Db8 14. Sc6: bc 15. Sf6+! Kh8 16. Df4!, drohend Dh4.

6. c2–c3

Ungünstig ist der **Blumenfeld-Angriff** 6. Sb5 Le3: 7. fe Dh4+! (7. . . . De5 8. Sd2! Kd8 9. Sc3, Chavski) 8. g3 De4: 9. Sc7:+ Kd8 10. Sa8: Dh1: 11. Dd6 Sf6 12. Sd2 (12. Sc3 Df3) 12. . . . Se8 13. Df4 Dd5 und Schwarz gewinnt, eine Variante des früheren Weltmeisters Aljechin.

6. . . . Sg 8–e7

Schwarz steuert d7-d5 an.

7. Sd4–c2 Lc5×e3

8. Sc2×e3 Df6–e5

9. Dd1–f3 0–0

10. Lf1–c4 d7–d6

11. Sb1–d2 Lc8–e6

und das Spiel ist ungefähr ausgeglichen (Tartakower–Tarrasch, Wien 1922).

B. 4. c2–c3

Das **Göringgambit.** In der Praxis fährt Schwarz wohl am besten, wenn er es ablehnt. Gute Methoden sind 4. . . . d5 5. ed Dd5: 6. cd Sf6 7. Sc3 Lb4 8. Le2 Se4 9. Ld2 Lc3: 10. bc Sd2: 11. Dd2: 0-0, oder 4. . . . Sf6 5. e5 Se4 6. De2 f5 7. ef e. p. d5 8. Sd4: Sd4: 9. cd Kf7 10. fg Lb4+ 11. Kd1 Te8 (Levy–Boey, Olympiade Siegen 1970), und schließlich auch 4. . . . d3 5. Ld3: Lc5 6. 0-0 d6 7. S1d2 a5 8. Te1 S8e7.

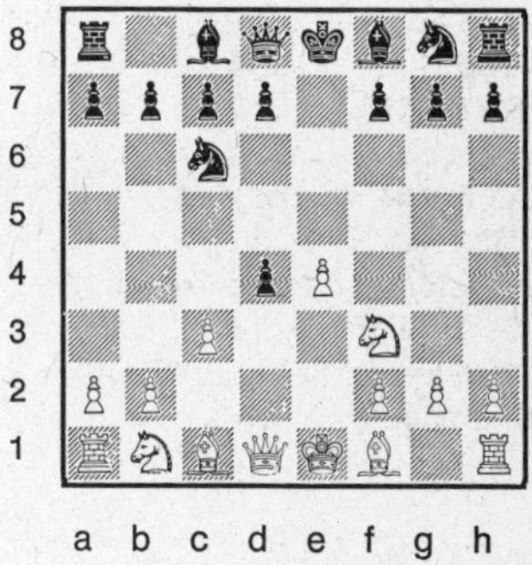

4. . . . d4×c3

Ein Gambit läßt sich nur widerlegen, wenn man es annimmt. Schwarz wird nun sehr genau spielen müssen, weil die weiße Partie erheblich an Dynamik gewinnt; dafür hat Weiß eben einen Bauern »investiert«.

5. Sb1×c3

Auf 5. Lc4 setzt Schwarz am besten 5. . . . Lb4 (mit Zugumstellung) fort. Das Weiterschlagen fördert die weiße Entwicklung zu stark, zum Beispiel 5. Lc4 cb 6. Lb2: d6 7. Sc3 Le6 8. Sd5 Sa5 mit schwierigem Spiel.

5. . . . Sg8–f6

6. Lf1–c4 Lf8–b4

7. e4–e5

Man kann auch zuerst rochieren: 7. 0-0 Lc3: 8. bc d6 9. e5! (Weiß muß »nachsetzen«, sonst sichert sich Schwarz und gerät allmählich in Vorteil.) 9. ... Se5: 10. Se5: de 11. Db3 De7 12. La3 c5 13. Lb5+ Ld7 14. Ld7:+ Dd7: 15. Lc5: Dc6 16. La3 Sd5 17. Tae1 0-0-0 18. Te5: The8, Menvielle–Medina, Las Palmas 1972, mit gleichen Aussichten.

7. ...	**d7–d5**
8. Lc4–b3	**Sf6–e4**
9. 0–0!	**Lb4×c3**
10. Lb3×d5	**Lc8–f5**
11. b2×c3	**Se4×c3**
12. Ld5×c6+	**b7×c6**
13. Dd1–e1	

und Weiß hat nach Keres ein gutes Spiel (nach 13. ... Sd5 14. La3 nimmt der Läufer eine sehr lästige Position ein).

C. 4. Lf1–c4

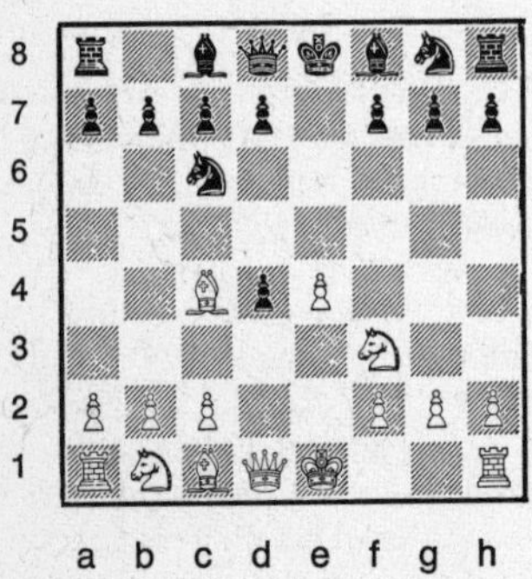

Das **Schottische Gambit,** das nach 4. ... Sf6 in die **Preußische Partie** (siehe Seite 39) übergehen kann.

4. ...	**Lf8–c5**

Viel zu gewagt wäre 4. ... Lb4+ 5. c3 dc 6. 0-0.

5. c2–c3.

Schon zu Morphys Zeiten wußte man, daß 5. Sg5 Sh6! 6. Sf7: Sf7: 7. Lf7:+ Kf7: 8. Dh5+ g6 9. Dc5: d5! für Schwarz vorteilhaft ist (wegen der zurückgebliebenen weißen Entwicklung). Zu ruhig ist 5. 0-0 d6 6. c3 Lg4 7. Db3 Lf3: 8. Lf7:+ Kf8 9. gf Se5.

5. ...	**d4–d3**

Der »psychologische« Zug, der die Grundidee des Weißen bekämpft. Sonst kann man auch mit 5. ... Sf6 (6. cd Lb4+) in die Italienische Partie einlenken oder sich auf 5. ... dc 6. Sc3: d6 (7. Db3 Dd7) einlassen.

6. 0–0	**d7–d6**
7. b2–b4	

Der Vorstoß des b-Bauern dient dem Raumgewinn am Damenflügel. Außerdem schaltet er den manchmal unangenehmen Zug Sc6-a5 aus (wenn die weiße Dame auf b3 steht).

7. ...	**Lc5–b6**
8. a2–a4	**a7–a6**
9. a4–a5	**Lb6–a7**
10. Dd1–b3	**Dd8–f6**

Schwarz muß sehr genau spielen. So stünde Weiß nach 10. ... De7 11. b5 ab 12. Lb5: Ld7 13. a6! ausgezeichnet.

11. b4–b5	**Sc6–e5**

Äußerst verwickelt wird die Partie nach 11. ... ab 12. a6 (12. ... bc 13. ab!) 12. ... S8e7! 12. ... ba 13. Ld5 Lb7 14. Ta6: Lf2:+ 15. Tf2: Ta6: 16. Sg5).

12. Sf3×e5	**d6×e5**
13. Lc1–e3.	

Der Vorteil der schwarzen Damenstellung zeigt sich bei 13. ba ba 14. Ld5 c6!.

13. . . . a6×b5
14. Lc4×b5+ c7–c6
15. Le3×a7 Ta8×a7
16. Lb5×d3.

Elf Züge lang hat Weiß das Schlagen dieses Bauern hinausgezögert. Nach 16. . . . Se7 hat Schwarz keine besonderen Sorgen mehr (Saizev).

Vergleichsprobe

Aus der neueren Praxis geben wir zwei theoretisch interessante Partieanfänge: Stobik–Unzicker, Bundesliga 1976.

1. e4 e5
2. Sf3 Sc6
3. d4 ed
4. Sd4: Lc5
5. Sb3 Lb6
6. a4 a6
7. Sc3 Sge7
8. Lg5 f6
9. Lh4 0–0
10. Dd2 d6
11. Le2!

(Die Abweichung gegenüber Rodriguez–Unzicker, 1970, siehe Seite 33)

11. . . . Se5
12. Sd5 La7
13. 0–0–0 S5g6
14. Lg3 f5
15. b4

mit gutem Spiel für Weiß.
Velimirović–Ree, Amsterdam 1976.

1. e4 e5
2. Sf3 Sc6
3. d4 ed
4. c3 Sf6
5. e5 Se4
6. De2 f5
7. ef e. p. d5
8. Sbd2!

(Eine beachtliche Idee. Bisher war 8. Sd4: üblich.)

8. . . . Df6:

(Oder 8. . . . d3 9. De3 Lc 5 10. fg Tg8 11. Sd4 zugunsten von Weiß, Minić)

9. Se4: de
10. De4:+ De6
11. Ld3

(Ungünstig wäre der Bauerngewinn 11. De6:+ Le6: 12. cd 0–0–0)

11. . . . dc
12. 0–0 De4:
13. Le4: Ld7

Nach 13. ... cb? 14. Lc6: + bc 15. Lb2: stünde Weiß überlegen.)

14. Lc6: Lc6:
15. Te1 + Kf7
16. Se5 + Kf6
17. Sc6: bc
18. bc,

und Schwarz hat noch nicht voll ausgeglichen.

ITALIENISCH

Die **Italienische Partie** (1. e2-e4 e7-e5 2. Sg1-f3 Sb8-c6 3. Lf1-c4 Lf8-c5, auch **Giuoco piano** genannt) gehört zu den ältesten Spielanfängen überhaupt. Sie folgt dem Bestreben, den schwächsten Punkt im feindlichen Lager (f7 und f2) unter Druck zu setzen, also den Punkt, der nur vom König verteidigt wird. Nach moderner Auffassung ist jedoch mit dem Zug 3. Lb5 **(Spanisch)**, der sich indirekt gegen das Zentrum richtet, mehr Wirkung zu erzielen. Dabei handelt es sich allerdings nur um sehr feine Unterschiede.

1. e2–e4	**e7–e5**
2. Sg1–f3	**Sb8–c6**
3. Lf1–c4	**Lf8–c5**

Angriffsspieler lieben den sofortigen Gegenangriff 3. ... Sf6 (siehe **Preußische Partie).**

4. c2–c3.

Weiß spielt folgerichtig auf Besetzung des Zentrums und Verdrängung des Läufers.
Angängig ist auch der ruhige Zug 4. d3 mit der symmetrischen Weiterentwicklung 4. ... d6 5. Sc3 Sf6. Macht Weiß den Fesselungszug 6. Lg5, ist Schwarz, der noch nicht rochiert hat, in der Lage, den Läufer mit 6. ... h6 7. Lh4 (üblich 7. Lf6: Df6: 8. Sd5) 7. ... g5 abzudrängen und später lang zu rochieren. Rochiert Weiß im 6. Zug, ist 6. ... Lg4 gut, weil nach 7. h3 Lh5 die Abdrängung 8. g4 wegen der Lockerung der Königsstellung zu gewagt erscheint. Schwarz kann sogar 7. ... h5! antworten. Am einfachsten dürfte 6. Le3 Lb6 (Tausch auf e3 öffnet Weiß die f-Linie und stärkt das Zentrum) 7. Dd2 Le6 8. Lb5 0-0 mit gleichen Chancen sein.
Den Gambitzug 4. d4 beantwortet Schwarz am besten mit 4. ... Ld4: 5. Sd4: Sd4: 6. f4 d5! 7. ed Dh4+ 8. g3 Dh3 (Spielmann). Zu den »seltenen Pflanzen« gehört heute auch das **Evans-Gambit** 4. b4, das man am besten annimmt, um den Bauern bei erster Gelegenheit günstig wieder zurückzugeben. Lasker hat diese Methode vorgeschlagen: 4. ... Lb4: 5. c3 La5 6. d4 d6! 7. de (oder 7. Db3 Dd7! 8. de Lb6!) 7. ... de 8. Dd8:+ Sd8: 9. Se5: Le6, und Schwarz hat leicht ausgeglichen. Eine moderne Spielart ist 4. ... Lb4: 5. c3 Le7 6. d4 Sa5! 7. Se5: Sc4: 8. Sc4: d5 9. ed Dd5: 10. Se3 Dd8 11. 0-0 Sf6 mit ebenbürtigem Spiel. Geht Schwarz auf die Absichten des Gambitgebers ein, gerät er ins Gedränge, wie diese alte Spiel-

weise zeigt: 4. ... Lb4: 5. c3 La5 6. d4 ed 7. 0-0 dc (besser 7. ... S8e7, gefolgt von d7-d5) 8. Db3 Df6 9. e5 Dg6 10. Sc3: S8e7 11. La3 0-0 12. Tad1 Te8 13. Ld3 Dh5 14. Se4 Se5 15. Se5: De5: 16. Lb2 mit weißem Vorteil (Lasker).

4. ... Sg8–f6

Schwarz bereitet den Gegenstoß d7-d5 vor, mit dem er das entstehende weiße Bauernzentrum sprengt. Ein ruhiges System besteht darin, sich so aufzustellen, daß der Tausch auf d4 vermieden wird: 4. ... Lb6 5. d4 De7 6. 0-0 (wenig ergibt 6. d5 Sd8 7. d6 cd 8. Sa3 Sf6 9. Dd3 a6 10. Lg5 h6 11. Lh4 Se6 12. Lg3 Sh5) 6. ... d6 7. h3 Sf6 8. Te1 h6 9. a4 a6 10. Le3 g5 11. de de 12. Lb6: cb 13. Sh2, nach Unzicker mit gleichen Aussichten. Weniger folgerichtig ist 4. ... d6 5. d4 ed (sonst ginge ein Bauer verloren) 6. cd Lb4+ 7. Ld2 Ld2:+ 8. Dd2: Sf6 9. Sc3 Se4: 10. Se4: d5 11. Ld5: Dd5: 12. 0-0 0-0 13. Sc3 mit etwas besserem Spiel für Weiß.

5. d2–d4 e5×d4
6. c3×d4

Der energische Vorstoß 6. e5 ermöglicht den typischen Gegenstoß 6. ... d5!, etwa mit der Folge 7. Lb5 Se4 8. cd Lb6 9. 0-0 0-0 10. Sc3 Lg4 11. Le3 f5 12. ef e. p. Sc3: 13. bc Df6: 14. Le2, Steinitz. Schwarz hat nichts zu fürchten.

6. ... Lc5–b4+

Das Schachgebot gewinnt das Tempo für die erforderliche zentrale Gegenmaßnahme.

7. Sb1–c3.

Der **Greco-Angriff.** Auf 7. Kf1? geschieht 7. ... d5. Ruhig und gut spielbar ist 7. Ld2 Ld2:+ (7. ... Se4: 8. Lb4: Sb4: 9. Lf7:+ Kf7: 10. Db3+ d5 11. Se5+ Ke6 12. Db4: c5 13. Da3! cd 14. Sf3 ist günstiger für Weiß) 8. S1d2: d5 9. ed Sd5: 10. Db3 Sce7 11. 0-0 0-0 12. Tfe1 c6 13. a4 Db6 14. a5 (14. Da3 Le6 15. a5 Dc7 16. Se4 Tad8 17. Sc5 Lc8, Capablanca) 14. ... Db3: 15. Sb3: Td8 16. Sc5 Tb8 17. Se5 Kf8 und Schwarz hat ausgeglichen. (Unzicker.)

7. ... Sf6×e4

Bardelebens Zug 7. ... d5 8. ed Sd5: 9. 0-0 Le6 gibt Weiß nach 10. Lg5 Le7 11. Le7: Sce7: 12. Se4 (Keres) einen gewissen Vorteil.

8. 0–0 Lb4×c3

Greco (17. Jahrhundert) erwähnte nur 8. ... Sc3: 9. bc Lc3: (sicherer 9. ... d5 10. cb dc 11. Te1+ Se7 12. Lg5 f6 13. De2! Lg4! 14. Lf4 Kf7 15. Dc4:+ Sd5 16. Sd2! Le6 17. Lg3 Te8 18. Se4 nach Sacharov etwas besser für Weiß) 10. Db3 (10. La3! d5 11. Lb5 La1: 12. Te1+ Le6 13. Da4 Tb8 14. Se5 mit starkem Angriff, Corte) 10. ... La1:? (10. ... d5 11. Ld5: 0-0 12. Lf7:+ Kh8 13. Dc3: Tf7: 14. Db3! ist etwas günstiger für Weiß) 11. Lf7:+ Kf8 12. Lg5 mit entscheidendem Angriff.

9. d4–d5

Der **Möller-Angriff** (nach einem dänischem Meister), der nach heutiger Ansicht nicht mehr als Remis einbringt. Nach 9. bc d5 hätte Weiß gar nichts.

9. ... Lc3–f6

Interessant ist auch 9. . . . Se5. Nach 10. bc Sc4: 11. Dd4 f5 12. Dc4: d6 13. Sd4 0-0 14. f3 Sc5 15. Te1 Kh8 16. La3 b6 17. Sc6 La6 18. Dd4 Dg5 19. Lc5: (Fernpartie Romanov–Kotikov 1964) regt Unzicker 19. . . . bc an. Weiß hat für den fehlenden Bauern etwas Initiative.

10. Tf1–e1 Sc6–e7

11. Te1×e4 d7–d6

12. Lc1 -g5

Auf Schlechters Zug 12. g4 folgt einfach 0-0 13. g5 Le5.

12. . . . Lf6×g5

13. Sf3×g5 0–0

Nicht 13. . . . Lf5 14. Df3! Dd7 15. Lb5! Db5: 16. Df5:. Recht gut ist jedoch 13. . . . h6 14. Lb5+ Ld7 15. De2 Lb5: 16. Db5:+ Dd7 17. De2 Kf8, Portisch.

14. Sg5×h7.

Dieses Springeropfer zur Entblößung des Königs ist die Pointe. Schwarz kann sich jedoch ausreichend verteidigen.

14. . . . Kg8×h7

Wenn 14. . . . Lf5, so 15. Th4 Te8 16. Sg5! Sg6 17. Th5 (Keres), und die Spannung bleibt.

15. Dd1–h5+ Kh7–g8

16. Te4–h4 f7–f5

(Diagramm oben rechts)

Bei 16. . . . f6 kann sich nach

Keres ein Remis durch Zugwiederholung ergeben: 17. g4 Te8 18. Ld3 Kf8 19. Dh8+ Sg8 20. Lh7 Kf7 21. Lg6+ Kf8 22. Lh7.

Weiß verfügt nun über verschiedene Angriffsfortsetzungen, die Schwarz zu genauem Spiel zwingen, ohne Vorteil zu versprechen. Zwei Möglichkeiten: 17. Th3 (um der Verteidigung 17. . . . Sg6 auszuweichen) 17. . . . f4 18. Dh7+ Kf7 19. Dh5+ Kg8 (Kf6? 20. g4!) 20. Dh7+, Remis, oder 17. Dh7+ Kf7 18. Th6 Tg8 (Te8 19. Le2!) 19. Te1 Kf8 (Df8 20. Lb5! Th8 21. Dh8: gh 22. Dh7+) 20. Th3 Ld7 21. The3 Sc8 22. Ld3 g6 23. h4 Tg7 24. Dh8+ Tg8 25. Dh7 mit Zugwiederholung.

PREUSSISCH

Unternehmungslustige Spieler ziehen es vor, nach 1. e4 e5 2. Sf3 Sc6 3. Lc4 der zum Remis tendierenden **Italienischen Partie** auszuweichen und 3. . . . Sf6 zu antworten, ein Zug, der von Berliner Meistern des 19. Jahrhunderts (daher **Preußisch)** gründlich untersucht worden ist, vor allem von P. R. von Bilguer. **Zweispringerspiel im Nachzug** ist ein anderer Name für diese Verteidigng, die in neuerer Zeit besonders von J. Estrin erforscht wurde.

1. e2–e4	**e7–e5**
2. Sg1–f3	**Sb8–c6**
3. Lf1–c4	**Sg8–f6**

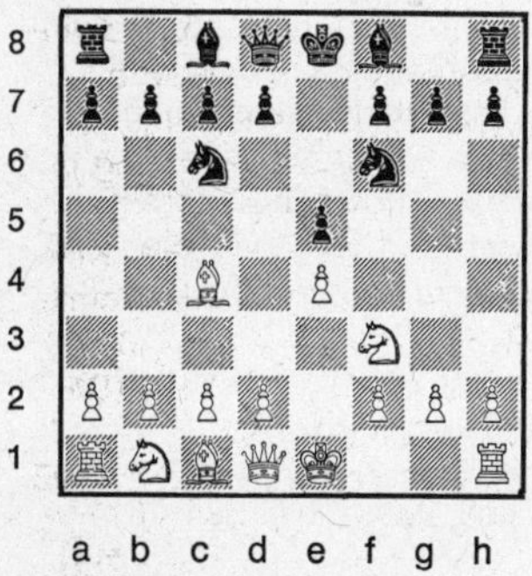

Nun gabelt sich das Spiel in Haupt- und Nebenzweige. Entscheidend für den Wert des Springerzugs ist die Beurteilung des von Tarrasch »Stümperzug« genannten Ausfalls 4. Sg5, der Schwarz mehr oder weniger zu einem Bauernopfer zwingt, andererzeits aber die Initiative aus der Hand gibt. Die klassische, auch von Tarrasch empfohlene Spielweise ist 4. d4. Wenig zu erreichen ist mit 4. Sc3 und 4. 0-0.

I. 4. Sf3–g5

Der sofortige Angriff auf die latente Schwäche f7 sieht logisch aus, weil Schwarz den Punkt f7 nicht direkt mit einer Figur schützen kann. Der Springerzug vernachlässigt jedoch die Entwicklung und hebt den Druck auf die Felder d4 und e5 auf.

4. . . . d7–d5

Der alte, solide Zug. Um die Jahrhundertwende kam der nach dem tschechischen Schachspieler Traxler genannte Gegenangriff 4. . . . Lc5 auf, der den Angriff auf f7 ignoriert. In neuerer Zeit ist die Debatte um diesen Zug wieder aufgelebt, besonders im Fernschach. J. Estrin ist der Ansicht, daß 5. Sf7: Lf2:+ 6. Kf2: Se4:+ 7. Kg1 Dh4 8. g3 Sg3: dem Weißen nicht mehr als Remis verspricht (zum Beispiel 9.d4 Se4 10. Le3 ed 11. Sh8: de 12. Df3 Se5 13. Lf7+ Kd8 14. De3: Dg4+ 15. Kf1 Dd1+ 16. Kg2 Dg4+, Fernpartie Augustat–Walter 1976/77). Nach Gligorić ist am ehesten mit 5. Lf7:+ Ke7 6. Ld5 Tf8 7. Sf3 d6 8. c3 Lg4 9. Lc6: bc 10. d4 Lb6 11. Dd3 ed 12. cd Kd7 13. Le3, Bjelov–Mazukewitsch, UdSSR 1962, ein spürbarer Vorteil für Weiß zu erreichen.
Zu scharf ist das Scheinopfer 4. . . . Se4:, wie aus 5. Lf7:+ Ke7 6. d4! d5 7. Sc3! Sc3: 8. bc Dd6 9. a4 hervorgeht.

5. e4×d5

Schwarz hat nun die Wahl unter den Möglichkeiten 5. . . . Sd5:, (A),

5. . . . Sa5 (B), 5. . . . Sd4 (C) und 5. . . . b5 (D), von denen die Variante B am tiefsten erforscht und am häufigsten gespielt worden ist. Auf den neuen Zug 5. . . . Lg4 geschieht 6. Sf7:!.

A.

5. . . . Sf6×d5

So pflegte man zu Morphys Zeiten zu antworten.

6. d2–d4

Das Opfer 6. Sf7:?!, das 400 Jahre alt ist, führt nicht zu klaren Ergebnissen. Die beiderseits besten Züge danach sind 6. . . . Kf7: 7. Df3+ Ke6 8. Sc3 S6b4! (8. . . . S6e7 9. d4! c6 10. Lg5 h6 11. Le7: Le7: 12. 0-0-0 Tf8 13. De4 mit starkem Angriff für Weiß) 9. De4 (nicht 9. a3 Sc2:+ 10. Kd1 Sd4!) 9. . . . c6 10. a3 Sa6 11. d4 Sc7 12. Lf4 Kf7 13. Le5: Le6 14. 0-0 Le7. Weiß hat zwei Bauern für die Figur; der Angriff ist jedoch verebbt.

6. . . . e5×d4

Nicht besser ist die Einschaltung 6. . . . Lb4+ 7. c3 Le7 wegen 8. Sf7: Kf7: 9. Df3+ Ke6 10. De4 Lf8 11. 0-0 S6e7 12. f4 c6 13. fe Kd7 14. Le2 Ke8 15. c4 Sc7 16. Sc3 Le6 17. Lg5 Dd7 18. Tad1 mit der Drohung d4-d5, Barden–Adams, Hastings 1951/52. Nach 6. . . . Le6 7. Se6: fe 8. de Se5: 9. Dh5+ Sf7 ist Weiß offensichtlich vorzuziehen.

7. 0–0

Die weiße Stellung ist klar überlegen. Zwei Möglichkeiten: 7. . . . Le6 8. Te1 Dd7 9. Sf7:! Kf7: 10. Df3+ Kg8 11. Te6:!, oder 7. . . . Le7 8. Sf7: Kf7: 9. Dh5+! g6 10. Ld5:+ Ke8 11. Df3 Tf8 12. Lc6:+ bc 13. Dc6:+ Ld7 14. Dc4 mit Vorteil.

B.

5. . . . Sc6–a5

Dieser Zug wird schon in Schriften des 16. Jahrhunderts angegeben. Der Springer soll den Läufer abdrängen, um die Gefahr für den Punkt f7 zu beseitigen. Für den Tempogewinn verzichtet Schwarz auf einen Bauern. Ein gewisses Handikap ist die Randstellung des Springers.

6. Lc4–b5+

Weniger bewährt hat sich 6. d3 h6 7. Sf3 e4 8. De2 Sc4: 9. dc Lc5 10. h3 0-0 11. Sh2 c6! 12. dc e3 13. Le3: Le3: 14. fe Se4 15. 0-0

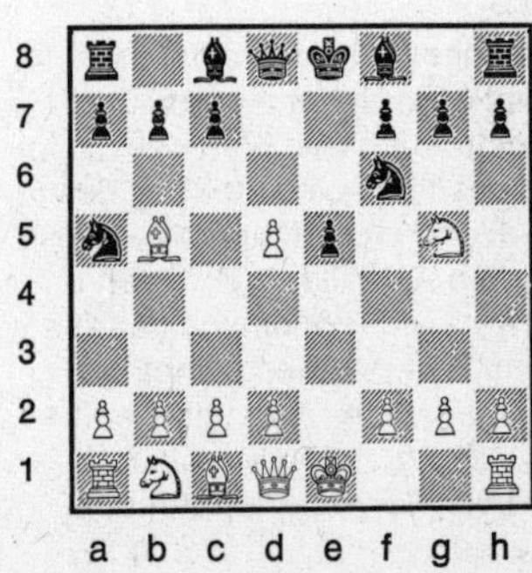

Sg3 16. Df3 Sf1: 17. Sf1: Db6 18. b3 bc mit besserem Spiel für Schwarz, Kondratjev.

6. . . . c7–c6

Zwecks Zeitgewinn. Neuerdings greift man gelegentlich zu 6. . . . Ld7 7. De2, zum Beispiel 7. . . . Le7 8. Sc3 (8. d4 Sd5:!, Keres) 8. . . . 0-0 9. 0-0 c6 10. dc Sc6: 11. Lc6: Lc6: 12. d3 Sd5 mit interessanten Möglichkeiten (Enzyklopädie der Schacheröffnungen, Belgrad 1974).

7. d5×c6 b7×c6

8. Lb5–e2

Auf Bogoljubows Zug 8. Df3 ist 8. . . . Tb8 eine gute Erwiderung (9. Lc6:+? Sc6: 10. Dc6:+ Sd7 11. d3 Le7 12. Sf3 0-0 13. De4 Tb4 14. De2 e4, Zicherl–Krzisnik, Jugoslawien 1956, zugunsten von Schwarz). Nach 9. Ld3 h6 10. Se4 Sd5 11. Sg3 g6 12. 0-0 Lg7 13. Sc3 0-0 14. Le2 Tb4 15. Sd5: cd 16. Da3 Sc6 17. d3 h5, Estrin–Ragosin, Moskau 1955, hat Schwarz ein schönes Spiel für den Bauern.

8. . . . h7–h6

9. Sg5–f3

Mit 9. Sh3 (Steinitz) kann Schwarz den folgenden Tempoverlust vermeiden. In den sechziger Jahren hat sich der spätere Weltmeister Robert Fischer dieses Zuges angenommen. Schwarz dürfte auch hierbei genügend Spiel für den geopferten Bauern erhalten, zum Beispiel 9. . . . Lc5 10. 0-0 0-0 11. d3 Sb7 12. Sc3 Lb6 13. Kh1 Sc5 14. f4 e4, Hamann–Geller, Kislowodsk 1966.

9. . . . e5–e4

10. Sf3–e5 Dd8–c7

Weniger gut ist 10. . . . Dd4 11. f4 Lc5 12. Tf1 Dd8 13. c3 Sd5 14. Da4 0-0 15. De4:!. Hingegen dürfte 10. . . . Lc5 ebenfalls brauchbar sein (mit der Idee 11. 0-0 Dd4 12. Sg4 Lg4: 13. Lg4: 0-0).

11. f2–f4 Lf8–d6

Möglich ist auch 11. . . . Lc5, denn 12. d4 ed e. p. 13. cd 0-0 14. Ld2 Sd5! (Gligorić) 15. Da4 Lb6 führt ebenso zu gleichem Spiel wie 12. c3 Sb7 13. b4 Ld6 14. d4 ed e. p. 15. Dd3: 0-0 16. 0-0 a5 17. Lf3 Le5: 18. fe De5: (Mednis–Spasski, Antwerpen 1955).

12. d2–d4 0–0

13. c2–c3

In einer Partie Arnold–Tschigorin, St. Petersburg 1885, stand Schwarz nach 13. 0-0 c5! 14. c3 Tb8 15. Sa3?! cd 16. Sb5 Tb5:! 17. Lb5: Db6 18. a4 d3+ auf Gewinn.

13. . . . c6–c5

14. Sb1–a3 Tf8–d8

15. Sa3–b5 Dc7–b6

16. Sb5×d6 Td8×d6

und Schwarz hat ausreichenden Stellungsdruck für den geopferten Bauern. Vielleicht sollte Weiß zu 12. 0-0 greifen.

C.

5. . . . Sc6–d4

Der Zug von A. Fritz, der mit Zugumstellung in die **Ulvestad-Variante** (siehe D) einmünden kann. Er führt oft zu schwierigem, schwer zu beurteilendem Spiel.

6. c2–c3 b7–b5

(Diagramm S. 42 oben)

Die Pointe. Ruhiger ist 6. . . . Sf5, doch setzt Weiß dann aussichtsreich mit 7. d4 ed 8. 0-0! fort.

7. Lc4–f1 h7–h6

8. c3×d4 h6×g5

9. d4×e5 Sf6×d5
10. Lf1×b5+ Lc8–d7
und Schwarz steht nicht schlecht. Er hätte auch 7. . . . Sd5: 8. Se4 Se6 oder schärfer 8. . . . Dh4 9. Sg3 Lb7 (ein chancenreiches Springeropfer) probieren können, das von Radtschenko vorgeschlagen wurde, aber noch nicht endgültig geklärt ist.

D.

5. . . . b7–b5
Ein überraschender, von dem amerikanischen Meister Ulvestad eingeführter Zug.

6. Lc4–f1
Eher für Schwarz günstig ist 6. dc bc; aber 6. Lb5: Dd5: 7. Sc3 Dg2: 8. Df3 Df3: 9. Sf3: Ld7 10. 0-0 Ld6 11. Lc6: Lc6: 12. Se5: Le5: 13. Te1 (Tumurbator) erscheint brauchbar.

6. . . . Sc6–d4
Das Spiel geht in die Variante C über. Auf 6. . . . Sd5: 7. Lb5: Lb7 8. d4 f6 9. 0-0! läßt sich Schwarz besser nicht ein (zum Beispiel 9. . . . fg 10. c4 a6 11. cd Dd5: 12. Sc3 Dd4: 13. La4 mit schönem Spiel für Weiß, Yanofsky, oder 9. . . . Dd7 10. c4 Sb6 11. d5 fg 12. dc Lc6: 13. Dh5+, mit gleichem Ergebnis).

II. 4. d2–d4
Im Sinn der Entwicklung macht dieser Zug einen besseren Eindruck als 4. Sg5 (I). Obwohl die Folgen seit einem Jahrhundert untersucht worden sind, ist ein Gesamturteil immer noch nicht abzusehen.

4. . . . e5×d4
5. 0–0
Auf 5. e5 kann gut 5. . . . Sg4 geschehen, denn 6. Lf7:+? Kf7: 7. Sg5+ Kg8 8. Dg4: (8. Df3 Lb4+! 9. c3 S4e5: 10. Dd5+ Kf8 11. cb Sb4: zugunsten von Schwarz) 8. . . . h6 9. Sf3 d6 verspricht nichts für Weiß. Auch 5. . . . Se4 6. Ld5 Sc5 ist angängig. Wenn 5. Sg5, so 5. . . . d5 6. ed De7+ 7. Kf1 Se5 mit Ausgleich. Hier gabelt sich das Spiel in zwei große Komplexe. Schwarz kann sowohl die offene Variante 5. . . . Se4: (A) wählen, als auch den Entwicklungszug 5. . . . Lc5 (B), der zum **Max-Lange-Angriff** führen kann.

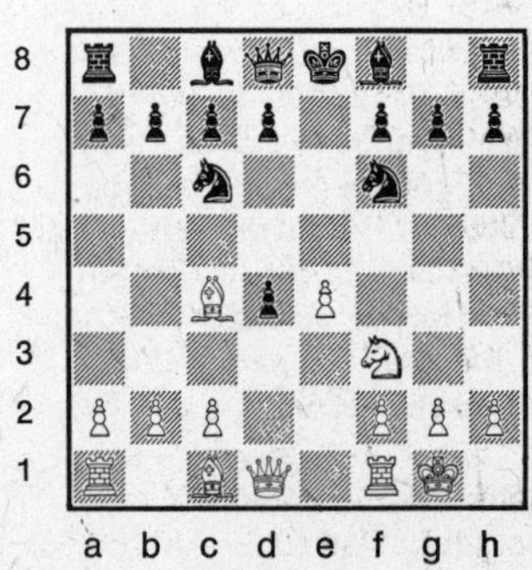

A.

5. . . . Sf6×e4
6. Tf1–e1 d7–d5
7. Lc4×d5

Der witzige Zug 7. Sc3 ist ebenfalls möglich, etwa mit der Folge 7. . . . dc3 8. Ld5: Le6 9. Le4: (9. Te4:? Se7!, Dr. Dyckhoff) 9. . . . Lb4 10. b3 Dd1: 11. Td1: h6 12. Lf4 La5 13. Se5 Sd8 14. Td3 c6 15. Tad1 mit gleichen Chancen.

7. . . . Dd8×d5
8. Sb1–c3 Dd5–a5

Möglich ist auch 8. . . . Dd8 (9. Se4: Le7 10. Lg5 Le6 11. Le7: Ke7: 12. S4g5 Dd5 13. Dd2) oder 8. . . . Dh5 (9. Se4: Le6 10. Lg5 Ld6 11. Lf6 0-0 12. Sd6: cd 13. Ld4: Lg4 14. Te3 Tae8), jeweils mit gleichen Aussichten.

9. Sc3×e4

Spielbar ist 9. Te4:+ Le6 10. Sd4: 0-0-0 11. Le3 Sd4: 12. Td4:. Dagegen dürfte das Figurenopfer 9. Sd4: Sd4: 10. Dd4: f5 11. Lg5 Dc5 12. Dd8+ Kf7 13. Tad1 Le6 14. Da8: Sg5: (zuerst von Dr. Euwe versucht) nicht ausreichen.

9. . . . Lc8–e6
10. Se4–g5

Der aussichtsreichste Versuch.

10. . . . 0–0–0
11. Sg5×e6 f7×e6
12. Te1×e6

mit etwa gleichen Aussichten. Schwarz kann 12. . . . Le7 (13. Se5 Se5: 14. Te7: The8 15. Ld2 Db5 mit gleichem Spiel Brüchner–Bobozov, Sofia 1954) fortsetzen oder das gebräuchlichere 12. . . . Ld6 13. Lg5 Tdf8 14. De2 Kd7 wählen, obwohl hier neuerdings mit 15. Te1 aussichtsreich experimentiert wird (zum Beispiel 15. . . . Tf3: 16. Ld2 Dh5 17. Df3:, oder 15. . . . Da2: 16. b3 Da5 17. Lh4, oder 15. . . . d3 16. cd Tf3: 17. Ld2 Dh5 18. Td6:+ cd 19. Df3:).

B.

5. . . . Lf8–c5

Schwarz hält den gewonnenen Bauern zunächst fest. Das sollte er nur tun, nachdem er sich mit allen möglichen Abzweigungen gründlich vertraut gemacht hat.

6. e4–e5

Schwarz würde sich sonst mit d7-d6 und baldiger Rochade sichern.

6. . . . d7–d5

Das Vorspiel zum **Max-Lange-Angriff.** Schwarz kann ihn vermeiden, wenn er 6. . . . Sg4!? antwortet. Schon Steinitz hat darauf verwiesen, daß 7. h3? S4e5: 8. Se5: Se5: 9. Te1 d6 10. f4 d3+ 11. Kh2 Dh4! 12. fe dc 13. ed+ Le6 für Schwarz günstig ist. Zu gleichem Spiel führt 7. Lf4 0-0 8. h3 Sh6 9. Lh6: gh 10. c3 d5 11. Lb3 Lf5! 12. cd Lb6, oder 7. c3! d5! (7. . . . dc 8. Lf7:+ Kf7: 9. Dd5+) 8. Lb5 dc 9. Da4 0-0 10. Lc6: bc 11. Dc6: cb 12. Lb2:

Tb8 13. Dc5: Tb2: 14. Da7: f6 (Honfi–Sebastian, Ungarn 1961).

7. e5×f6 d5×c4

8. Tf1–e1+

Auch 8. fg Tg8 9. Lg5 Le7 10. Le7: Ke7: kommt in Frage.

8. ... Lc8–e6

9. Sf3–g5

Droht 10. Se6: fe 11. Dh5+ nebst 12. Dc5: und Figurengewinn.

9. ... Dd8–d5

10. Sb1–c3

Möglich dank einer »Kettenreaktion«: Der Bd4 ist gefesselt, weil der Le6 gefesselt ist.

10. ... Dd5–f5

11. Sc3–e4

Wenn 11. g4, so 11. ... Dg6!; hingegen wäre 11. ... Df6: ein lehrreicher Fehler: 12. Sd5 Dd8 13. Te6:+ fe 14. Se6: Dd7 15. Lh6! (Staunton).

11. ... 0–0–0

Früher hielt man 11. ... Lf8 für das einzig Richtige. Die Folgen von 12. Sf7: Kf7: 13. Sg5+ Kg6 (13. ... Kg8 14. g4 Dg6! 15. Te6: gf 16. Df3 Kg7 17. Lf4 Ld6) 14. fg Lg7: 15. Te6:+ Lf6 16. g4 Dd5 17. Sh3 Kf7 18. Sf4 Dc5 sind dunkel.

12. g2–g4!

Schwarz darf nicht auf g4 nehmen, weil der Lc5 »hängt«.

12. ... Df5–e5!

Ungünstig wäre 12. ... Dd5 13. fg Tg8 14. Sf6 Dd6 15. S5e4 De5 16. f4 d3+ 17. Kg2 Dd4 18. c3, Tschigorin–Albin, Berlin 1897.

13. Sg5×e6

13. f4 d3+ würde jetzt nichts einbringen.

13. ... f7×e6

14. f6×g7

In Betracht kommt auch 14. Lg5 g6 15. f7.

14. ... Th8–g8

Die Dame muß den Läufer gedeckt halten.

15. Lc1–h6 d4–d3

16. c2–c3 d3–d2

Schwarz braucht den Punkt d3 für den Turm und gibt deswegen den gedeckten Freibauern preis. Der ruhigere Zug 16. ... Le7 ist nach 17. f4 Dd5 18. Dd2 Td7 19. Te3 Sd8 20. b3! weniger klar (Markelov).

17. Te1–e2 Td8–d3

18. Se4×c5 De5×c5

19. Te2×d2 Sc6–e5

20. Td2×d3 c4×d3

21. Kg1–g2 Dc5–d5+

22. Kg2–g3 Se5–f7

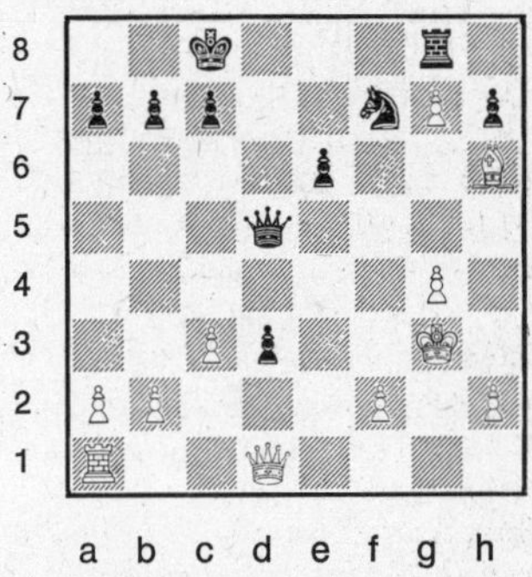

Schwarz braucht nichts zu fürchten. Dr. Euwe hat die Folge 23. Dd2 Dd6+ 24. Kg2 e5 25. g5 Sd8! angegeben. Der Springer wird den störenden Freibauern »abholen«.

Wir haben uns auf die wichtigsten Abspiele beschränkt, weil der **Max-Lange-Angriff** in der heutigen Praxis kaum eine Rolle spielt.

VIERSPRINGERSPIEL

Das Vierspringerspiel (1. e2-e4 e7-e5 2. Sg1-f3 Sb8-c6 3. Sb1-c3 Sg8-f6) ist nicht ganz so harmlos, wie allgemein angenommen wird. Dennoch gelten Spieler, die es anwenden, als »friedliebend«.

1. e2–e4 e7–e5
2. Sg1–f3 Sb8–c6
3. Sb1–c3 Sg8–f6

Schwarz kann dem Vierspringerspiel ausweichen, zum Beispiel mit 3. . . . g6 (eine Empfehlung von Steinitz, in neuerer Zeit von Keres gern gespielt). Hierbei muß man wissen, daß nach 4. d4 ed 5. Sd5 (oder 5. Sd4: Lg7 6. Le3 Sf6!) nur 5. . . . Lg7 6. Lg5 Sce7! richtig ist (6. . . . f6 7. Lf4 d6 8. Sd4:, 6. . . . S8e7 7. Sd4:! Ld4: 8. Dd4:!). Schwarz gleicht nach 7. Sd4: c6 8. Sc3 h6 9. Lf4 d5 10. Dd2 Sf6 11. 0-0-0 Se4: 12. Se4: de 13. Lc4 Sf5 das Spiel aus (Dr. Lehmann–Keres, Hamburg 1960). Auch mit 7. e5 h6 8. Le7: Se7: 9. Dd4: Sd5: 10. Dd5: d6! 11. 0-0-0 0-0! 12. ed Le6 ist nichts zu erreichen: Schwarz hat Gegenwerte für den Bauern.
Eine spielbare Abweichung ist auch 3. . . . Lb4 4. Sd5! Sf6 5. Sb4: Sb4: 6. Se5: De7 7. d4 d6, obwohl Weiß die Initiative bewahrt (zum Beispiel 8. a3 de 9. ab ed 10. Dd4: De4:+ 11. De4:+ Se4:, und mit seinem Läuferpaar wird Weiß Gewinnversuche machen).

4. Lf1–b5

Das **Spanische Vierspringerspiel.** Auf 4. Lc4 steht Schwarz das vereinfachende Scheinopfer 4. . . . Se4: zu Gebot, das nach 5. Se4: (das Bauernopfer 5. 0-0 Sc3: 6. dc f6 7. Sh4 g6 8. f4 f5 9. Sf3 e4 10. Sg5 Lc5+ 11. Kh1 De7 12. Lf7+ Kf8 13. b4 Lb6 ist schwer zu beurteilen, und das Manöver 5. Lf7:+ Kf7: 6. Se4: d5 7. S4g5+ Kg8 8. d3 h6 9. Sh3 Lh3: 10. gh Df6 überläßt Schwarz das bessere Spiel) 5. . . . d5 6. Ld3 de 7. Le4: Ld6 8. d4 ed 9. Lc6:+ bc 10. Dd4: 0-0 11. 0-0 c5 12. Dc3 Lb7 13. b3 Dd7 14. Lb2 f6 15. Tad1 Df5, Tartakower–Bogoljubow, Pistyan 1922, zu einem Spiel mit beiderseitigen Chancen führt.

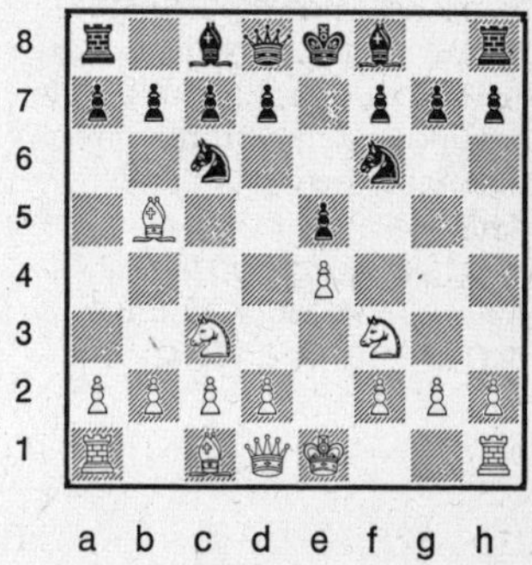

4. . . . Sc6–d4

Die **Rubinstein-Variante** gilt als gangbarer Weg zum Ausgleich. Bei dem klassischen Zug 4. . . . Lb4 hat der Nachziehende darauf zu achten, daß er die Symmetrie nicht übertreibt. So muß er nach 5. 0-0 0-0 6. d3 d6 7. Lg5 schon auf 7. . . . Lg4(?) verzichten wegen 8. Sd5 Sd4 9. Sb4: Sb5: (oder 9. . . . Dc8 10. c3 Lf3: 11. gf Sb5: 12. Lf6: gf 13. a4 c5 14. Sd5 Kh8

15. Kh1!, Pachman) 10. Sd5 Sd4 11. Dd2! c6 (oder 11. ... Dd7 12. Lf6: Lf3 13. Se7+ – das Schachgebot beendet endgültig die Symmetrie – 13. ... Kh8 14. Lg7:+ Kg7: 15. Dg5+ Kh8 16. Df6: matt) 12. Sf6:+ gf 13. Lh4 Lf3: 14. Dh6 Se2+ 15. Kh1 Lg2:+ 16. Kg2: Sf4+ 17. Kh1 Sg6 18. f4! mit entscheidendem Angriff für Weiß.

Richtig ist etwa 7. ... Lc3: 8. bc De7 (das Metger-Manöver) 9. Te1 (9. Sd2 h6!) 9. ... Sd8 10. d4 Se6 11. Lc1 Td8 12. Lf1 (wenn 12. Sh4, so d6-d5, Cholmov) 12 ... Sd7 13. g3 S7f8 14. Sh4 Df6 15. Le3 Sg6 16. Sg2 c5!, und Schwarz erreichte in der Partie Alexander–Barcza, Schacholympiade München 1958, ein ebenbürtiges Spiel. Diese Varianten zeigen, wie viele Spannungen das Vierspringerspiel immer noch beinhaltet.

5. Lb5–a4

Zu raschem Ausgleich führt 5. Sd4: ed 6. e5 dc 7. ef Df6:! 8. dc De5+ 9. De2. Wenig verspricht 5. Se5: De7! 6. f4 (6. Sf3 Sb5: 7. Sb5: De4:+) 6. ... Sb5: 7. Sb5: d6 8. Sf3 De4:+ 9. Kf2 Sg4+ 10. Kg3 (10. Kg1 Dc6) 10. ... Dg6 11. Sh4 Dh5 mit Chancen für Schwarz (12. Sc7:+ Kd8 13. Sa8: g5! 14. fg Dg5: 15. Sf3 Dg7, und der Angriff schlägt durch – Teichmann). Auch 5. Lc4 Lc5 6. Se5: De7! ist völlig unbedenklich für Schwarz.

5. ...	**Lf8–c5**
6. 0–0	**0–0**
7. d2–d3	**c7–c6**
8. h2–h3	**d7–d6**
9. Sf3×d4	**Lc5×d4**
10. Sc3–e2	**Ld4–b6**
11. Se2–g3	**Sf6–e8**
12. La4–b3	**Se8–c7**
13. Lc1–e3	**Sc7–e6**
14. c2–c3	**g7–g6**
15. Lb3×e6	**Lc8×e6**
16. d3–d4	**d6–d5**

Soweit eine Partie Botwinnik–Fine, Avro–Turnier, Holland 1938, die nach 17. de Le3: 18. fe Dg5 19. Df3 De5: unentschieden abgebrochen wurde.

UNGARISCHE VERTEIDIGUNG

Diese Spielweise (1. e2-e4 e7-e5 2. Sg1-f3 Sb8-c6 3. Lf1-c4 Lf8-e7) ist zum ersten Mal in einer Fernpartie zwischen Paris und Budapest (1842 bis 1845) angewandt worden. Schwarz stellt sich ruhig auf und vermeidet die Verwicklungen der **Preußischen** oder der **Italienischen Partie.**

1. e2–e4 **e7–e5**
2. Sg1–f3 **Sb8–c6**
3. Lf1–c4 **Lf8–e7**

4. d2–d4 **d7–d6**

Hier ist die Idee der Verteidigung deutlich. Schwarz vermeidet den Verlust der Rochade nach Tausch auf e5 und d8. Nicht im Sinn dieser Spielweise ist 4. ... ed, das dem Weißen nach 5. Sd4: Raumvorteil einräumt. Erwähnenswert ist die Falle 5. c3!? dc? 6. Dd5! Sh6 7. Lh6: 0-0 8. Lg7: (8. Lc1 c2!) 8. ... Kg7: 9. Sc3: mit besserem Spiel für Weiß; Schwarz antwortet richtig 5. ... Sa5! 6. Dd4: Sc4: 7. Dc4: Sf6 und gleicht aus.

5. d4×e5

Das einfachste. Weiß kann auch mittels 5. d5 auf Raumvorteil spielen, zum Beispiel 5. ... Sb8 6. Ld3 Sf6 7. c4 0-0 8. h3 S8d7 9. Sc3 Sc5 10. Lc2 a5 11. 0-0. Weiß wird a2-a3 und b2-b4 folgen lassen und hat die besseren Aussichten.

5. ... **d6×e5**
6. Dd1×d8+

Der Damentausch läßt das Spiel nicht etwa verflachen, wie ungeübte Spieler fälschlich glauben. Schwarz muß schwer kämpfen, um die Partie zu halten.

6. ... **Le7×d8**
7. Sb1–c3 **f7–f6**

Wenn 7. ... Lg4, so 8. Le3, gefolgt von der langen Rochade. Nach 7. ... Sf6 8. Lb5 hätte Schwarz Sorgen um seinen Bauern e5.

8. a2–a3 **Sc6–a5**
9. Lc4–a2 **b7–b6**
10. Lc1–e3 **Sa5–b7**

Der Springer soll nach d6 wandern.

11. 0–0–0 **Sb7–d6**
12. Sf3–d2 **Sg8–e7**
13. Sd2–c4

Auch 13. f4 ist gut möglich (13. ... Sg6).

13. ... **Sd6–f7**

Der Punkt e5 muß rechtzeitig gestärkt werden (Dr. Euwe). Schwarz wird sich behaupten können. In einer Partie Rossolimo–Dr. Euwe, Beverwijk 1953, kam Weiß nach 13. ... Sc4: 14. Lc4: c6 15. Se2 Lc7 16. h3 Ld7 (?) 17. Sg3!, drohend 18. Sh5, in Vorteil.

PONZIANI-ERÖFFNUNG

Der von einem Italiener im 18. Jahrhundert untersuchte ruhige Aufbau (1. e2-e4 e7-e5 2. Sg1-f3 Sb8-c6 3. c2-c3) taucht ab und zu in den Turnieren auf. Diese Eröffnung hat den Vorteil, daß sie verhältnismäßig geringe theoretische Vorbereitungen erfordert, während der Gegner meist nicht sehr genau mit ihr vertraut ist.

1. e2–e4 e7–e5
2. Sg1–f3 Sb8–c6
3. c2–c3

Weiß bereitet die Besetzung des Zentrums (d2-d4) vor. Das Gegenspiel richtet sich folgerichtig gegen den Punkt e4.

3. . . . Sg8–f6

Der Befreiungszug 3. . . . d5 ist ebenfalls anwendbar. Weiß hat danach die Wahl zwischen 4. Lb5 (4. . . . de 5. Se5: Dd5 6. Da4 S8e7 7. f4 Ld7 8. Sd7: Kd7: 9. 0-0 Sf5 10. d4) und 4. Da4 (4. . . . Sf6 5. Se5: Ld6 6. Sc6: bc 7. d3 0-0 8. Le2 De8 9. Sd2 Tb8 10. 0-0 c5, und nach Keres dürfte Schwarz Gegenwerte für den Bauern haben. Nach 4. . . . Ld7 kam Weiß in einer Partie Dückstein–Fuderer, Zagreb 1966, in Vorteil: 5. ed Sd4 6. Dd1 Sf3:+ 7. Df3: Sf6 8. Lc4 Ld6 9. d3 Lg4 10. Dg3 h5 11. Lg5 Dd7 12. h3.).

4. d2–d4 Sf6×e4

Sehr verwickelt ist die Stellung nach dem Gegenangriff in der Mitte 4. . . . d5; Weiß scheint danach gut zu stehen, zum Beispiel 5. Lb5 ed 6. e5 Se4 7. Sd4: Lc5 8. 0-0 0-0 9. Lc6: bc 10. Le3 usw.

5. d4×e5

Zu einem ruhigen, ausgeglichenen Spiel führt 5. d5 Se7 (5. . . . Lc5 6. dc Lf2:+ 7. Ke2 bc 8. Da4 f5, ein Figurenopfer für zwei Bauern, ist wohl doch für Weiß günstig) 6. Se5: Sg6 7. Ld3 Se5: 8. Le4: Lc5.

5. . . . d7–d5

Schwer abzuschätzen ist die Stellung nach 5. . . . Lc5 6. Dd5 Lf2:+ 7. Kd1 f5 8. Lc4 De7 9. S1d2; aber Weiß macht auch hier einen guten Eindruck.

6. Lf1–b5 a7–a6
7. Lb5–a4 Lc8–g4
8. Lc1–f4 Se4–c5
9. La4–c2 d5–d4
10. 0–0 d4–d3
11. Lc2–b3 Lf8–e7
12. Sb1–d2

Soweit eine Partie Petkewitsch–Kalinski, UdSSR 1969. Judowitsch schlägt hier für Schwarz die kurze Rochade vor. Die gewählte Zugfolge 12. . . . Dd7 13. h3 Lh5 14. Te1 Lg6 15. Sc4 Df5 16. Lh2 Sb3: 17. Db3: 0-0-0 überzeugt nicht ganz. Die Eröffnung hat durchaus ihre Vorzüge; es fehlen noch praktische Erfahrungen.

RUSSISCH

Nach 1. e2-e4 e7-e5 2. Sg1-f3 kann Schwarz auch mit einem unmittelbaren Gegenangriff auf den Be4 reagieren. Gesund und zuverlässig ist die **Russische Verteidigung** (nach dem russischen Meister Jänisch, der im 19. Jahrhundert lebte, genannt) 2. . . . Sg8-f6. Gewagt ist das **Lettische Gambit** 2. . . . f7-f5, und das **Mittelgambit im Nachzug** 2. . . . d7-d5 genießt einen zweifelhaften Ruf. Mit diesen beiden Spielweisen beschäftigen wir uns kurz anschließend.

1. e2—e4 **e7—e5**
2. Sg1—f3 **Sg8—f6**

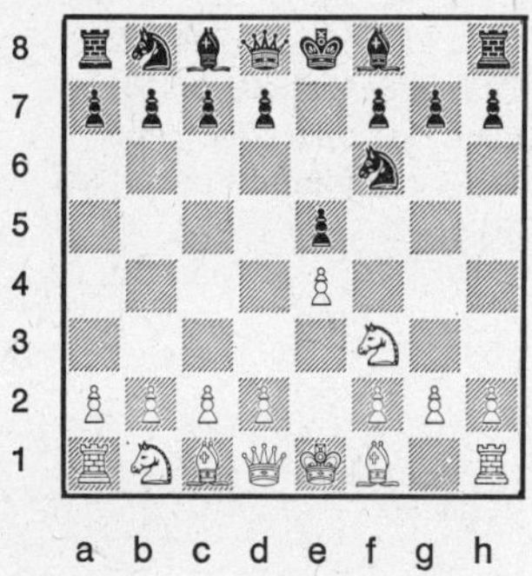

Ob Weiß nun lieber 3. d2-d4 (I.) oder 3. Sf3×e5 (II.) spielen soll, ist Geschmackssache. 3. d4, der Zug von Steinitz, geriet lange in Vergessenheit, bis er von modernen Meistern wieder hervorgeholt wurde.

I.

3. d2—d4 **e5×d4**

Nach 3. . . . Se4: 4. Ld3 d5 5. Se5: Le7 (oder 5. . . . Ld6 6. 0-0 0-0 7 Sd2 Sf6 8. S2f3 h6 9. c4 c6 10. Db3 Le7) 6. 0-0 Sd7 7. c4 Se5: 8. de c6 9. cd Dd5: 10. De2 Sc5 11. Lc2 Le6 12. Sc3 Dc4 13. De3 0-0-0 14. b3 hat die weiße Stellung nach Ciocaltea Vorzüge.

4. e4—e5 **Sf6—e4**
5. Dd1×d4

Steinitz pflegte 5. De2 Lb4+ (zum Ausgleich reicht 5. . . . Sc5 6. Sd4: Sc6 7. Sc6: dc! 8. Sc3 Lf5) 6. Kd1? (richtig 6. S1d2 Sd2: 7. Ld2: Ld2:+ 8. Dd2: d6 9. Dd4: Sc6 10. Lb5 zugunsten von Weiß) 6. . . . d5 7. ed f5 8. dc Dc7: zu spielen, wonach Weiß allerdings rasch ins Gedränge gerät, zum Beispiel 9. Sd4: Sc6 10. Sc6: bc 11. f3 La6! 12. Da6: Sf2+ 13. Ke2 De5+ 14. Le3 f4 zum Vorteil von Schwarz.

5. . . . **d7—d5**
6. e5×d6 e. p. **Se4×d6**
7. Sb1—c3 **Sb8—c6**
8. Dd4—f4 **g7—g6**

Wohl noch die beste Entwicklungsmethode. Auf 8. . . . Lf5 ist 9. Lb5! stark, zum Beispiel 9. . . . De7+ 10. Kf1 Le4 11. La4 0-0-0 12. Le3 f6 13. Se4: De4: 14. Td1 (Keres).

9. Lf1—d3 **Lf8—g7**
10. Lc1—e3 **Lc8—e6**
11. 0—0—0 **Dd8—f6**
12. Sf3—g5 **Df6×f4**
13. Le3×f4 **0—0—0**
14. Sg5×e6 **f7×e6**
15. Sc3—e4

Weiß hat im Endspiel ein spürbares Plus wegen des vereinzelten e-Bauern. Schwarz kann sich jedoch halten.

II.

3. Sf3×e5 d7–d6

Eine notwendige Einschaltung. Nach dem sofortigen 3. ... Se4:? 4. De2 tauchen bereits ernste Probleme auf (4. ... Sf6?? 5. Sc6+ mit Damengewinn). Das geringste Übel ist noch 4. ... De7 5. De4: d6 6. d4 f6 7. Sc3 de 8. Sd5 Dd6 9. de fe 10. Lf4 mit Vorteil für Weiß.

4. Se5–f3 Sf6×e4

5. d2–d4

Nicht mehr als Ausgleich verspricht 5. De2 De7 6. d3 Sf6 7. Lg5 S8d7 8. Sc3 De2:+ 9. Le2: h6 10. Lh4 g5 11. Lg3 Sb6 12. 0-0-0 Ld7 13. h4 g4 14. Sd2 Lg7 15. f3 0-0-0, Arulaid–Vistaneckis, UdSSR 1964. Früher haben Lasker und Capablanca Erfolg mit dieser Endspielvariante gehabt.

5. ... d6–d5

6. Lf1–d3 Lf8–e7

Spielbar ist wohl auch 6. ... Ld6 7. 0-0 0-0 8. c4 Sf6! 9. Sc3 dc 10. Lc4: Lg4 mit nur geringem Vorteil für Weiß.

7. 0–0 Sb8–c6

8. Tf1–e1 Lc8–g4

Hier kommen auch Züge wie 8. ... Lf5 und 8. ... Sd6 in Frage.

9. c2–c4 Se4–f6

10. c4×d5 Sf6×d5

11. Sb1–c3 0–0

12. Ld3–e4 Lg4–e6

und nach Pachman hat Schwarz ausgeglichen. Weniger gut war in einer Partie Teschner–Delander, Berlin 1954, 12. ... Sf6 13. d5 Sb4 14. a3 Se4: 15. Te4: Lf3: 16. Df3: Sa6 17. Le3 Lf6 18. Tc4 Dd7 19. Td1 Tad8 20. g3 b6 21. De2! mit guten Chancen für Weiß.

LETTISCHE VERTEIDIGUNG

1. e2--e4 e7–e5
2. Sg1–f3 f7–f5

Eine Art **Königsgambit** mit vertauschten Farben, das einen etwas unsoliden Eindruck macht. Der alte Zug von Damiano 2. . . . f6 kommt sowohl wegen 3. Se5: (3. . . . fe? 4. Dh5+ g6 -Ke7? 5. De5:+ Kf7 6. Lc4+ d5 7. Ld5:+ Kg6 8. h4 h5 9. Lb7:- 5. De5:+ De7 6. Dh8: Sf6 7. d3 d5 8. Lg5 S8d7 9. Sc3 c6 10. h4), als auch wegen 3. d4 und 3. Lc4 praktisch nicht in Betracht.

3. Sf3×e5

Am gebräuchlichsten. Weiß kann aber ebenso gut 3. Lc4 fe 4. Se5: d5 (4. . . . Dg5 5. d4 Dg2: 6. Dh5+ g6 7. Lf7+ Kd8 8. Lg6: Dh1:+ 9. Ke2 c6 10. Sc3 Sf6 11. Dh4! Le7 12. Lg5 Da1: 13. Lf6: Lf6: 14. Df6:+ Kc7 15. Sc4! mit Vorteil für Weiß) 5. Dh5+ g6 6. Sg6: Sf6 7. De5+ Le7 8. Lb5+ c6 9. Se7: De7: 10. De7:+ Ke7: 11. Le2 Tg8 12. g3 (Keres) spielen. Trotz seines Entwicklungsvorsprungs wird Schwarz den fehlenden Bauern kaum wettmachen können.
Weiß kann auch das Gambit annehmen, weil er nach 3. ef e4 4. Se5 Sf6 5. Le2 d6 6. Lh5+ Ke7 7. Sf7 De8 8. Sc3! Sh5: 9. Sd5+ Kf7: 10. Dh5:+ g6 11. fg+ Kg7 12. Sc7: im Vorteil zu sein scheint. Zu prüfen wäre hier noch 8. . . . c6.

3. . . . Dd8–f6
4. Se5–c4! f5×e4
5. Sb1–c3

Weiß erhält mühelos ein schönes Spiel dank der Tempoverluste infolge der schwarzen Damenzüge.

5. . . . Df6–e6

Auch 5. . . . Dg6 6. d3 Lb4 (6. . . . ed 7. Ld3: Dg2:? 8. Dh5+ Kd8 9. Le4 und Weiß gewinnt) 7. Ld2 Lc3: 8. Lc3: Sf6 9. Lf6: gf 10. de De4:+ 11. Se3 ist günstig für Weiß.

6. d2–d3!

Gut ist auch 8. Se3. Das Bauernopfer bringt dem Weißen ein prächtiges Zusammenspiel seiner Figuren ein.

6. . . . e4×d3+
7. Sc4–e3 d3×c2
8. Dd1×c2 mit überlegenem Spiel für Weiß.

MITTELGAMBIT IM NACHZUG

1. e2–e4 e7–e5
2. Sg1–f3 d7–d5

Schwarz versucht, sofort das Gesetz des Handelns an sich zu reißen. Das Verfahren ist unbegründet und auch wenig gebräuchlich.

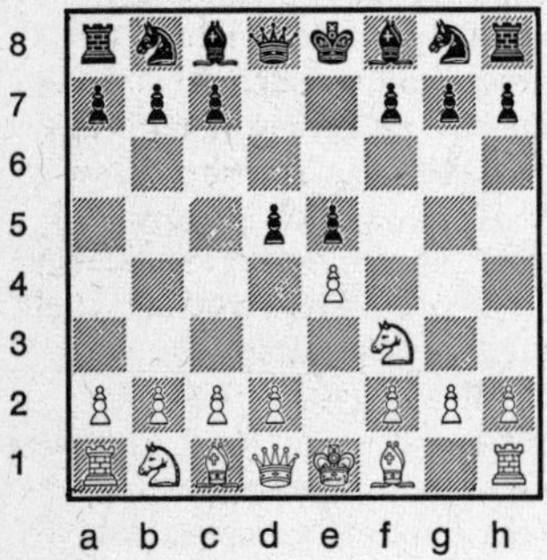

3. e4×d5

Ebenso gut ist 3. Se5:, zum Beispiel 3. . . . de 4. Lc4 Dg5 5. Lf7:+ Ke7 6. d4 Dg2: 7. Tf1 Lh3 8. Lc4 Sf6 9. Lf4, Feilitzsch–Keres, Fernpartie 1936.

3. . . . e5–e4
4. Dd1–e2 Sg8–f6

Nicht besser ist 4. . . . De7 5. Sd4 De5 6. Sb5! Ld6 7. d4 De7 8. c4 (Morphy).

5. Sb1–c3 Lf8–e7

Wenn 5. . . . Lf5, so 6. Sh4 (Kallakas).

6. Sc3×e4 Sf6×d5
7. d2–d3 0–0
8. De2–d1

Schwarz hat kaum einen Gegenwert für den verlorenen Bauern (Richter/Teschner).

PHILIDOR-VERTEIDIGUNG

Eine der ältesten Verteidigungsmethoden (schon im 16. Jahrhundert erwähnt) ist die sofortige Deckung des Punktes e5 mit dem d-Bauern (1. e2-e4 e7-e5 2. Sg1-f3 d7-d6), für die sich im 18. Jahrhundert Philidor (»Die Bauern sind die Seele des Spiels«) eingesetzt hat. Schwarz behält sich die Möglichkeit vor, den Sb8 so zu entwickeln, daß er keinen Bauern verstellt. Das Vorgehen ist ein wenig passiv, weil Schwarz seinen Läufer einsperrt und vorläufig auf den befreienden Gegenstoß des d-Bauern nach d5 verzichtet.

1. e2–e4 e7–e5
2. Sg1–f3 d7–d6

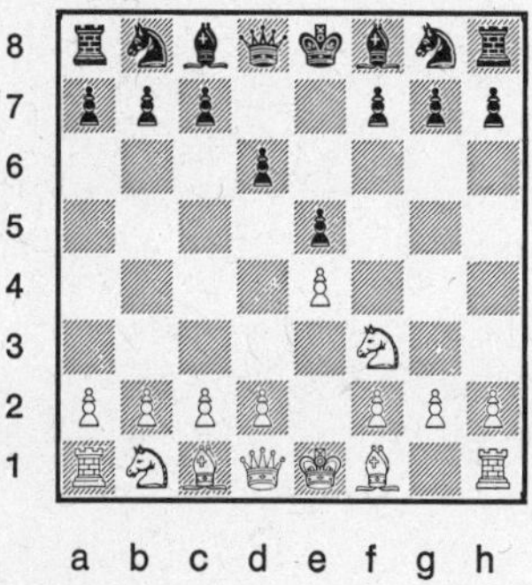

3. d2–d4

Weiß setzt den Punkt e5 unter Druck, möchte den Bauern zum Abtausch nötigen und so Raum erobern. Von theoretischem Interesse ist noch der Zug 3. Lc4, der nach 3. ... g6 4. Sc3 Lg4? das **Seekadettenmatt** 5. Se5: Ld1:? 6. Lf7:+ Ke7 7. Sd5 ermöglicht.

Schwarz kann natürlich mit 4. ... Lg7 jeder direkten Gefahr aus dem Weg gehen.

3. ... Sg8–f6

Bevor Schwarz Sb8-d7 zieht, beschäftigt er den Gegner durch Angriff auf e4. In letzter Zeit ist man wieder auf den alten Zug 3. ... ed zurückgekommen. Dabei ist an die rasche Flankierung des Königsläufers gedacht. Hier ein Beispiel aus der heutigen Praxis: 3. ... ed 4. Sd4: g6 5. Sc3 Lg7 6. f3 Sc6 7. Le3 Sf6 8. Dd2 0-0 9. 0-0-0 Te8 10. g4 Se5 11. Le2, Zeschkovski–Dr. Lehmann, Albena 1977, mit etwas besserem Spiel für Weiß infolge seines Raumvorteils. Philidors ursprünglicher Gedanke 3. ... f5 öffnet das Spiel zu früh. Es gibt eine ganze Reihe günstiger Fortsetzungen für Weiß. Hier nur ein Beispiel: 4. ef e4 5. Sg5 Lf5: 6. Sc3 Sf6 7. f3.
Auf sofortiges 3. ... Sd7 4. Lc4 ist 4. ... c6! notwendig (4. ... S8f6 5. de de 6. Sg5; 4. ... Le7 5. de Se5: 6. Se5: de 7. Dh5 oder 4. ... h6 5. de de 6. Lf7:+ Kf7: 7. Se5:+), worauf einfach 5. 0-0 Le7 6. de de 7. Sg5 Lg5: (7. ... Sh6? 8. Se6! fe 9. Lh6: Sb6 10. Dh5+ Kf8 11. f4) 8. Dh5 g6 9. Dg5: Stellungsvorteil für Weiß ergibt.

4. Sb1–c3

Gut spielbar ist auch 4. de Se4: 5. Dd5 Sc5 (zu beachten ist Polugajevskis Vorschlag 5. ... f5, den Weiß wohl am besten mit 6. Lc4 De7 6. 0-0! beantwortet (6. ... c6 7. ed!) 6. Lg5 Le7 7. ed Dd6:

8. Sc3 h6 9. Le3 c6 10. Dd6: Ld6: 11. 0-0-0 und Weiß steht etwas bequemer.

4. . . .	**Sb8–d7**
5. Lf1–c4	**Lf8–e7**
6. 0–0	**0–0**
7. Dd1–e2	**c7–c6**
8. a2–a4	

Ein oft in dieser Variante anzutreffender Zug, mit dem Weiß ein Gegenspiel mit b7-b5 ausschalten will.

8. . . .	**Dd8–c7**
9. h2–h3	**b7–b6**
10. Lc1–e3	**Lc8–b7**
11. d4×e5	**d6×e5**
12. Sf3–h4	**Le7–c5**

Aber nicht 12. . . . Se4:? 13. Sf5!.

13. Ta1–d1	**Ta8–d8**
14. Le3–g5	**h7–h6**
15. Td1×d7!	**Sf6×d7**
16. De2–h5	

mit Angriff für Weiß (nach einer Partie Schidkov–Kogan, UdSSR 1969).

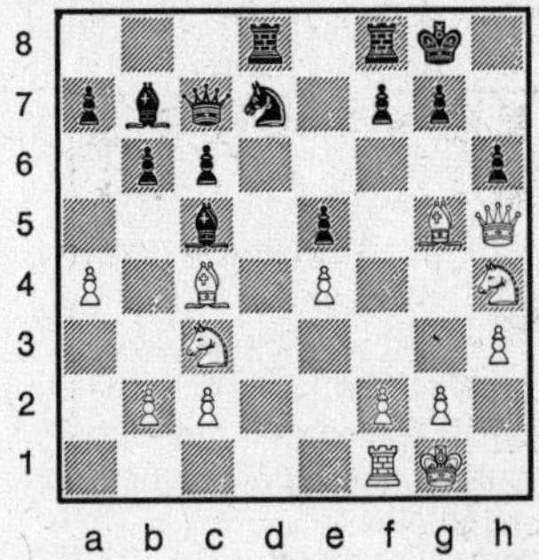

KÖNIGSGAMBIT

Das **Königsgambit** (1. e2-e4 e7-e5 2. f2-f4), das besonders im vorigen Jahrhundert zu einer großen Blüte gelangte, erinnert ein wenig an die Raubritterkämpfe des Mittelalters. Weiß scheut

sich nicht, die Sicherheit seines Königs zu gefährden, wenn er nur den störenden feindlichen Mittelbauern beseitigen, die f-Linie öffnen und geradeswegs auf den gegnerischen König losmarschieren kann. Die Theorie hat zahllose, in der Praxis angewandte Varianten gesammelt, mit denen sich ein Spieler, der das Königsgambit anwenden will, vertraut machen sollte. Mindestens mit den solidesten und den gefährlichsten Entgegnungen sollte sich ein Turnierspieler in der Vorbereitung befassen. In diesem Zwang sieht ein großer Meister und Theoretiker wie Paul Keres einen Grund, warum das Königsgambit in der heutigen Praxis so selten ist. Immerhin haben auch hervorragende Spieler der heutigen Generation, wie Fischer, Spasski und Bronstein, gelegentlich in wichtigen Partien diese altehrwürdige Eröffnung aus der Versenkung hervorgeholt – vor allem wohl zu Überraschungszwecken.

1. Angenommenes Königsgambit

1. e2–e4	**e7–e5**
2. f2–f4	**e5×f4**

Über das **Abgelehnte Königsgambit** siehe unter 2.

3. Sg1–f3

Weiß verhindert das Damenschach auf h4 und plant, mit 4. d4 und baldigem Lf4: eine starke Mitte aufzubauen. Wenn der Weltmeister von 1972–1975, Robert J. Fischer, das **Königsgambit** anwandte, wählte er regelmäßig das **Königsläufergambit** 3. Lc4 – nicht ohne Erfolg. Hier der Anfang zweier Partien: 3. ... Dh4+ 4. Kf1 d6 5. Sc3 Le6 6. De2 c6 7. Sf3 De7 8. d4 Lc4: 9. Dc4: g5 10. e5 d5 11. Dd3 Sa6 12. Se2 Sb4 13. Dd1 0-0-0 14. c3 (Fischer – Evans, Amerikanische Meisterschaft 1963/64). 3. ... Se7 4. Sc3 c6 5. Sf3 d5 6. Lb3 de 7. Se4: Sd5 8. De2 Le7 9. c4 (Fischer–Minić, Vinkovci 1968, beide Male mit gutem Spiel für Weiß).

Die Theorie empfiehlt 3. ... Sf6 4. Sc3 (4. e5 d5!) 4. ... c6! 5. Lb3 d5 6. ed cd 7. d4 Ld6 8. S1e2 0-0 9. 0-0 g5 10. Sd5: Sc6 11. h4 h6 12. hg hg 13. S2c3 mit gleichem Spiel (Tartakower). Möglich ist auch 3. ... Dh4+ 4. Kf1 c6 5. d4 g5 6. Df3 Sf6 7. g3 Dh5 8. Dh5:

Sh5: 9. Le2 mit ebenbürtigem Kampf.

3. . . . d7–d6

Wohl die sicherste Fortsetzung, die R. Fischer empfohlen hat. Der alte Zug 3. . . . g5 führt zu 4. h4! g4 5. Se5 Sf6 6. d4 (6. Lc4 d5 7. ed Lg7) 6. . . . d6 7. Sd3 Se4: 8. Lf4: Lg7 9. c3 (nicht so gut 9. Sc3 Sc3: 10. bc c5 wie in einer Partie Spasski–Fischer, Mar del Plata 1960) 9. . . . De7 10. De2 Lf5. Weiß hat einen Bauern weniger, dafür ist der Bf7 rückständig, und Weiß hat auf f4 einen starken Punkt.
Auch Cunninghams Zug 3. . . . Le7, der entwickelt und eventuell (nicht unbedingt) ein Schachgebot auf h4 im Auge hat, kommt in Betracht. Weiß kann einfach 4. Sc3 antworten, zum Beispiel 4. . . . Lh4+ 5. Ke2 d6 6. d4 Lg4 7. Lf4: Sc6 (nach Dr. Euwe).
Lange Zeit wurde 3. . . . d5 als der stellungsgemäße Gegenzug angesehen. Eine kritische Variante ist 4. ed Sf6 5. c4 c6 6. d4 Lb4+! 6. Sc3 cd 8. Lf4: 0-0 9. Le2 dc 10. Lc4: Sd5! 11. Ld2 Sb6 12. Lb3 Te8 13. Se5 Le6 mit gutem Spiel für Schwarz. Weiß setzt besser 5. Lb5+ c6 6. dc bc 7. Lc4 Sd5 8. Sc3 Le7 9. 0-0 0-0 10. d4 fort und steht aussichtsreich. Hier ist noch 6. . . . Sc6: 7. d4 Ld6 8. De2+ zu untersuchen.
Schließlich ist auch 3. . . . Sf6 zu erwähnen, das nach 4. e5 Sh5 (möglich ist Awerbachs Zug 4. . . . Se4 5. d3 Sg5 6. Lf4: Se6 8. Lg3, aber Weiß steht besser) 5. Le2 d5 6. d4 g5 7. Sg5: Dg5: 8. Lh5: Dg2: 9. Df3 Df3: 10. Lf3: c6 11. Lf4: Lf5 zu einem Endspiel führen kann, in dem Weiß die etwas besseren Aussichten besitzt.

4. Lf1–c4

Auch auf 4. Sc3 wird Schwarz 4. . . . h6 antworten als Vorbereitung von g7-g5. Falls 4. d4, so 4. . . . g5 5. h4 g4 6. Sg1 Lh6 7. Sc3 Sc6 8. S1e2 f3 9. Sf4 f2+! 10.Kf2: g3+! 11. Kg3: Sf6 12. Le2 Tg8+, Planinc–Gligorić, Portoroz 1977.

4. . . . h7–h6
5. d2–d4

In einer Partie Bhend–Gusteli, 1969, führte 5. b3 Sc6 6. Lb2 Sf6 7. Sc3 Le7 8. De2 zu gleichem Spiel.

5. . . . g7–g5
6. g2–g3

6. h4, die **Philidor-Variante,** führt nach 6. . . . Lg7 7. c3 Sc6 8. Db3 De7 9. 0-0 Sf6 10. hg hg 11. Sg5: Se4: 12. Se4: De4: 13. Lf7:+ Kd8 14. Lf4: Sd4: zu für Schwarz günstigen Verwicklungen.

6. . . .	**Sb8–c6**
7. 0–0	**Lf8–g7**
8. c2–c3	**Lc8–h3**
9. g3×f4	

Der letzte Zug wurde von Spielmann vorgeschlagen, der für das preisgegebene Material Gegenchancen zu erhalten hofft. Nach 9. Tf2 Sf6! (Malich) hätte Schwarz sofortige Drohungen.

2. Abgelehntes Königsgambit

In der Praxis haben vor allem **Falkbeers Gegengambit** (A) (1. e4 e5 2. f4 d5) und das **klassische Verfahren** (B) (1. e4 e5 2. f4 Lc5) Bedeutung.

1. e2–e4 e7–e5
2. f2–f4

A. Falkbeers Gegengambit

2. . . . d7–d5

Mit diesem zentralen Gegenstoß, der die Entwicklung fördert, bekämpft Schwarz die Absichten des Gambitgebers sehr wirkungsvoll. Der Zug bedeutet ein eigenes Bauernopfer, mit dem der Gegner in die Defensive gezwungen werden soll.

3. e4×d5

Gut ist auch 3. Sf3, wonach 3. . . . de 4. Se5: Sd7 5. d4 ed e. p. 6. Sd3: S8f6 7. Sc3 Sb6 8. Le2 Ld6 zu ausgeglichenem Spiel führt.

3. . . . e5–e4

Vermeidet die Öffnung der f-Linie und nimmt dem Springer das Feld f3, so daß sich die Entwicklung des weißen Königsflügels verzögert.
Interessant ist der selten angewandte Zug 3. . . . c6, auf den Weiß mit 4. Sc3 (zu gefährlich 4. dc Sc6: 5. d3 Lc5) 4. . . . cd 5. fe d4 6. Se4 Dd5 7. Ld3 Sc6 8. De2 (Opocensky) fortfährt.

4. d2–d3

Weniger empfehlenswert ist 4. Lb5+ c6 5. dc bc 6. Lc4 Lc5 (mit der Idee 7. Lf7:+ Kf8!) 7. Se2 Sf6 8. d4 ed e. p. 9. Dd3: De7, gefolgt von der kurzen Rochade.

4. . . . Sg8–f6
5. d3×e4

So wird dem Springer das Feld f3 wieder zugänglich gemacht. Weniger bringt der Keres-Zug 4. Sd2 wegen 4. . . . ed 5. Ld3: Sd5: (6. De2+ De7 8. Se4 Sb4 9. Lb5+ S8c6 10. c3 Lf5)

5. . . . Sf6×e4
6. Sg1–f3 c7–c6

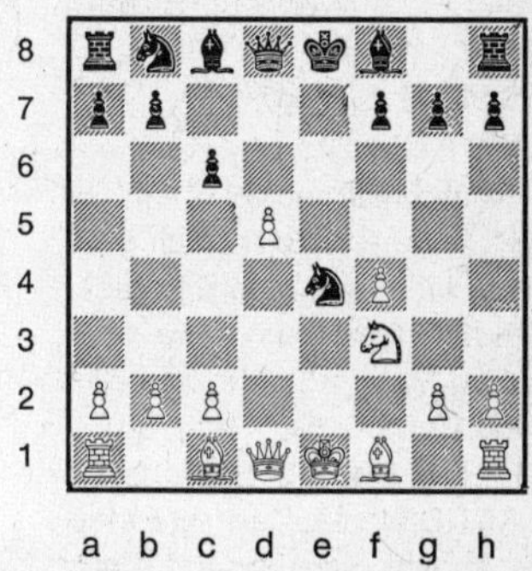

mit unklarem Spiel und beiderseitigen Chancen. Früher pflegte man 6. . . . Lc5 7. De2 mit der Falle 7. . . . Lf2+? 8. Kd1 Dd5:+ 9. S3d2! (Vorteil für Weiß) zu spielen; man fand aber, daß auch nach dem richtigen 7. . . . Lf5 (Tarrasch) die Folge 8. Sc3 (nicht aber 8. g4? 0-0!, Spielmann–Tarrasch, Mährisch-Ostrau 1923) 8. . . . De7 9. Le3 Le3: (Sc3: 10. Lc5:) 10. De3: Sc3: 11. De7:+ Ke7: 12. bc Lc2: 13. Kd2 Lg6 14. Te1+ Kd8

15. Sd4 (Wheatcroft–Keres, Margate 1939) für Weiß sehr aussichtsreich ist.

B. Klassisches Verfahren

2. . . . Lf8–c5

Zu diesem Zug hat Schwarz Zeit, weil 3. fe? wegen Dh4+ ein grober Fehler wäre.

Zu erwähnen ist noch die Ablehnung 2. . . . Sf6 3. fe Se4: 4. Sf3 Sg5 (Keres empfiehlt 4. . . . d5 5. d3 Sc5) 5. d4 Sf3:+ 6. Df3: Dh4+ 7. Df2 Df2:+ 8. Kf2: Sc6 9. c3 d6 10. ed Ld6: 11. Sd2 Le6 12. Se4 Le7 13. Sg5 mit kleinem Endspielvorteil (Fischer–Wade, Vinkovci 1968).

3. Sg1–f3 d7–d6

4. Sb1–c3

So erhält Weiß mühelos ein gutes Spiel. Schärfer, aber auch gewagter ist 4. c3, zum Beispiel 4. . . . f5 (Svenonius) 5. fe de 6. d4 ed 7. Lc4 Sc6 8. b4 Lb6 9. Db3 Sh6 10. 0-0 (Réti) 10. . . . fe 11. Lg5 Dd6 12. Sa3 dc+ 13. Kh1 Db4: 14. Tae1 mit starkem Angriff. Schwarz kann auch ruhiger 4. . . . Sf6 spielen, wird aber nach 5. fe de 6. d4 ed 7. cd Lb6 (auch 7. . . . Se4: kommt in Betracht) nicht ganz sorglos in die Zukunft blicken dürfen.

4. . . . Sg8–f6

5. Lf1–c4 Sb8–c6

6. d2–d3 Lc8–g4

Hier kommen auch Züge wie

6. . . . Le6 (7. Lb5 a6 8. Lc6:+ bc 9. fe de 10. De2), 6. . . . Sa5, 6. . . . Sd4 (7. fe Sg4 8. Sd4: Ld4: 9. e6, Milner–Barry) und 6. . . . a6 (7. f5 Sd4 8. Lg5 c6) in Frage. Ausgleich dürfte ebenso mit 6. . . . 0-0 7. Sa4 Lb6 8. Sb6: ab 9. 0-0 Sa5 zu erzielen sein (Vidmar).

7. Sc3–a4

Das wichtigste für Weiß ist stets, den Läufer, der die Rochade stört, zu beseitigen. Gut ist auch 7. h3.

(Siehe Diagramm oben)

7. . . . Sc6–d4

Schwarz hat es schwer, das Gleichgewicht zu wahren. So steht Weiß auch nach 7. . . . Lb6 8. Sb6: ab 9. c3 d5 10. ed Sd5: 11. h3 (Spielmann) etwas günstiger.

8. Sa4×c5 d6×c5

9. c2–c3 Sd4×f3+

10. g2×f3 Lg4–h5

11. Dd1–e2 Sf6–d7

und Weiß hat es nicht leicht, sein geringes Plus zu verwerten.

WIENER PARTIE

Die Entwicklung des Damenspringers (1. e2-e4 e7-e5 2. Sb1-c3) im zweiten Zug ist seit der Mitte des vorigen Jahrhunderts bekannt, als der Wiener Hofrat Hamppe ihn regelmäßig anwandte. Weiß deckt den Be4 und bereitet eine baldige Initiative vor, unter Umständen wie im Königsgambit mit f2-f4. In der heutigen Turnierpraxis hat die Wiener Partie eine geringe Be deutung, weil der Gegner, anders als bei 2. Sf3, freie Hand hat. In theoretischer Hinsicht ist jedoch diese Eröffnung kaum schwächer.

1. e2–e4 e7–e5
2. Sb1–c3 Sg8–f6

(Diagramm rechts oben)
Brauchbar ist auch 2. . . . Sc6; allerdings kann man nach 3. f4 nicht 3. . . . d5 antworten, sondern muß sich mit 3. . . . ef 4. Sf3 g5 5. d4 (5. h4 g4 6. Sg5, das **Hamppe-Allgaier-Gambit,** gilt wegen 6. . . . h6 7. Sf7: Kf7: 8. d4 f3 9. gf Le7 als ungünstig) 5. . . . g4 auf das »Pierce-Gambit“ einlassen, das Weiß einen gewaltigen Angriff einbringt (6. Lc4 gf 7. Df3: Sd4: 8. Lf7:+ Kf7: 9. Dh5+ Kg7 10. 0-0). Weiß kann auch ruhiger spielen: 3. Lc4 Sf6 4. d3 Lb4 5. Lg5 (Oder 5. Sf3 d6 6. 0-0 Lc3: 7. bc Sa5 8. Lb3 Sb3: 9. ab 0-0, Larsen–Gligorić, Amsterdam 1964. Die Variante kann auch aus dem Vierspringerspiel hervorgehen) 5. . . . h6 6. Lf6: Lc3:+ 7. bc Df6: 8. Se2 d6 9. Dd2 Le6, Bronstein–Tal, Amsterdam 1964.

3. f2–f4

In einer Partie Bronstein – Teschner, Hamburg 1965, machte Weiß den ruhigen Zug 3. g3. Der Versuch des Schwarzen, mit 3. . . . Lb4 mit vertauschten Farben in »spanische« Gefilde einzulenken, bewährte sich nicht: 4. Lg2 d6 5. S1e2 c6 6. 0-0 S8d7 7. d3 Sf8 8. a3 La5 9. b4 Lc7 10. d4! De7 11. Dd3 h5(?) 12. h3! h4 13. g4 Ld7 14. f4 Se6 15. Le3 ef 16. Sf4: Sg5 17. Tae1 mit schwierigem Spiel für Schwarz. Aber auch das »logische« 3. . . . d5 ist nicht am besten, wie aus 4. ed Sd5: 5. Lg2 Le6 6. Sf3 Sc6 7. 0-0 Le7 8. Te1 Lf6 9. Se4 0-0 10. d3 (Smyslov–Polugajevski, Baku 1961), hervorgeht. Weiß steht besser. Das bestätigte die 14. Matchpartie Spasski–Kortschnoj, Belgrad 1978, in der 4. ed Sd5: 5. Lg2 Sc3: 6. bc Ld6 7. Sf3 0-0 8. 0-0 c5 9. d3 Sc6 10. Sd2 geschah. Das richtige scheint 3. . . . Lc5 4. Lg2 0-0 5. d3 Te8 6. S1e2 c6 7. 0-0 d5 zu sein (Portisch–Toran, Malaga 1961). – Zu 3. Lc4 siehe **Läuferspiel.**

3. ... d7–d5

4. f4×e5

Oder 4. ed e4 **(Falkbeers Gegengambit)**, auch 4. ... ef **(Angenommenes Königsgambit)** ist möglich. Auf 4. d3 (Steinitz) geschieht 4. ... ef 5. e5 d4 oder 5. Lf4: Lb4.

4. ... Sf6×e4

5. Sg1–f3

Interessant ist 5. d3, zum Beispiel 5. ... Dh4+ 6. g3 Sg3: 7. Sf3 Dh5 8. Sd5: (8. Tg1 Sf1: 9. Tg5 Dh3 10. Sd5: Sh2:!) 8. ... Sh1: 9. Sc7:+ Kd8 10. Sa8: Le7 11. Lg2 Lh4+ 12. Kf1 Sc6 13. Lh1: Lh3+ 14. Lg2, und nach aufregenden Verwicklungen hat sich eine Stellung mit etwa gleichen Chancen ergeben. Zu gleichem Ergebnis führt das Opferspiel 5. ... Lb4 6. de Dh4+ 7. Ke2 Lc3: 8. bc Lg4+ 9. Sf3 de 10. Dd4 Lh5 11. Ke3 Lf3: 12. Lb5+ c6 13. gf cb 14. De4: De4:+ 15. Ke4: Sd7.

5. ... Lf8–e7

6. d2–d4 Le7–b4

Bei sofortigem 5. ... Lb4 hätte Weiß gut 6. De2! spielen können. Brauchbar ist statt des »Tempoverlusts« 6. ... Lb4 auch 6. ... 0-0 7. Ld3 f5 8. ef e.p. Lf6:! 9. 0-0 Sc6!

7. Lc1–d2

7. Dd3 c5 8. dc Sc6 (Aljechin).

7. ... c7–c5

8. d4×c5

Weniger bringt 8. Se4: de 9.Lb4: cb ein (10. Lb5+ Sc6 11. Sg1 0-0, Schwarz kann zufrieden sein).

8. ... Lb4×c5

9. Lf1–b5+ Sb8–c6

10. Dd1–e2

Weiß hat vielleicht etwas mehr vom Spiel, auch wenn Schwarz ihm mit 10. ... Lf2+ 11. Kf1 Sc3: 12. Lc3: Lb6 die Rochade verderben kann.

MITTELGAMBIT

Die Eröffnung 1. e4 e5 2. d4 ed 3. Dd4: hat den Nachteil, daß die weiße Dame zu früh ins Spiel gebracht wird und Zeit mit Rückzügen verliert. Deswegen geht der Anziehende meist zu einem Gambit, wie 3. Sf3 Sc6 4. c3 oder 3. c3 dc 4. Lc4 **(Nordisches Gambit)** über.

1. e2–e4 e7–e5
2. d2–d4 e5×d4
3. Dd1×d4

Das **Nordische Gambit** 3. c3 dc 4. Lc4 cb 5. Lb2: beantwortet Schwarz am besten, indem er das Material wieder zurückgibt und sich gleichzeitig rasch entwickelt, also 5. ... d5 6. Ld5: Lb4+ 7. Sc3 Lc3:+ 8. Lc3: Sf6. Weiß muß entweder den Abtausch des Ld5 oder den Damentausch zulassen und hat für den geopferten Bauern keinen rechten Ersatz.

3. ... Sb8–c6
4. Dd4–e3

Hier soll die Dame den Gegenstoß d7-d5 erschweren. In Frage kommt das wenig untersuchte 4. Da4 (so wie Schwarz in der **Skandinavischen Partie** nach 1. e4 d5 2. ed Dd5: 3. Sc3 das Feld a5 wählt).

4. ... Sg8–f6

Mit der Idee eines Bauernopfers. Das ruhige 4. ... g6 führt zu gleichem Spiel, etwa 5. Sc3 Lg7 6. Ld2 Sf6 7. 0-0-0 d6 8. Lc4 0-0 9. f3 Se5 10. Lb3 Le6 und so fort.

5. e4–e5

Auf 5. Sc3 folgt 5. ... Lb4 6. Ld2 0-0 7. 0-0-0 Te8 8. Lc4 (auf 8. Dg3 ist nach Fuderer Te4:! gut) 8. ... d6 9. Sf3 Le6 10. Le6: Te6: 11. Sg5 Te8 12. f4 h6 13. h4 Dc8 mit gutem Spiel für Schwarz, Tartakower–Reshevsky, Kemeri 1937.

5. ... Sf6–g4
6. De3–e4

Nicht besser ist 6. De2 d6 7. f3 Sh6 8. Lh6: Dh4+ nebst Dh6:.

6. ... d7–d5!

Für den Bauern erhält Schwarz ausreichenden Entwicklungsvorsprung.

7. e5× d6 e.p.+ 8. Lf1–a6
8. Lf1–a6

Schon aus einer Partie Mieses–Burn, Breslau 1912, bekannt. Auf 8. dc kann Schwarz das Spiel mit dem hübschen Scheinopfer 8. ... Dd1+ 9. Kd1: Sf2:+ vorteilhaft vereinfachen oder 8. ... Dc7: spielen und Angriff behalten.

8. ... Dd8×d6!

In der Partie Gumprich–Teschner, Bad Doberan 1948, probierte Schwarz es mit 8. ... Df6? 9. Sf3 Ld6: 10. Lb7: Sb4 11. La8: 0-0 12. Sa3 Lf5 13. De2 Ta8: 14. 0-0

Sc6, konnte jedoch nach 15. Sb5! nichts ausrichten. Wenn Schwarz schon die Qualität opfern will, kann er es recht gut mittels 8. . . . Sf6 9. Da4 Ld7 10. Lb7: Se5 11. Dd4 Ld6: 12. La8: Da8: tun mit überlegener Entwicklung.

9. La6×b7 Dd6–b4+
10. De4×b4 Sc6×b4
11. Sb1–a3 Ta8–b8

und Schwarz hat ausreichenden Figurendruck für den verlorenen Bauern.

Zum Mittelgambit sind aus der modernen Spielpraxis kaum Beispiele bekannt. Eine Art »Nordisch« wurde zwischen Sweschnikov und Tschechov (1. Liga, Meisterschaft der UdSSR 1976) gespielt:

1. e4 e5
2. d4 ed
3. Sf3 Lb4+
4. c3 dc
5. bc.

(Um ein Tempo zu gewinnen. Gleichwohl kam auch der Entwicklungszug 5. Sc3: sehr in Frage.)

5. . . . Le7
6. Lc4 (Tschechov gibt 6. Db3 zu bedenken.)
6. . . . d5!
7.ed Sf6
8. Lb3 c6!
9. c4 Lb4+
10. Ld2 De7+

mit sehr befriedigendem Spiel für Schwarz. Am besten ist wohl noch für Weiß 11. De2 Ld2:+ 12. Sfd2: De2:+ 13. Ke2: cd 14. cd b6! 15. Te1 0–0 16. Sc3 La6+ 17. Kf3 Sbd7, doch muß er schon um den Ausgleich kämpfen.

LÄUFERSPIEL

Die Eröffnung 1. e2-e4 e7-e5 2. Lf1-c4 geht häufig in andere Systeme über, wie **Italienisch** oder **Wiener Partie.** Wir zeigen einige Varianten, in denen ihr selbständiger Charakter gewahrt ist.

1. e2–e4 e7–e5
2. Lf1–c4 Sg8–f6

Spielbar ist 2. . . . Lc5 3. Sf3 (Schachlaien pflegen gern das »Schäfermatt“ 3. Dh5 Sf6?? 4. Df7: matt anzusteuern. Spielt Schwarz aber 3. . . . De7, muß Weiß zufrieden sein, wenn er mit gleichem Spiel davonkommt, etwa 4. Sf3 d6 5. Sg5 Sf6 6. Df7:+ Df7: 7. Lf7:+ Ke7 8. Lc4 h6 9. Sf3 Se4:.) 3. . . . d6 4. c3 De7 5. d4 Lb6, ähnlich wie in einer Variante der **Italienischen Partie.**

3. d2–d3

3. Sc3 ließe das Scheinopfer 3. . . . Se4: zu, das schwer zu beurteilen ist. Hier eine kritische Variante: 4. Dh5 Sd6 5. Lb3 Sc6 (5. . . . Le7 umgeht die Verwicklungen) 6. Sb5 (der Sd6, der f7 deckt, soll beseitigt werden) 6. . . . g6 7. Df3 f5 8. Dd5 De7 9. Sc7:+ Kd8 10. Sa8: b6 11. d3 Lb7 12. h4 f4 13. Df3 Sd4 14. Dg4 Lh6 15. Sh3 S6f5 16. Sg5 Lg5: 17. hg f3 18. g3 Db4+ 19. Kd1 Sc 2: 20. Db4: Sb4:. Nach Analysen von Trajković steht Weiß etwas besser. Sorokin hat den Vebesserungsversuch 7. . . . f6 gemacht, zum Beispiel 8. Sc7:+ Dc7: 9. Df6: b6 10. Dh8: Lb7 11. Dh7: 0-0-0 (Muchin–Bronstein, UdSSR 1959) mit ungeklärter Stellung.

Interessant ist 3. d4 ed 4. Sf3 Se4: 5. Dd4: Sf6! 6. Lg5 Le7 7. Sc3. Schwarz fährt wohl am besten 7. . . . c6 8. 0-0-0 d5 9. The1 Le6 10. Ld3 S8d7 11. Dh4 Sc5 12. Sd4 Sg8! 13. Le7: De7: 14. Dg3 g6 fort.

3. . . . c7–c6

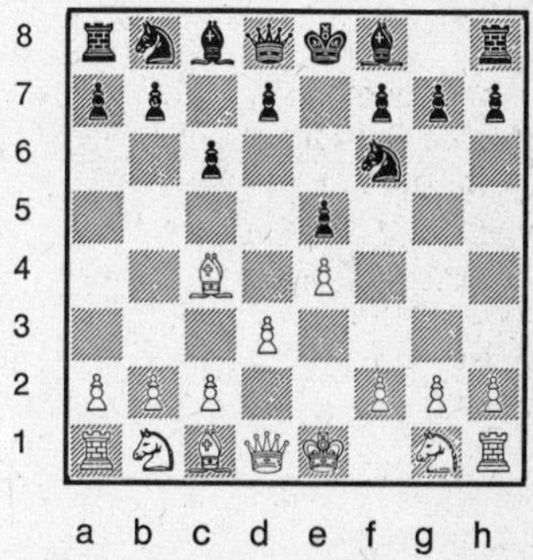

Etwas verfrüht ist der raumgreifende Zug 3. . . . d5 (entsprechend dem Grundsatz, daß der schlechter Entwickelte keine Linien öffnen sollte) wegen 4. ed Sd5: 5. Sf3 Sc6 6. 0-0 Le7 7. Te1 f6 8. d4 ed 9. Sd4: Sd4: 10. Dd4: Sb6 11. De4 Sc4: 12. Dc4:. Weiß ist klar im Vorteil.

4. Dd1–e2 Lf8–e7
5. Sg1–f3 0–0
6. Lc4–b3 d7–d5
7. Sb1–d2

Wenn 7. Se5:, so 7. . . . de mit der Drohng des Doppelangriffs Da5+.

7. . . . Sb8–d7
8. c2–c3 Dd8–c7

mit gleichem Spiel (Wade–Teschner, Hastings 1953/54).

B. Halboffene Spiele

Schon immer hat es Schachspieler gegeben, die den offenen Spielen (1. e4 e5) aus dem Weg gingen, vor allem aus zwei Gründen: der Bf7 ist angreifbar, der Be5 kann unter Druck gesetzt und außerdem für Linienöffnungen ausgenützt werden. Naheliegend sind besonders Züge, die den Gegenstoß in der Mitte vorbereiten, also e7-e6 und c7-c6. Aber auch ein Zug wie c7-c5, der den Gegner an der Ausdehnung des Zentrums hindert, ist plausibel. Daneben gibt es noch eine Reihe anderer brauchbarer Verteidigungsmethoden, die alle in der heutigen Praxis anzutreffen sind.

FRANZÖSISCHE PARTIE

Der Einschritt des Königsbauern ist eine alte Eröffnung, die ihren Namen allerdings erst seit einer Fernpartie London–Paris 1834 erhalten hat. Schon immer haben hervorragende Meister **Französisch** zur Lieblingsverteidigung erkoren, von Géza Maróczy (1870–1951) über Stahlberg (1908–1967) bis Botwinnik (geb. 1911), Uhlmann (geb. 1935) und Kortschnoj (geb. 1931).
Nach 1. e2-e4 e7-e6 2. d2-d4 d7-d5 hat Weiß vor allem die Wahl unter den vier Fortsetzungen 3. Sc3, 3.Sd2, 3. e5 und 3. ed, die wir der Reihe nach behandeln.

1. e2-e4 e7-e6
2. d2-d4

Weiß kann sich auch eine ungestörte Entwicklung mit dem Zug 2. d3 sichern, der meist von der Flankierung des Königsläufers begleitet wird. Schwarz wird 2. . . . d5 3. Sd2 Sf6 4. g3 de 5. de e5! 6. S1f3 Lc5 7. Lg2 Sc6 8. 0-0 0-0 9. c3 a5 ziehen und kaum Sorgen haben. Gegen den Zug d7-d5 wendet sich 2. De2. Aber Schwarz läßt sich damit nicht behindern, wie die Folge 2. . . . c5 3. g3 Sc6 4. Lg2 S8e7 5. Sc3 g6 6. d3 Lg7 7. f4 0-0 8. Sf3 Sd4 zeigt.

2. . . . d7-d5

1. Der normale Deckungszug

3. Sb1-c3

(Diagramm rechts oben)
Der natürlichste Zug, wenngleich auch 3. Sd2 (Tarrasch, Keres, Karpov) viel für sich hat.

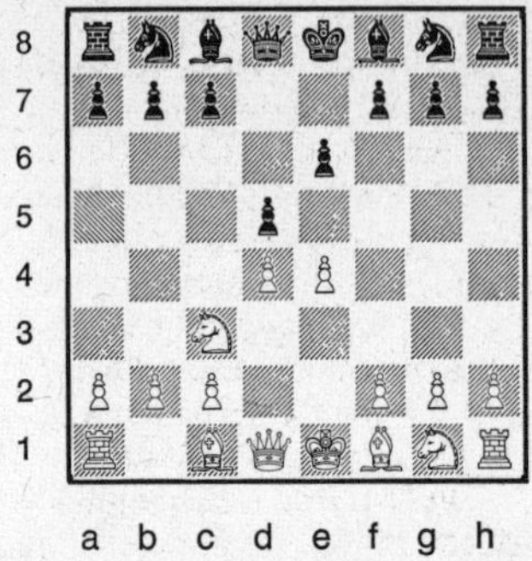

1a. Nimzowitsch-Verteidigung
3. . . . Lf8-b4

Der Rigaer Großmeister Aaron Nimzowitsch (1886–1935) führte diese Fesselung, die den Be4 unter Druck setzt, in die Turnierpraxis ein (zu dem »klassischen« Zug 3. . . . Sf6 siehe unter 2).

4. e4-e5

Diese Blockade der Mitte ist bezeichnend für die ganze Variante, jedoch sind auch manche andere Züge vorgekommen, wie 4. Ld3 (4. . . . de 5. Le4: c5 6. a3 Lc3:+ 7. bc Sf6 8. Ld3 S8d7 9. Sf3 Dc7, Boleslavski), oder 4. ed ed 5. Df3 De7+! 6. Se2 Sc6! beziehungsweise 5. Ld3 Sc6 6. S1e2 S8e7 7. 0-0 Lf5, Capablanca-Aljechin, Buenos Aires 1927. Ferner die Bauernopfer 4. S1e2 de 5. a3 Lc3:+ (sicherer 5. . . . Le7 6. Se4: Sc6 7. Le3 Sf6 8. S2c3 Se4: 9. Se4: e5 10. d5 Sd4 11. Ld4: Dd5:!) 6. Sc3: Sc6 7. Lb5 S8e7 8. Lg5 f6 9. Le3 0-0 10. Dd2 f5 11. f3! f4 12 Lf4: ef (Keres) und 4. Ld2 de 5. Dg4 Dd4: 6. Sf3 Sh6! 7. Df4 e5

8. De5:+ De5: 9.Se5: Sg4 mit Ausgleich.

4. . . . c7-c5

Schwarz macht sich unverzüglich daran, die weiße Bauernkette aufzulösen. Nun macht sich aber Weiß die Stellung des Läufers zunutze, um die Mitte zu sichern. Der Zug 4. . . . Se7 bedeutet meist nur Zugumstellung. Die geschlossene Behandlungsweise 4. . . . b6 (um den schlechten Läufer auf a6 abzutauschen) oder 4. . . . Dd7 hat ihre Liebhaber.

5. a2-a3

Den Doppelbauern vermeidet 5. Ld2, doch 5. . . . Se7 6. a3 Lc3: 7. Lc3: b6 8. b4 Dc7 (Fuchs) genügt zum Ausgleich, auch 6. Sb5 Ld2:+ 7. Dd2: 0-0 8. Sf3 cd 9. Ld3 Sc6 10. Sbd4: f6 11. ef Tf6: 12. Sc6: bc gibt dem Weißen nicht mehr. Möglich ist auch 5. Dg4 Se7 6. dc Lc3:+ 7. bc Sd7 8. Sf3 Dc7 9. Dg7: Tg8 10. Dh7: Se5: 11. Dh5 Sf3:+ 12. Df3: Ld7 13. Lf4 Dc5:, nach Keres mit gleichen Chancen.

5. . . . Lb4×c3+

Auf 5. . . . cd setzt Weiß nach dem Vorbild der Partie Richter-Teschner, Berlin 1948, günstig 6. ab dc 7. Dg4! Kf8 8. Sf3 Se7 9. Ld3 Sg6 10. 0-0 Dc7 11. Ta3 fort. Sehr verwickelt sind die Folgen des Rückzugs 5. . . . La5. Weiß kann 6. dc Lc3:+ 7. bc Se7 8. Dg4 Sd7 9. Sf3 Dc7 10. Dg7: Tg8 11. Dh7: Se5: 12. Dh5! Sf3:+ 13. Df3: Ld7 14. Lf4 Dc5: mit guten Aussichten wählen oder 6. b4 cd (6. . . . cb 7. Sb5 Sc6 8. ab! Lb4:+ 9. c3 Le7 10. La3) 7. Dg4 Se7 8. Sb5 Lc7 9. Dg7: Tg8 10. Dh7: a6 (oder 10. . . . S8c6 11. f4 a6 12. Sc7:+ Dc7: 13. Dd3! Ld7 14. Sf3 Sf5 Timman – Hug, Nizza 1974, auch 10. . . Le5: 11. Sf3 Th8 12. Dd3 Lg7 13. Lf4 Sbc6 14. Sc7+ Kf8 15. Sa8: e5 16. b5 ist für Weiß günstig, Koz – Chassin, Leningrad 1952) 11. Sc7:+ Dc7: 12. Se2 Ld7 (De5: 13. Lb2 Sbc6 14. 0-0-0) 13. Lb2 Sbc6 14. 0-0-0 0-0-0 15. Sd4: Sd4: 16. Ld4: Sf5 17. Dh3 Sd4: 18. Td4: De5: 19. De3! (Timman), und es ist nicht sicher, ob Schwarz genügend Spiel für den fehlenden Bauern hat.

6. b2×c3 Sg8-e7

Möglich ist auch 6. . . . Dc7, um auf 7. Dg4 f7-f5 den Punkt g7 vorbeugend gedeckt zu haben.

7. Sg1-f3

Eine ruhige, nachhaltige Fortsetzung. 7. a4 lenkt meist in die gleiche Variante ein. Das scharfe 7. Dg4 kann Schwarz mit der kurzen Rochade beantworten. Nach 7. . . . 0-0 8. Sf3 Sc6 9. Ld3 f5 10. ef e.p. Tf6: 11. Lg5 Tf7 (11. . . . e5 12. Lh7:+ Kh7: 13. Dh5+ Kg8 14. Lf6: gf 15. de) 12. Se5 (oder 12. Le7: Te7: 13. Dh4 h6 14. 0-0 c4 15. Le2 Ld7 mit gleichen Chancen, Kortschnoj-Bronstein, UdSSR 1958) Se5: 13. de Dc7 14. Le7: De5:+ 15. Kd2 c4!, Fichtl-Fuchs, 1960, hat Schwarz nichts zu befürchten. Oft gespielt wurde 7. Dg4 Sf5 8. Ld3 h5 9. Df4 cd 10. cd Dh4 11. Dh4: Sh4: 12. Lg5! und Weiß ist besser daran.

7. . . . Lc8–d7

8. a3--a4 Dd8–a5

In Betracht kommt auch 8. . . . S8c6 9. Le2 f6 10. ef gf 11. dc!

Da5 12. Dd2, wobei Weiß aber ganz gut fährt.

9. Lc1–d2

Das Endspiel nach 9. Dd2 S8c6 10. La3 cd 11. cd Dd2:+ 12. Kd2: Sf5 kann Schwarz ohne weiteres in Kauf nehmen.

9. . . . Sb8–c6

Die Abschließung 9. . . . c4 wäre Weiß angenehm. Er lönnte dann einen Angriffsplan wie g2–g3, Lf1–h3, 0–0, Sf3–h4, f2–f4 verfolgen.

10. Lf1–e2 f7–f6

Ein von Keres vorgeschlagener Zug. Zieht Schwarz hier 10. . . .c4, verfügt Weiß über das Manöver 11. Sg 5! h6 12. Sh3 0–0–0 13. Sf4!, das ihm gute Chancen einräumt.

11. c3–c4 Da5–c7
12. e5×f6 g7×f6
13. c4×d5 Se7×d5
14. c2–c3 0–0–0
15. 0–0 Th8–g8
16. Tf1–e1 e6–e5

und in einer Partie Spasski – Kortschnoj, Belgrad 1977, entspann sich ein hartes Gefecht, das Remis ausging.

1b. Klassische Verteidigung

3. . . . Sg8–f6

So pflegte man lange Jahre fast ausnahmslos zu spielen, bis die **Nimzowitsch-Variante** den Zug fast völlig verdrängt hat. Schwarz drückt auch hier gegen den Punkt e4, muß jedoch einen Tempoverlust in Kauf nehmen, wenn der Bauer den Springer angreift.

4. Lc1–g5

Die **Steinitz-Variante** 4. e5 ist nicht zu unterschätzen; bei genauem Spiel kann Schwarz aber auf Ausgleich rechnen, zum Beispiel 4. . . . Sfd7 5. f4 c5 6. dc Sc6 7. Sf3 Lc5: 8. Ld3 f6! (Die Anrempelung des Blockadebauern ist ein bewährtes Mittel des Verteidigers.) 9. ef Sf6: 10. De2 0–0 11. Ld2 Sd4 12. Sd4: Ld4: wie Keres ausführt. Moderner ist hier 6. Sf3 Sc6 7. Le3 cd 8. Sd4: Db6 (Kortschnoj). Spielbar ist außerdem 5. Sce2 (ein altes Verfahren, um den c-Bauern einsetzen zu können) 5. . . . c5 6. c3 Sc6 7. f4 f5 8. Sf3 Le7 9. Sg3 cd 10. cd 0–0 11. Le2 Db6 12. 0–0 g5 13. fg Sde5: mit gutem Spiel für Schwarz (Enevoldsen – Gilfer, Helsinki 1952). Die Abtauschvariante 4. ed ed 5. Lg5 Le7 6. Ld3 Sc6 7. S1e2 Le6 8. 0–0 h6 (Spielmann – Aljechin, San Remo 1930) ist ungefährlich für Schwarz.

4. . . . Lf8–e7

Wenig gebräuchlich ist die **MacCutcheon-Variante** 4. . . . Lb4, die nach 5. e5 h6 6. Ld2 Lc3: 7. bc Se4 8. Dg4 g6 (in Betracht kommt 8. . . . Kf8 9. h4 f5 (Dr. Euwe) 9. Ld3 Sd2: (Murej hat

9. . . . Ld7 vorgeschlagen) 10. Kd2: c5 11. Df4! Sc6 (11. . . . Dg5 12. Dg5: hg 13. g4 nebst Sf3 kostet einen Bauern) 12. Sf3 De7 13. dc (dieser Tausch, der das Feld d4 für den Springer frei macht, ist einer der Haupttrümpfe des Weißen) 13. . . . Dc5: 14. Sd4 eine vorteilhafte Stellung für Weiß ergibt.

Eine recht feste Stellung verheißt 4. . . . de (Burn und Rubinstein), jedoch erlangt Weiß einen deutlichen Raumvorteil, zum Beispiel 5. Se4: Le7 6. Lf6: Lf6: (nach Botwinnik ist auch 6. . . . gf 7. Sf3 f5 8. Sc3 Lf6 9. Dd2 c5! 10. 0–0–0 cd 11. Sd4: Sc6 12. Lb5 Ld7 13. Sf5: ef 14. Dd6! Le5 15. The1 Dg5+ 16. Kb1 0–0–0 17. Te5: Le6 spielbar) 7. Sf3 Sd7 8. Dd2 (8. Ld3 c5!) 8. . . . b6 9. Lb5 Lb7 10. Sf6:+ gf 11. Dc3 De7 12. Dc7: Db4+ 13. c3 Db5: 14. Db7: Db2: 15. 0–0 Td8 16. c4 Da3 17. Tfe1 0–0 Steiner – Stahlberg, Stockholm 1948).

5. e4–e5 Sf6–d7

Nicht ganz so gut ist 5. . . .Se4 6. Le7: De7: 7. Se4: de 8. De2 b6 9. 0–0–0 Lb7 10. g3 c5 11. Lg2 (Flohr).

6. Lg5×e7

Schwarz steht nach diesem natürlichen Tausch zwar beengt, wird sich aber mit den Zügen c7–c5 und f7–f6 befreien können und die Schwierigkeiten mit dem eingesperrten Läufer schließlich überwinden. Sehr verwickelt ist der **Aljechin-Chatard-Angriff** 6. h4. Nimmt Schwarz das Bauernopfer an, gerät er nach 6. . . . Lg5: 7. hg Dg5: 8. Sh3 De7 9. Sf4, gefolgt von Dg4, in Bedrängnis (obwohl er nicht unbedingt verloren ist). Nach 6. . . . c5 7. Le7: Ke7: (7. . . . De7: 8. Sb5! 0–0 9. Sc7 cd 10. Sa8: f6 11. Sc7 fe 12. Sb5, ein sicher nicht gerechtfertigtes Opferspiel des Schwarzen) 8. f4 Db6 9. Sa4 Da5+ 10. c3 cd 11. b4, gefolgt von 12. cd dürfte Weiß einen kleinen Vorteil besitzen. Deshalb ist das vorbeugende 6. . . . a6 (Maróczy) eingeführt worden, das nach 7. Dg4 f5 8. Dh5+! g6 9. Dh6 Lg5: 10. hg Kf7 11. S1e2! c5 12. Sf4, wie Unzicker gezeigt hat, einen starken Angriff einbringt.

6. . . . Dd8×e7

Die vielanalysierte Ausgangsstellung, in der Weiß versuchen wird, die Punkte d4 und e5 stark zu machen. Dazu kann er entweder die Bauern befestigen (c2-c3, f2-f4) oder sie abtauschen und die frei werdenden Punkte mit Figuren beherrschen oder besetzen.

7. Dd1–d2

7. f4 bedeutet häufig nur Zugumstellung. 7. Sb5, um das Tempo für c2-c3 zu gewinnen, bringt nach 7. . . . Sb6 8. c3 a6 9. Sa3 f6 10. f4 fe 11. Dh5+ Kd8 12. fe Sa4 13. Sc2 Sb2: 14. Sf3, gefolgt von Le2 und 0-0 (Capablanca) nicht viel ein.

7. . . . 0–0

Das Qualitätsopfer bei unklarem Spiel 7. . . . c5 8. Sb5 0-0 9. Sc7 cd ist nicht jedermanns Sache.

8. f2–f4 c7–c5

Oder 8. . . . f6 9. ef!.

9. Sg1–f3 Sb8–c6

10. d4×c5!
Weiß macht die Felder d4 und bald auch e5 frei, ohne ihre Beherrschung aufzugeben.

10. . . . Sd7×c5
11. 0-0-0 f7–f6
12. e5×f6 De7×f6
13. g2–g3 Tf8-d8
14. Sf3-d4! (Keres)

Zieht Schwarz nun 14. . . . Se4, zwingt 15. De3 den Springer zum Tausch oder Rückzug. Weiß steht etwas besser.

1.c. Die Entlastungsvariante

Nach 1. e4 e6 2. d4 d5.3. Sc3 kann Schwarz auch den oft von Rubinstein (1880–1961) gespielten frühzeitigen Tausch 3. . . . d5×e4 wählen, mit dem er den Blockadezug e4-e5 vermeidet und der ihm ein festes, wenn auch etwas beengtes Spiel verschafft. Die Weltmeister Lasker und Petrosjan haben sich dieses Zuges gelegentlich bedient.

3. . . . d5×e4
4. Sc3×e4 Sb8–d7

In neuerer Zeit hat Großmeister Westerinen den von Lasker stammenden Zug 4. . . . Dd5 aufgegriffen, der dem Weißen nach 5. Sc3 Lb4 6. Sf3 Sf6 7. Ld3 Se4 8. 0-0 Sc3: 9. bc Lc3: 10. Tb1 Sc6 11. Le3 ein chancenreiches Spiel einräumt. Bei sofortigem 4. . . . Sf6 5. Sf6:+ Df6: (etwas besser 5. . . .gf 6. Sf3 b6 7. Lf4 Lb7 8. c3 Ld6 9. Lg3 Sd7 10. Da4 a6 11. Ld3) 6. Sf3 müßte Schwarz wegen der Drohung 7. Lg5 entweder 6. . . . h6 oder 6. . . . Dd8 spielen
Möglich ist 4. . . . Ld7 5. Sf3 Lc6 6. Ld3 Le4: 7. Le4: c6 8. 0-0 Sf6 9. Ld3 S8d7 10. c4 Ld6 11. b3 0-0 12. Lb2. In einer Partie Spasski-O'Kelly, San Juan 1969, hatte Weiß die Initiative.

5. g2–g3 Sg8–f6

5. . . . e5 6. de führt zum Rochadeverlust.

6. Se4×f6+ Sd7×f6
7. Lf1–g2 c7–c5

Wenn 7. . . . e5, so 8. Sf3 ed 9. Sd4:. Schwarz hat kein leichtes Spiel.

8. Sg1–e2 Dd8–b6
9. 0–0 Lc8–d7
10. c2–c4.

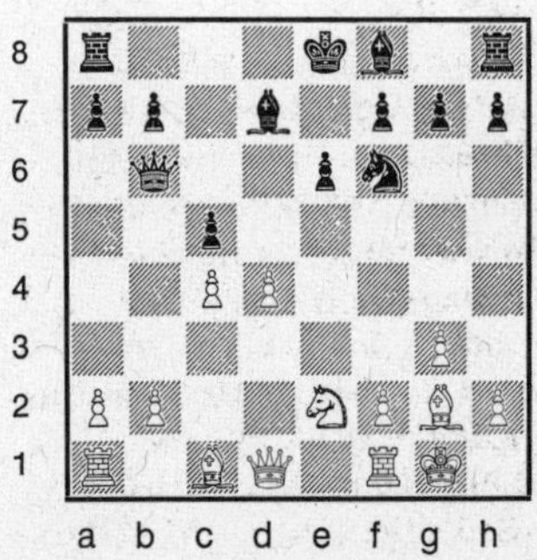

Soweit eine Partie Botwinnik-Guimard, Groningen 1946.
Weiß steht weitaus bequemer.

2. Die Tarraschvariante

Mit dem Zug (1. e4 e6 2. d4 d5) 3. Sb1-d2 vermeidet Weiß die Fesselung des Springers und die Verstellung des c-Bauern. Dafür vernachlässigt er den Druck gegen den Zentrumspunkt d5 und sperrt seinen Läufer ein. Er gibt Weiß ein sicheres Spiel. Spieler wie Weltmeister Karpov bevorzugen ihn. Schwarz hat die Wahl, entweder sofort mit dem c-Bauern vorzustoßen oder den weißen e-Bauern zur Erklärung zu nötigen. Daneben sind auch Züge wie 3. . . . Sc6 oder 3. . . . a6 (als Vorbeugung gegen Lb5) gespielt worden.

A. 3. . . . c7-c5

Hier gut spielbar, wie vor allem Kortschnoj bewiesen hat. Auf 3. Sc3 wäre 3. . . . c5 (Marshall) nicht so günstig, weil nach 4. ed ed (4. . . . cd 5. Lb5+ Ld7 6. de) 5. dc d4 6. Lb5+ Sc6 7. Lc6:+ bc 8. Sce2 Lc5: 9. Sf3 der vereinzelte Bauer sehr schutzbedürftig wäre.

4. e4×d5.

Stellt Schwarz vor die Wahl, entweder die Dame vorzeitig herauszuführen, oder den d-Bauern zu vereinzeln. Spielbar ist auch der Entwicklungszug 4. S1f3, den Schwarz wohl am besten mit 4. . . . cd 5. Sd4: Sc6 beantwortet. Nach 4. . . . Sf6 5. ed Sd5: 6. Sb3 cd 7. Sbd4: Le7 8. g3 Ld7 9. Lg2 0–0 10. 0–0 Sc6 11. Sc6: Lc6: 12. Se5 (Jansa-Kortschnoj, Nizza 1974), dürfte Weiß etwas besser stehen.

A1. 4. . . . Dd8×d5

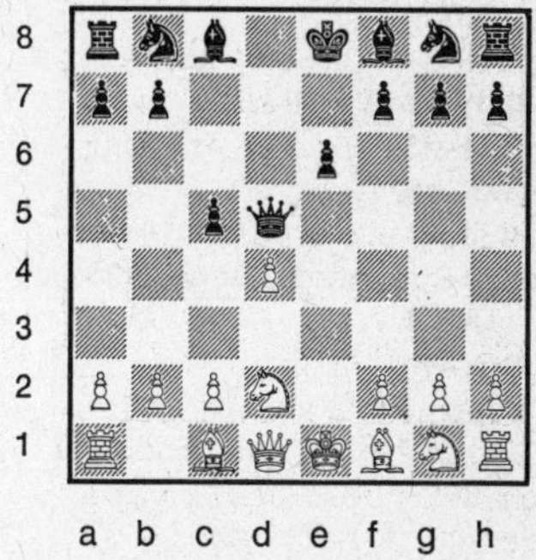

5. Sg1–f3 c5×d4

5. . . . Sf6 bedeutet im allgemeinen nur eine Umstellung der Züge.

6. Lf1–c4 Dd5–d6

Der Rückzug 6. . . . Dd8 wäre dem Weißen angenehmer, zum Beispiel 7. 0-0 Sc6 8. Sb3 Sf6 9. De2 Le7 10. Td1 0-0 11. Sbd4: Dc7 12. Sc6: bc 13. Lg5 Lb7 14. Se5! (Keres).

7. 0–0 Sb8–c6

8. Sd2–b3 Sg8–f6

Zu gewagt wäre 8. . . . e5 9. Sg5 Sh6 10. f4

9. Tf1–e1

Nach 9. De2 Le7 10. Td1 kann unbedenklich 10. . . . e5 geschehen (Eliskases).

9. . . . a7–a6

10. a2–a4 Lf8–e7

11. Sf3×d4

Es kommt zu Vereinfachungen, die für Weiß günstig sind.

11. . . . Sc6×d4

12. Dd1×d4 Lc8–d7

13. Lc1–f4 Dd6×d4

14. Sb3×d4 Ta8–c8
15. Lc4–b3.
Schwarz hat Sorgen. So würde auf die kurze Rochade 16. Sf5! geschehen.
15. ... Sf6–h5
16. Lf4–e3 0–0
17. Sd4–f3 Le7–c5
18. Sf3–e5.
Weiß steht etwas besser (Awerbach – Stahlberg, Zürich 1953).
A2. 4. ... e6×d5
5. Sg1–f3
Zu beachten ist auch 5. Lb5+ Ld7 6. De2+ Le7 (das Endspiel nach 6. ... De7 7. Ld7:+ Sd7: 8. dc Sc5: 9. Sdf3 De2:+ 10. Se2: Sf6 11. Le3 Sce4 12. 0-0-0 Lc5 13. Lc5: Sc5: 14. Sf4 ist gut für Weiß-Awerbach-Szabó, Szczawno Zdroj 1950) 7. dc Sf6 8. S1f3 0-0 9. Sb3 Te8 10. Le3 Lc5: 11. Ld7: S8d7: 12. Sc5: Sc5: 13. Db5 Tc8 (Ivkov-Portisch, Hamburg 1965), mit haltbarer Stellung für Schwarz.
5. ... Sb8–c6
Wenn 5. ... c4, so 6. b3; wenn 5. ... a6, so 6. dc Lc5: 7. Sb3 La7 8.Ld3 De7+ 9. De2 Sc6 10. 0-0 Lg4, und Schwarz steht nicht schlecht (Matanović-Kortschnoj, Wijk aan Zee 1968).
6. Lf1–b5 Lf8–d6
Der Sg8 soll auf e7 die e-Linie sperren, ohne den Läufer zu verstellen. Auf 6. ... De7+ (Capablanca) geschieht 7. Le2, zum Beispiel 7. ... Dc7 8. 0-0 Sf6 9. c4! Le6 10. dc Lc5: 11. Sb3 Ld6 12. c5 Le7 13. Lg5 mit gutem Spiel für Weiß (Böök-Bondarevski, Stockholm 1948).
7. 0–0 Sg8–e7
8. d4×c5
Auch 8. c4 ist versucht worden (8. ... dc 9. d5 Sd5: 10. Se4). Die beste Entgegnung scheint 8. ... 0–0 9. dc Lc5: zu sein, wenngleich Weiß nach 10. Lc6: Sc6: (oder Bc 11. Sb3 Ld6 12. c5) 11. Sb3 Le7 12. cd Sb4 13. De2 Sd5: 14. Td1 mehr vom Spiel hat.
8. ... Ld6×c5
9. Sd2–b3 Lc5–d6
Kortschnojs Zug. Älter ist 9. .... Lb6, das nach 10. Le3 (ebensogut 10. c4 0-0 11. Lg5 dc 14. Lc4:-Keres) 10. ... Le3: 11. Lc6:+ bc 12. fe Lg4 13. Dd4 Lf3: 14. Tf3: 0-0 15. Taf1 Sg6 16. Sc5 De7 eine annehmbare Partie ergibt (Teschner-Schmid, Bamberg 1968).

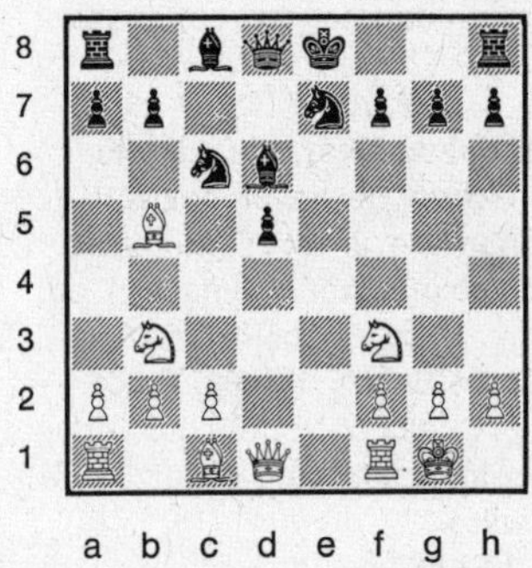

10. Lc1–g5
So pflegt Karpov regelmäßig zu spielen. Folgerichtig sieht 10. Lc6:+ bc 11. Dd4 0-0 12. Lf4 Sf5 13. Dd2 aus (Adorjan).
10. ... 0–0
11. Tf1–e1
Karpov hat auch 11. Lh4 (gefolgt von Lg3) probiert. Als Antwort gefällt Uhlmanns Zug 11. ... Lg4 am besten.

11. . . . Dd8–c7!

Nicht so gut ist 11. . . . Lg4 12. h3 Lh5 13. Lc6: bc 14. Sbd4, eine von Keres angegebene Variante.

12. c2–c3 Lc8–g4
13. h2–h3 Lg4–h5
14. Lb5–e2 h7–h6
15. Lg5×e7 Sc6×e7
16. Sf3–d4 Lh5×e2
17. Dd1×e2 a7–a6
18. De2–f3 Ta8–d8
19. Ta1–d1 Td8–d7
20. Sd4–f5.

Weiß hat einen geringen, aber greifbaren Vorteil. In der 18. Matchpartie Karpov-Kortschnoj, Moskau 1974, gelang es Schwarz, sich, wenn auch mühsam, zu verteidigen.

B. 3. . . . Sg8–f6

Dieser Zug geriet nach einigen Niederlagen der schwarzen Partei (etwa Keres-Capablanca, AVRO-Turnier Holland 1938) in Mißkredit, wurde aber später, besonders dank der Untersuchungen Lothar Schmids, wieder gebräuchlich.

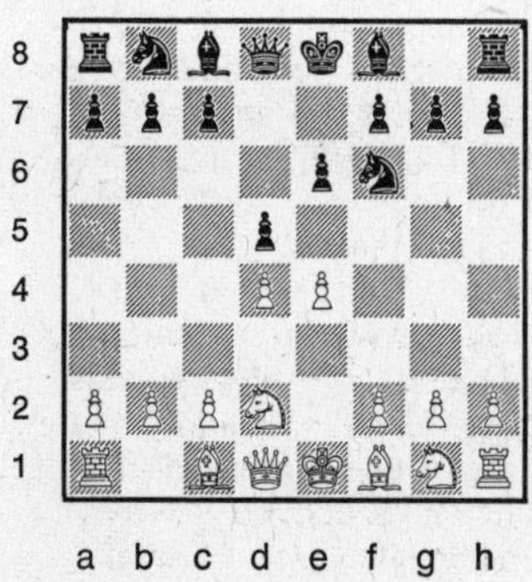

4. e4–e5 Sf6–d7
5. Lf1–d3

Einige Meister bevorzugen den Zug 5. f4, mit dem das Zentrum fest verankert wird. Ein Beispiel: 5. . . . c5 6. c3 Sc6 7. S2f3 Da5 (oder 7. . . . cd 8. cd Sb6 9. Se2 h5 10. Sc3 Ld7 11. Le2 Tc8 12. 0–0 g6 13. Kh1 a6 14. b3 Se7 15. Dd2 Sf5 16. Lb2 Lb4 17. a3 Le7 18. Sa2 (Bronstein) 8. Le3! cd 9. Sd4: Sd4: 10. Ld4: Sb8 11. Sf3 Ld7 12. Ld3 Lb5 13. 0-0 Ld3: 14. Dd3: (Sacharov-Doroschkewitsch, UdSSR 1973). Weiß hat Raum- und Entwicklungsvorteil.

5. . . . c7–c5
6. c2–c3 Sb8–c6

Oder 6. . . . b6 (Botwinnik) 7. Se2 La6 8. La6: Sa6: 9. 0-0 g6 10. Sf3 Lg7 11. Lg5 Dc8 12. Dd2 h6 13. Le3 Db7 14. h4. Keres schätzt die Lage als günstig für Weiß ein.

7. Sg1–e2

7. S1f3 kommt nach 7. . . . Db6 8. 0-0 cd 9. cd Sd4: 10. Sd4: Dd4: 11. Sf3 auf ein Bauernopfer hinaus, das spielbar sein dürfte.

7. . . . f7–f6

Zwei andere Möglichkeiten sind eingehend untersucht worden:

a) 7. . . . Db6 8. S2f3 cd 9. cd f6 (die alte Fortsetzung 9. . . . Lb4+ wird am einfachsten mit 10. Ld2 – Keres – beantwortet) 10. ef Sf6: 11. 0-0 Ld6 12. Sf4 (12. a3 0-0 13. b4 e5! 14. de Se5: hat sich in der Partie Stoltz-Schmid, Helsinki 1952, nicht bewährt) 12. . . . 0-0 13. Te1 Ld7 (oder 13. . . . Se4 14. g3 Lf4: 15. Lf4: Db2: 16. Te2 Da3, Rossolimo-Schmid, Dubrovnik 1950 –, und Weiß steht nach 17. Le4: de 18. Sg5 aussichtsreich, Keres) 14. Se6: Tfe8 15. Lf5 Sa5 16. Lg5 Le6: 17. Le6:+ Te6: 18. Te6: Lh2:+ 19. Kh2: De6: 20. Lf6: Df6:

21. De2 und Weiß steht nach Keres ganz wenig besser.
b) 7. . . . cd 8. cd Sb6 **(Leningrader Variante)** 9. 0-0 Ld7 10. Sf3 Le7 (10. . . . Sb4 11. Lb1) 11. Sf4 a5 12. Sh5 g6 13. Sf6+! (ein starkes Bauernopfer, das den schwarzfeldrigen Läufer erheblich fördert) 13. . . . Lf6: 14. ef Df6: 15. Lg5 Dg7 16. Db3 Sb4 17. Lb1 h6 18. Lf4 La4 19. De3 Sc4 20. Dc3. Weiß wird die eingedrungenen Figuren forttreiben und die Oberhand gewinnen (Mjassojedov-Furman, Leningrad 1949).

8. Se2–f4 Dd8–e7
9. e5×f6 De7×f6

Die Schwäche von d5 kommt nach 9. . . . Sf6: 10. Sf3 e5 11. de Se5: 12. 0–0 Sf3:+ 13. Df3: Lg4 14. Lb5+ Ld7 15. Sd5: zum Vorschein.

10. Sd2–f3 Lf8–d6

Nach 10. . . . cd 11. 0-0! droht 12. Se6:!.

11. Sf4–h5 Df6–e7
12. 0–0 g7–g6
13. d4×c5 Ld6×c5

Nicht 13. . . . Sc5: wegen 14. Lg5, gefolgt von Sf6+.

14. Sh5–f4.

Weiß steht gut.

C. 3. . . . Sb8–c6

Schwarz verzichtet auf den in der **Französischen Partie** fast obligatorischen Gegenstoß c7–c5 und denkt eher an e6–e5. In der Praxis hat diese Variante keine besondere Bedeutung, obwohl sie nicht als widerlegt gilt. (S. Diagr)

4. Sg1–f3.

Weiß kann sogar 4. c3 ziehen und

4. . . . e5 zulassen. Nach 5. ed Dd5: 6. S1f3 ed 7. Lc4 Df5 8. Sd4: Sd4: 9. cd Le6 10. Da4+ Ld7 11. Db3 0-0-0 12. 0-0 (Kortschnoj-Hug, Palma 1972) steht Weiß ein wenig vorteilhafter.

4. . . . Sg8–f6

Auf 4. . . . e5 ist 5. Lb5 ed 6. 0-0 chancenreich für Weiß. Bronsteins Zug 4. . . . Sh6 strebt auf 5. c3 f5 an. Weiß wird nach 6. ed ed entweder 7. c4 ziehen oder seinen weißfeldrigen Läufer entwickeln.

5. e4–e5 Sf6–d7
6. Sd2–b3

Zum Ausgleich führt 6. c4 dc 7. Sc4: Sb6 8. Sb6: ab 9. Ld3 Sb4. Keres regt 6. g3 an, um 6. . . . f6 mit 7. De2 fe 8. de zu beantworten und auf 6. . . . Le7 7. h4 oder 7. Lh3 zu spielen.

6. . . . f7–f6

Schwarz bleibt seiner Idee treu, gegen den Punkt e5 zu wirken.

7. Lf1–b5 Lf8–e7

Auf 7. . . . a6 geschieht nach Bronstein 8. Lc6: bc 9. 0-0 c5 10. c4 dc (10. . . . c6 11. ef gf 12. De2) 11. Sa5! Sb6 12. ef Df6: 13. dc Df5 14. Lg5 mit Vorteil für Weiß.

8. e5×f6 Le7×f6

9. 0–0 0–0
10. Tf1–e1.
Die weiße Stellung ist vorzuziehen.

3. Die Steinitz-Variante

3. e4–e5.
Dieser schon von Steinitz (1836 bis 1900) gern angewandte Einengungszug geriet eine Zeitlang aus der Mode, bis sich Nimzowitsch (1886–1935) wieder seiner annahm. Die **Vorstoß-Variante** hat Vor- und Nachteile. Im Sinn der Entwicklung ist der Bauernzug 3. e5 ein Zeitverlust, der dem Schwarzen gestattet, die Initiative (Druck gegen den Punkt d4) an sich zu reißen. Andererseits wird aber ein Brückenkopf (e5) gebildet, Raum erobert und der Gegner eingeengt.

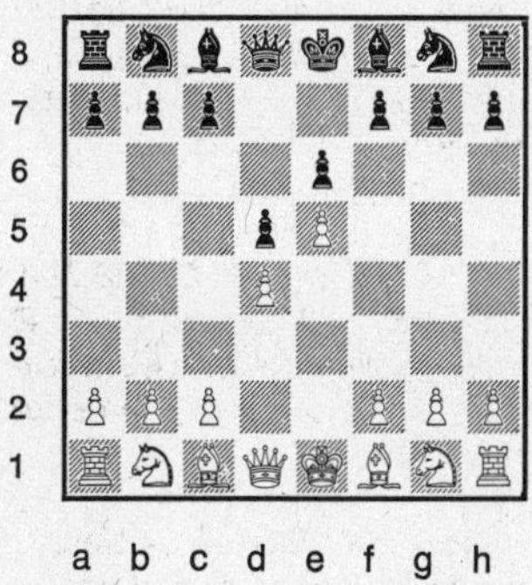

3. . . . c7–c5
4. c2–c3
Weiß stützt folgerichtig die Basis der Bauernkette. Im Sinn eines flotten Figurenspiels liegt 4. dc Sc6 5. Sf3 Lc5: 6. Ld3. Schwarz erhält nach 6. . . . f6 7. De2 fe 8. Se5: Sf6 9. Lf4 0-0 10. 0-0 Se4 11. Sc6: bc 12. Le3 Le3: 13. De3: Sf6 14. Se2 Db6! gleiche Chancen. Nimzowitsch hat vorgeschlagen, auf die Deckung von d4 zu verzichten und statt dessen den Punkt e5 mit den Figuren zu »überdecken«, zum Beispiel 4. Sf3 Sc6 5. Ld3 cd 6. 0-0 f6 7. Lb5 Ld7 8. Lc6: bc 9. Dd4: Db6 10. Df4 f5 mit offenem Kampf.

4. . . . Sb8–c6
Etwas gekünstelt wirkt 4. . . . Db6 5. Sf3 Ld7, um den Tausch des weißfeldrigen Läufers (unter Zeitverlust) anzustreben. Weiß steht nach 6. Le2 Lb5 7. c4! Lc4: 8. Lc4: dc 9. d5 ed 10. Dd5: Se7 11. De4 Sd7 12. 0-0 Dc6 13. Dc4: günstiger (Saizev).

5. Sg1–f3 Sg8–e7
Weitgehend untersucht ist die alte Variante 5. . . . Db6 6. a3 (oder 6. Le2 cd 7. cd Sh6 8. Sc3 Sf5 9. Sa4 Lb4+ 10. Ld2 Da5 11. Lc3 b5 12. a3 Lc3:+ 13. Sc3: b4 mit gleichem Spiel, Uhlmann) 6. . . . c4 (sonst 7. b4) 7. g3 Sa5 8. S1d2 Ld7 9. Lh3 f5 10. ef e. p. gf 11. 0-0 0-0-0 12. Te1 Lg7 13. Tb1 Te8 14. b3 cb 15. Sb3: Sb3: 16. Tb3: Da6 17. Tb2, die für Weiß recht günstig zu sein scheint.

6. Lf1–d3 c5×d4
7. c3×d4 Se7–f5
8. Ld3×f5 e6×f5
9. Sb1–c3 Lc8–e6
Soweit eine Partie Teschner-Portisch, Monaco 1969, in der Schwarz nach 10. 0-0 Le7 11. Se2 g5! aussichtsreich stand. Nach Portisch hätte 10. Se2 h6 11. h4 die Chancen offen gehalten.

4. Die Abtauschvariante

Mit dem Tausch auf d5 im dritten Zug kann Weiß vielen Problemen aus dem Weg gehen und eine Zeitlang den Anzugsvorteil festhalten. Die Tatsache aber, daß die offene e-Linie von beiden Seiten genutzt werden kann, bringt eine Verflachungstendenz mit sich.

3. e4×d5	**e6×d5**
4. Lf1–d3	

Der dänische Großmeister Bent Larsen spielt gern 4. Sc3, zum Beispiel 4. ... Sf6 5. Sf3 c6 6. Ld3 Ld6 7. 0–0 0–0 8. Se2 Te8 9. Sg3 S8d7 (9. ... Se4!) 10. Sf5 Sf8 11. Sd6: Dd6: 12. Se5 mit etwas Vorteil für Weiß (Larsen – Petrosjan, Havanna 1966). Am einfachsten ist wohl auf 4. Sc3 Lb4.

4. ...	**Lf8–d6**
5. Sg1–e2	**Sg8–e7**

Mit dem symmetrischen Aufbau geht Schwarz hier vielen Schwierigkeiten aus dem Weg. So stünde Weiß nach 5. ... Sf6 6. Sbc3 0–0 7. Lg5 c6 8. Dd2 Te8 9. 0–0–0 sehr chancenreich, und 5. ... Dh4 erwiese sich nach 6. S1c3 c6 7. Le3 Sf6 8. Dd2 Sg4 9.g3 Dh3 10. 0–0–0 Se3: 11. fe f5 12. Sf4 (Sokolski) als voreilig.

6. Lc1–f4	**Lc8–f5**
7. Sb1–c3	**c7–c6**

mit gleichem Spiel.

CARO-KANN-VERTEIDIGUNG

Der Wiener Spieler M. Kann und der in Berlin beheimatete H. Caro gelten als Urheber dieser Verteidigung, die schon im vorigen Jahrhundert eingeführt worden ist.

1. e2–e4 c7–c6

Bereitet den Vorstoß in die Mitte d7–d5 vor, ohne den Damenläufer einzusperren. Ein gewisser Nachteil ist darin zu sehen, daß Schwarz die Entwicklung zurückstellt und dem Damenspringer das beste Feld nimmt. Der Zug gilt als äußerst solide. Weltmeister wie Capablanca, Botwinnik und Petrosjan haben ihn bevorzugt angewandt.

2. d2–d4

Die wichtigste Antwort. Zu beachten sind die Züge 2. c4 (2. ... d5 3. ed cd 4. cd Sf6 5. Da4+ Sbd7 6. Sc3 g6 7. g3 Lg7 8. Lg2 0–0 9. S1e2 Sb6 10. Db3 a5 11. Sf4 a4 mit Gegenspiel für den preisgegebenen Bauern) und 2. d3 (2. ... e5 3. g3 Sf6 4. Lg2 d5 5. Sd2 Ld6, oder 2. ... d5 3. Sd2 de 4. de e5 5. S1f3 Lc5 6. Le2 De7).

Eine wichtige Alternative ist auch die unverzügliche Entwicklung der beiden Springer, also 2. Sf3 d5 3. Sc3. Schwarz muß sich dann vor 3. ... de 4. Se4: Lf5 (4. ... Lg4!) 5. Sg3 Lg6 (5. ... Lg4!) hüten, wie schon der frühere Weltmeister Aljechin gezeigt hat. Weiß erhält mit 6. h4 h6 7. Se5 Lh7 8. Dh5 g6 9. Lc4 e6 10. De2 eine starke Angriffsstellung. Am einfachsten erreicht Schwarz mit 4. ... Sf6 5. Sf6:+ (5. Sg3 c5) 5. ... ef 6. Lc4 Le7 7. 0–0 0–0 8. d4 Ld6 9. Lb3 Sd7 10. Te1 Dc7 11. c4 c5 eine ausgeglichene Stellung. Interessant ist ferner 3. ... Lg4 4. h3 Lf3: (oder 4. ... Lh5 5. ed cd 6. Lb5+ Sc6 7. g4 Lg6 8. Se5 Tc8 9. d4 e6 10. De2 Lb4 11. h4 Lc3:+ 12. bc Da5 13. Lb2 Se7 14. h5 Le4 15. f3 f6 16. fe fe 17. 0–0 – Trifunović – mit ungeklärten Folgen) 5. Df3: Sf6 6. d4 de 7. De3 S8d7 (oder 7. ... Da5 8. Ld2 Df5 9. 0–0–0) 8. Se4: Se4: 9. De4: Sf6 10. Dd3 Dd5 11. c4 Dd6 12. Le2 e5 13. d5 e4 14. Dc2, Fischer – Keres, Bled 1961, und Weiß hatte mehr vom Spiel.

2. ... d7–d5

A. 3. Sb1–c3.

Beliebt ist auch der »Panov-Angriff« 3. ed cd 4. c4, den wir unter B behandeln. Auf den Vorstoß 3. e5 genügt 3. ... Lf5 zum Ausgleich, zum Beispiel 4. c4 e6 5. Sc3 dc 6. Lc4: Sd7 7. S1e2 Se7 8. 0–0 Sb6 9. Lb3 Dd7 10. Sg3 Lg6 11. Le3 0–0–0 (Konstantinopolski), oder 4. h6 5. Ld3 Ld3: 6. Dd3: e6 7. h5 (Boleslavski) mit schwierigem Spiel.

3.. ... d5×e4

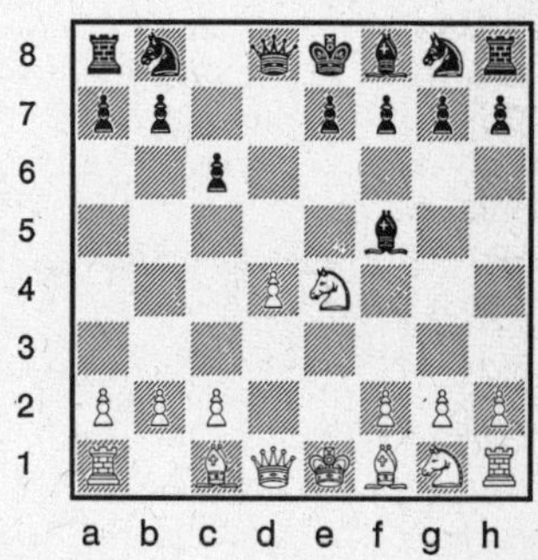

4. Sc3×e4 Lc8–f5

Wichtige Spielweisen sind ferner 4. . . . Sf6 5. Sf6:+ gf (oder 5. . . . ef 6. Lc4 Ld6 7. De2+ De7 8. De7:+ Ke7: 9. Se2 Le6 10. Ld3 Sd7 11. Lf4 Sb6 12. Ld6:+ Kd6: 13. b3 Kc7 14. c4, Matulović – Smyslov, Siegen 1970, Weiß stand besser) 6. c3 Lf5 7. Se2 h5 8. Sg3 Lg4 9. f3 Le6 10. Ld3 Dc7 11. Se2 Lh6 12. Lh6: Th6: 13. Dd2 Th8 14. Sf4 Dd6 15. 0–0 mit guten Aussichten für Weiß. Wer den Doppelbauern vermeiden möchte, kann auch vorbereitend 4. . . . Sd7 spielen. Am einfachsten behält Weiß danach mit 5. Lc4 S8f6 6. Sf6:+ Sf6: 7. Sf3 Lf5 8. 0–0 e6 9. Lg5 Le7 10. De2 Lg4 11. Tad1 0–0 12. h3 Lf3: 13. Df3: Sd5 14. Le3 (Larsen) ein kleines Plus.

5. Se4–g3 Lf5–g6

6. h2–h4

Am nachhaltigsten. Zu gleichem Spiel führt 6. Lc4 e6 7. S1e2 Sf6 8. Sf4 Ld6 9. Lb3 Dc7 10. Df3 S8d7 11. h4 e5.

6. . . . h7–h6

7. Sg1–f3 Sb8–d7

Schwarz darf 8. Se5 nichtzulassen.

8. h4–h5 Lg6–h7

9. Lf1–d3 Lh7×d3

10. Dd1×d3 Dd8–c7

11. Lc1–d2 e7–e6

12. Dd3–e2

Die Dame bereitet den Springerzug nach e5 vor.

12. . . . Sg8–f6

Oder 12. . . . 0–0–0 13. Se5 Se5: 14. de Se7 15. 0–0–0 c5 16. f4 Sc6 17. c3. Wenn 12. . . . Ld6, so 13. Se4 Lf4 14.Se5!

13. c2–c4 Lf8–d6

Auf 13. . . . c5 ist 14. Th4 gut. In einer Partie Bach – Teschner, Berlin 1975, kam Schwarz nach 13. . . . 0–0–0 14. Se5 Sb6 15. c5! Sbd5 (spielbar vielleicht 15. . . . Lc5:! 16. dc Td2: 17. Kd2: De5: 18. De5: Sc4+) in Nachteil.

14. Sg3–f5 Ld6–f4

15. Ld2×f4 Dc7×f4

16. Sf5–e3 Df4–c7

17. 0–0–0 b7–b5

Um das Feld d5 zugänglich zu machen.

18. c4×b5 c6×b5+

19. Kc1–b1 0–0

20. g2–g4

Weiß droht Linienöffnung mit g4–g5.

20. . . . Sf6–e4

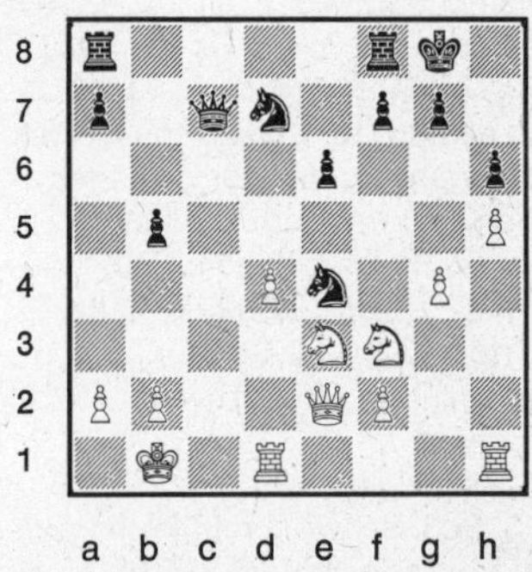

Bisher folgten wir einer Partie Spasski – Karpov, Interzonenturnier Leningrad 1974, in der sich das Spiel nach 21. Thg1 Sg5 22. Sg5: hg 23. d5 a6 24. h6 gh 25. Th1 Sf6! ausglich. Nach Kotov wahrte 21. Sg2! Sdf6 22. Se5 oder 21. . . . f5 22. Sfh4! oder 21. . . . Sg5 22. Sg5: hg 23. De3 Tac8 24. Tc1 den Vorteil.

B. 3. e4×d5 c6×d5

4. c2–c4

Eine unternehmende Fortsetzung, die der russische Meister Wassili Panov (1906–1973) in die Praxis einführte. Zu gleichem Spiel führte in der Partie Fischer – Hort, Vinkovci 1968, 4. c3 Lf5 5. Sf3 Sf6 6. Lb5+ S8d7 7. Sh4 Lg6 8. Lf4 e6 9. Sd2 Sh5 10. Sg6: hg. Recht gut ist auch der von Fischer wiederholt angewandte Zug 4. Ld3, zum Beispiel 4. . . . Sc6 5. c3 Sf6 6. Lf4 g6 (oder 6. . . . Lg4 7. Db3 Sa5 8. Da4+ Ld7 9. Dc2 e6 10. Sf3 Db6 11. a4 Tc8 12. S1d2 Sc6 13. Db1, Fischer – Petrosjan, Belgrad 1970) 7. Sf3 Lg7 8. S1d2 Sh5 9. Le3 0–0 10. 0–0 f5 11. Sb3 Dd6 12.Te1 f4 13. Ld2 Lg4 14. Le2 Tae8 (Fischer – Czerniak, Natanya 1968) 15. Se5, und Weiß übt Druck aus.

4. . . . Sg8–f6

5. Sb1–c3 e7–e6

In Frage kommt 5. . . . g6 6. Db3 Lg7 7. cd 0–0 8. Le2 S8d7 9. Lf3 Sb6 10. Lg5 Lg4 11. Lf6: Lf3: 12. Sf3: Lf6: 13. a4 Dc7 14. 0–0 Tfd8 15. a5 Dc4 16. Ta3, obwohl Weiß etwas mehr vom Spiel haben dürfte. Ferner 5. . . . Sc6 6. Sf3 Lg4 7. cd Sd5: 8. Db3 Lf3: 9. gf e6 10. Db7: Sd4: 11. Lb5+ Sb5: 12. Dc6+ Ke7 13. Db5: Dd7 14. Sd5:+ ed 15. Db4+ Ke8 16. Dd4 und Weiß, der noch rochieren darf, steht klar vorteilhafter (Fischer).

6. Sg1–f3 Lf8–e7

Wenn 6. . . . Sc6, so 7. c5 Le7 8. Lb5 0–0 9. 0–0 Ld7 10. a3 (Boleslavski). Weiß sichert die Bauernkette am Damenflügel und ist etwas im Vorteil.

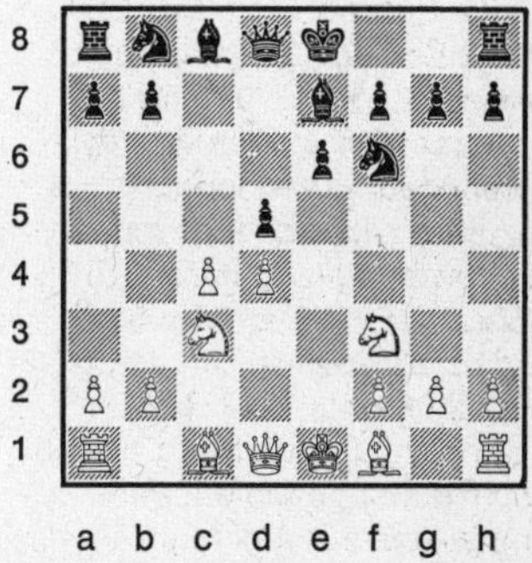

Die jetzt entstandene Stellung kann auch aus dem Damengambit hervorgehen (1. d4 d5 2. c4 e6 3. Sf3 Sf6 4. Sc3 c5 5. e3 cd 6. ed Le7). Weiß kann die Führung festhalten mit 7. cd ed (oder 7. . . . Sd5: 8. Ld3) 8. Lb5+ Ld7 9. Ld7:+ Sbd7: 10. 0–0 0–0 11. Db3 Sb6 12. Lg5 Te8 13. Tfe1. Weniger scheint 7. Lg5 0–0 8. Ld3 dc 9. Lc4: a6 einzubringen (Schwarz läßt b7–b5 und Lb7 folgen).

Seit Jahren ist der Zug c7–c5 die beliebteste Verteidigung gegen den Doppelschritt des Königsbauern. Schwarz stemmt sich der Besetzung des Zentrums entgegen, und wenn Weiß doch d2–d4 durchsetzt, ergibt sich eine Bauernverteilung, die zu Spannungen führt.
Im allgemeinen wird Schwarz die c-Linie ausnützen können, um dort, eventuell unterstützt von einem auf g7 flankierten Läufer (dem »Drachen«), Druck auszuüben. Er hat auch immer den Befreiungszug d7(d6)–d5 in Reserve. Weiß verfügt meistens über Raumvorteil am Königsflügel und im Zentrum. Er strebt häufig den Zug e4–e5 an, um günstige Linienöffnungen herbeizuführen. Manchmal verharrt er auch lange mit den Bauern in der Mitte (zum Beispiel bei der Konstellation der Bauern auf c4, e4 und f3).

1. e2–e4 c7–c5
2. Sg1–f3

Das überwiegt bei weitem in der Praxis. Die geschlossene Variante (ohne d2–d4) behandeln wir getrennt.
In letzter Zeit ist der Zug 2. c2–c3 als Vorbereitung von d2–d4 etwas stärker in den Vordergrund getreten. Das Spiel ist für Weiß übersichtlicher, weil die Bauernstellung symmetrisch bleibt. Schwarz kann 2. . . . d5 (3. ed Dd5: 4. d4 Sc6 5. Sf3 cd 6. cd e5! 7. Sc3 Lb4 8. Ld2 Lc3: 9. Lc3: e4! mit Ausgleich) oder 2. . . . Sf6 3. e5 Sd5 4. d4 cd 5. cd (oder 5. Dd4: e6 6. Lc4 Sc6 7. De4 d6 8. Sf3 de) 5. . . . d6 6. Sf3 Sc6 7.Lc4 (gut auch 7. Le2, wenn 7. Sc3, so 7. . . . de) 7. . . . Sb6 8. Lb5 d5 9. Sc3 Lg4 10. h3 Lf3: 11. Df3: e6 12. 0–0 Le7 13. Dg3 Kf8, Sweschnikov – Palatnik, UdSSR 1973, mit offenem Kampf antworten.

A. 2. . . . Sb8–c6

Wegen 2. . . . d6 siehe B, wegen 2. . . . e6 siehe C. Geringere Bedeutung hat 2. . . . Sf6 (Rubinstein), um e4 anzugreifen und sich nach 3. Sc3 mit 3. . . . d5 zu befreien. Als bestes gilt für Weiß 3. e5 Sd5 4. Sc3, wonach 4. . . . Sc3: 5. dc d5 6. ed e.p. Dd6: 7. Dd6: ed 8. Lf4 für Weiß recht gut sein dürfte. Schwarz wird die verwickelte Spielweise 4. . . . e6 5. Sd5: ed 6. d4 Sc6 (6. . . . d6 7. Lb5+! Sc6 8. 0–0 Le7 9. c4) 7. dc Lc5: 8. Dd5: wählen und einen Bauern opfern. Die letzte Erkenntnis (Parma) lautet: 8. . . . d6 9. ed Db6 10. Lc4 Lf2:+ 11. Ke2 0–0 12. Td1 Le6 13. De4 Tae8 14. Kf1 Ld7 15. Dd5 Le6 16. De4 mit Remis durch Zugwiederholung. Weiß wird, wenn er mehr herausholen will, auf den Bd5 verzichten und zum Beispiel 8. Ld3 ziehen. Erwähnenswert ist noch O'Kellys Zug 2. . . . a6 (die Pointe ist, auf 3. d4 cd 4. Sd4: e7–e5 ziehen zu können, ohne den Springer nach b5 zu lassen); Weiß beantwortet ihn entweder mit 3. c3 (gefolgt von d2–d4) oder mit 3. c4 (3. . . . Sc6 4. d4 cd 5. Sd4: Sf6 6. Sc3 e5 7. Sf5 d5 8. cd Lf5: 9. ef Sd4 10. Ld3 Sd5: 11. 0–0 Lb4 12. Le4 Sc3: 13. bc Lc3: 14. Tb1 mit starkem Angriff – Gligorić).

3. d2–d4

Oft gespielt wird auch der spanische Läuferzug 3. Lb5, mit dem Weiß eine rasche Entwicklung anstrebt. Manchmal ergeben sich Stellungen, die der **Spanischen Partie** (siehe dort) ähneln. Erzwingt Schwarz mit 3. . . . a6 den Abtausch des Läufers, erlangt Weiß mit 4. Lc6: dc (spielbar ist 4. . . . bc 5. d3 d6) 5. d3 Sf6 6. 0–0 7. S1d2 e6 8. Sc4 Dc7 9. Lg5 b5 10. Se3 Lh5 11. Lh4 Ld6 12. Lg3 (Rossolimo-Lundin, Bad Gastein 1948) ein recht gutes Spiel. Eingebürgert hat sich 3. . . . g6 4. 0–0 Lg7, zum Beispiel 5. c3 e5 6. d4 cd 7. cd ed 8. Lf4 a6 9. La4 b5 10. Lb3 d6 11. a4 b4 12. S1d2 Le6 13. Tc1 S8e7 14. Le6: fe 15. Sg5 Dd7 16. Db3: nach Jansa steht Weiß etwas günstiger.

3. . . . c5×d4
4. Sf3×d4 Sg8–f6

Damit zwingt er den Gegner, sich um den Be4 zu kümmern. Es geht aber auch anders. Schon Labourdonnais (1797–1840) hat auf 4. . . . e5 hingewiesen. Mit dem Tausch auf c6 stärkt Weiß nur das gegnerische Zentrum. Eine kritische Variante ist 5. Sb5 a6 (5. . . . d6 6. S1c3 a6 7. Sa3 Le6 8. Sc4 Tc8 9. Sd5 ist günstig für Weiß) 6. Sd6+ Ld6: 7. Dd6: Df6 8. Dc7! (von den vielen Möglichkeiten wohl die beste) 8. . . . S8e7 9. Sc3 Sb4 10. Ld3 d5 11. 0–0 d4 12. Se2 0–0 13. Ld2 Sd3: 14. cd Sc6 15. Db6 (15. f4 Dd8!) 15. . . . Dd8 16. Dc5 Le6 17. f4, und Weiß ist etwas im Vorteil.
Zu selbständigen Varianten können 4. . . . e6 (Taimanov) und 4. . . . g6 (beschleunigtes Fianchetto) führen, hauptsächlich deswegen, weil Weiß jetzt über den Zug 5. c4 verfügt, der den Gegenstoß d7–d5 behindert (siehe auch unter B und C). Im letzteren Fall ist besonders das Abspiel 4. . . . g6 5. c4 (Maroczy) 5. . . . Lg7 6. Le3 (oder 6. Sc2 d6 7. Le2 f5! 8. ef Lf5: 9. 0–0 Sh6 10. Sd2 0–0 11. Sf3 Kh8 12. Sfd4 Ld7 13. Lf3 Sf5, eine von Botwinnik angegebene Zugfolge, die Schwarz ein ebenbürtiges Spiel verspricht) 6. . . . Sf6 7. Sc3 Sg4 (oder 7. . . . 0–0 8. Le2 d6 9. 0–0 Ld7 – auch 9. . . . Sd7 10. Dd2 Sc5 11. Tad1 Ld7 12. f4 ist nicht besser – 10. Dd2 Tc8 11. Tac1 a6 12. f3 Sd4: 13. Ld4: Le6 14. b3 Da5 15. Tc2 Sd7 mit Raumvorteil für Weiß) 8. Dg4: Sd4: 9. Dd1 e5 (Bronsteins Zug) 10. Le2 0–0

11. 0–0 b6 12. Dd2 Lb7 13. Tad1 Tc8 14. Tfe1 f5 15. ef Tf5: 16. Lg4 Tf7 17. b3 a6 18. Lg5 Df8, Korn-Wasjukov, UdSSR 1954, zu erwähnen, das beiden Seiten Aussichten bietet.

5. Sb1–c3 d7–d6

Möglich ist das sofortige Fianchetto 5. . . . g6, das Weiß wohl am besten mit 6. Sc6: bc (6. . . . dc 7. Dd8:+ Kd8: 8. Lc4 Ke8 9. e5 Sg4 10. f4 zugunsten von Weiß) 7. e5 Sg8 (verfehlt 7. . . . Sd5? 8. Sd5: cd 9. Dd5: Tb8 10. e6!, drohend 11. De5 und 11. ef matt, so daß 10. . . . f6 11. Lf4 Tb4 12. Ld2 Tb6 13. Lb5 Td6 14. Dc4 mit entscheidendem Vorteil für Weiß folgen wird) 8. Lc4 Lg7 9. Df3 f5 10. Lf4 Tb8 11. 0–0 e6 12. Tad1 Dc7 13. Tfe1 Se7 14. b3 0–0 15. De3 Da5 16. h4 Tf7 17. a3 Db6 18. Dc1 Sd5 beantwortet. In einer Partie Andersson-Bilek, Teesside 1972, folgte 19. Sd5: cd 20. Ld3 La6 mit Ausgleich; jedoch hätte Weiß mit 19. Sa4 Dd8 20. Ld5: cd 21. h5 die Initiative festhalten können.

Nach Einschaltung von 6. Le3 Lg7 kann sich Schwarz 7. Sc6: bc 8. e5 Sd5! eher leisten. Weiß erreicht mit 9. Sd5: cd 10. Dd5: Tb8 kaum mehr als Ausgleich. Er wird darum eher zu 7. Lc4 Da5 (7. . . . Sa5? 8. Lf7:+! Kf7: 9. e5 d5 [9. . . . Se8 10. Se6!, 9. . . . Sg8 10. Se6 De8 11. Df3+ Lf6 12. Sc7 oder 9. . . . Sh5 10. Df3+ Ke8 11. g4] 10. ef Lf6: 11. Df3 Sc6 12. 0–0–0 e6 13. b4 h5 14. Lg5 mit greifbarem Vorteil) 8. 0–0 0–0 9. Lb3 d6 10. h3 Ld7 11. f4 Sd4: 12. Ld4: Lc6 13. Sd5 greifen.

Das **Sizilianische Vierspringerspiel,** das nach 5. . . . e6 entsteht, hat den Nachteil, dem Weißen nach 6. S4b5 (nur Ausgleich ergeben die Versuche 6. Sc6: bc 7. e5 Sd5 8. Se4 f5 9. ef e. p. Sf6: 10. Sd6+ Ld6: 11. Dd6: und 6. Le2 Lb4 7. 0–0 Lc3: 8. bc Se4: 9. Ld3 d5 10. La3 Sd4: 11. cd Da5 12. Dc1 Ld7 13. Tb1 Lc6 14. Lb4 Dc7 15. Da3 a5 16. Le4: de 17. c4 f6 18. Ld6 Dd7, Geller-Chassin, UdSSR 1958) 6. . . . Lb4 (möglich ist 6 . . . d6 7. Lf4 e5 8. Lg5 a6 mit Übergang in die Lasker-Variante, die nach neueren Untersuchungen, besonders des Russen Sweschnikov, annehmbar zu sein scheint, etwa mit der Fortsetzung 9. Sa3 b5 10. Sd5 Le7 oder 9. Lf6: gf 10. Sa3 f5 11. Dh5 d5! 12. ed La3: 13. ba Da5 14. Kd2 Se7 15. De2 e4 16. Dc4 0–0 17. Db4 Dc7, Scheljandinov-Kuprejtschik, UdSSR 1970) 7. a3 (unklar ist 7. Lf4 Se4: 8. Df3 d5 9. Sc7+ Kf8! 10. 0–0–0 Lc3: 11. bc g5! 12. De4: Dc7:! 13. Lc7: de 14. Lb5 Kg7, Kapengut-Kusmin, UdSSR 1972) 7. . . . Lc3:+ 8. Sc3: d5 9. ed ed (oder 9. . . . Sd5: 10. Ld2 Dh4 11. Df3 0–0 12. 0–0–0 Sc3: 13. Lc3: e5 14. Ld3 Lg4 15. De4 Dh6+ 16. Ld2 Dg6 17. f3 Le6 18. Dg6: hg 19. Le3 b6 12. b3 und nach Tal bedeutet der Besitz des Läuferpaars einen klaren Vorteil für Weiß) 10. Ld3 0–0 11. 0–0 d4 12. Se2 Lg4 13. f3 Le6 14. Lg5 gewissen Stellungsvorteil hat: Schwarz muß sich des gegnerischen Läuferpaars erwehren und mit dem Handikap des vereinzelten d-Bauern auskommen.

1. Der Richter-Rauser-Angriff

6.Lc1–g5

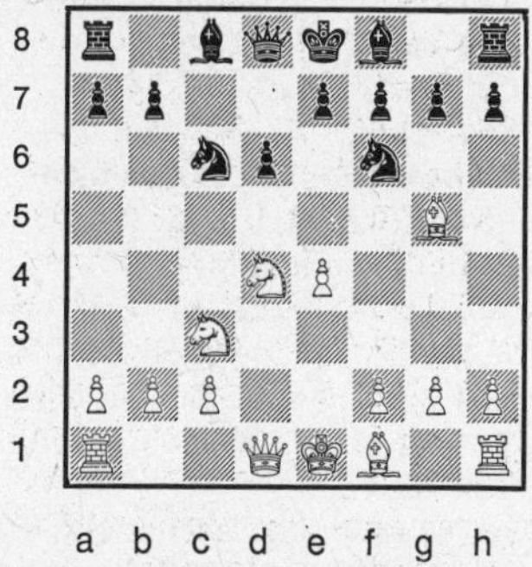

Weiß hat auch noch eine Reihe etwa gleichwertiger anderer Möglichkeiten, wie den von dem ehemaligen Weltmeister Fischer populär gemachten Zug 6. Lc4 (2), den klassischen Zug 6. Le2 (3), das Fianchetto 6. g3 (4). Ein Vorzug des Richter-Zugs 6. Lg5 besteht darin, die Drachenvariante (6. . . . g6) praktisch auszuschalten.

6. . . . e7–e6

Nicht gut ist 6. . . . e5 7. Sf5 Lf5: 8. ef, und Schwarz kommt nicht zu d6–d5. Möglich ist aber 6. . . . Ld7, zum Beispiel 7. Dd2 Sd4: 8. Dd4: Da5 9. Ld2 e5 10. Dd3 Tc8 11. Le2 a6 12. 0–0 Le6 13. Sd5, und Weiß steht etwas besser.

7. Dd1–d2

Rausers Zug: Richters ursprüngliche Absicht 7. Sc6: bc 8. e5 de 9. Df3 beantwortet Schwarz am einfachsten mit 9. . . . Le7 10. Lf6: Lf6: 11. Dc6:+ Ld7 12. Df3 0–0 und steht sehr gut.

7. . . . Lf8–e7

Eine zweite wichtige Variante leitet 7. . . . a6 (um ein eventuelles Sb5 auszuschalten) ein. Nach 8. 0–0–0 Ld7 (wenn 8. . . . h6 9. Le3 Ld7 10. f3 b5 11. g4 b4 12. Sc6: Lc6: 13. Se2 d5 14. Sd4 Lb7 15.. e5 Sd7 16. f4 Sc5 17. Lg2, und das weiße Spiel ist vorzuziehen – Larsen-Gligorić, Manila 1974) 9. f4 (auch 9. f3 ist gut) 9. . . . h6 10. Lh4 Se4: (10. . . . Tc8 11. Sf3 Da5 12. Kb1 b5 13. e5 b4 14. ef bc 15. fg cd 16. ghD Sb4 17. a3 Sc2: 18. Sd2: Sa3: 19. ba e5 20. Sc4 mit Vorteil für Weiß) 11. De1 Sf6 12. Sf5 Da5 (oder 12. . . . Dc7 13. Lf6: gf 14. Sd5 Dd8 15. De3) 13. Sd6:+ Ld6: 14. Td6: 0–0–0 15. Td1! Dc7 16. Df2 Se7 17. Ld3 Lc6 18. f5 e5 19. The1 S7d5 20. Sd5: Td5: 21. Dg3 ist Weiß im Vorteil (Spasski).
Schwarz wird daher zu 9. . . . Le7 greifen müssen, wonach die übliche Spielweise 10. Sf3 b5 11. e5 b4 nicht restlos geklärt ist (12. ef bc 13. Dc3: gf 14. Lh4 d5 15. Kb1 Sa5 16. Le1 Sb7 17. f5 Tc8 18. Dd2 mit verteilten Chancen).

8. 0–0–0 0–0

9. f2–f4

Das Spiel auf Bauerngewinn mit 9. S4b5 bringt nach 9. . . . Da5 10. Lf6: Lf6: 11. Sd6: Td8 12. f4 e5! 13. Dd5 Dc7 14. f5 Sd4 15. Sdb5 Da5 16. Dc4 Lf5: 17. ef Tac8 18. Da4 Da4: 19. Sa4: Sb3+ 20. ab Lg5+ 21. Td2! a6 (Td2: 22. S5c3) 22. S5c3 Ld2:+ nur ein ebenbürtiges Endspiel.

9. . . . Sc6×d4

Hier ist auch eine Reihe anderer Züge versucht worden. Plausibel

sieht der unmittelbare Vorstoß 9. . . . d5 aus, den Weiß jedoch vorteilhaft mit 10. e5 Sd7 11. Sf3 beantworten kann, zum Beispiel 11. . . . Sb6 12. Ld3 Ld7 13. Kb1 Tc8 14. Se2 Sa4 15. Le7: De7: 16. S2d4 a6 17. The1 (Matulović–Radulov, Wijk aan Zee 1974). Der andere Zentrumsstoß 9. . . . e5 gibt Weiß nach 10. Sf5 Lf5: 11. ef Tc8 12. Kb1 Da5 13. Lf6: Lf6: 14. Sd5 ebenfalls eine sehr gute Partie.
Zu erwähnen ist die »Befragung« 9. . . . h6 mit der Idee 10. Lh4 Se4:, die zwangsläufig zu gutem Spiel von Weiß führt: 11. Le7: Sd2: 12. Ld8: Sf1: 13. Sc6: bc 14. Le7 Te8 15. Thf1: Te7: 16. Td6: Lb7 17. g3 c5 18. Tfd1 g5 19. Te1 gf 20. gf Kf8 21. Te5, Unzicker–Stahlberg, Moskau 1956.

10. Dd2×d4 Dd8–a5

Falls hier 10. . . . h6, so 11. Lh4 Da5 12. Lc4 (wenig bringt 12. e5 de 13. De5: De5: 14. fe Sd5 15. Le7: Se7: 16. Ld3 b6 17. Le4 Tb8 18. The1 Lb7 19. Td7 Le4: 20. Te4:) 12. . . . e5 13. fe de 14. Dd3 Dc5 15. Lf6: Lf6: 16. De2 a6 17. Kb1 b5 18. Lb3 Le6 19. Sd5 Ld8 20. h4 mit gewissen Angriffschancen für Weiß (Tdf1, Sd5-e3-f5), wie Parma gezeigt hat.

11. Lf1–c4 Lc8–d7

Auf 11. . . . h6 führt 12. Lh4 zu der beim 10. Zug erwähnten Variante. Möglich ist auch das Figurenopfer 12. h4, dessen Annahme sehr gefährlich ist (12. . . . hg 13. hg Sg4 14. Td3 nebst Tdh3).

12. e4–e5 d6×e5
13. f4×e5 Ld7–c6
14. Lg5–d2 Sf6–d7
15. Sc3–d5 Da5–d8
16. Sd5×e7+ Dd8×e7
17. Th1–e1 Tf8–c8
18. Dd4–g4 De7–c5
19. Ld2–h6 g7–g6
20. Te1–e2!

Das verlockende 20. Le6: ist wegen 20. . . . Ld5! mit Angriff auf der c-Linie ungünstig.

20. . . . Tc8–c7

Nicht 20. . . . Se5:? wegen 21. Df4 Sd7 22. Td7: nebst Df6.

21. Td1–f1 Ta8–e8
22. Te2–f2

Soweit eine Partie Zeschkovski–Korenski, UdSSR 1973. Schwarz muß sich mit 22. . . . De7 mühsam verteidigen (22. . . . Se5: 23. Dg5 Sd7 24. Df4! und gewinnt). Der Partiezug 22. . . . Ld5 wurde mit 23. Tf7:! Se5: 24. Dd4! widerlegt, eine reizende Wendung.

2. Der Fischer-Angriff

6. Lf1–c4

Früher glaubte man, dieser Zug leiste nichts, weil alle schwarzen Gegenmaßnahmen (wie d6-d5, Dc7, Sa5 oder a6 nebst b5) gegen den Punkt c4 gerichtet sind. Auch mit dem Scheinopfer Se4: nebst d6-d5 muß gerechnet werden. Daß der Läuferzug trotzdem nachhaltig ist, hat vor allem Fischer in einer Reihe schöner Partien bewiesen. Ebenso wie 6. Lg5 erschwert auch 6. Lc4 das Einlenken in die Drachenvariante, wie 6. . . . g6 7. Sc6: bc 8. e5 zeigt (8. . . . de? 9 Lf7:+).

6. . . . **Lc8–d7**

Unlogisch ist es, dem Läufer freie Fahrt zu lassen und 6. . . . e5 zu spielen. Man sehe: 7. S4e2 h6 (sonst Lg5) 8. f3 Le7 9. Le3 a6 10. Dd2, gefolgt von g2-g4. Hingegen ist oft 6. . . . Db6 probiert worden, zum Beispiel 7. S4b5 a6 8. Le3 Da5 9. Sd4 Se4: 10. Df3 Se5 11. Lf7:+ Sf7: 12. De4:, oder 7. Sb3 e6 8. 0-0 Le7 9. Le3 Dc7 10. f4 a6 11. a4! b6 12. Ld3 Sb4 13. Dd2 e5 14. f5 Lb7 15. a5! beide Male mit gutem Spiel für Weiß.

7. 0–0 **e7–e6**

Auch nach 7. . . . g6 8. Sc6: Lc6: 9. Sd5 Lg7 10. Lg5 Ld5: 11. ed 0-0 12. Te1 Tc8 13. Lb3 Tc7 14. Dd2 Dd7 15. Te2 (Zeitlin–Stein, UdSSR 1970) ist die weiße Stellung vorzuziehen.

8. Kg1–h1 **Lf8–e7**
9. f2–f4 **0–0**
10. f4–f5

So erhöht sich die Kraft des weißfeldrigen Läufers.

10. . . . **e6–e5**

Sonst käme nur der Springertausch in Frage. Der Deckungszug 10. . . . Dc8 ist wegen 11. fe fe 12. Sf5! ungünstig.

11. Sd4–e2 **Ta8–c8**
12. Se2–g3 **Sc6–d4**

Besser als 12. . . . Sb4 13. Lb3 b5 14. Lg5 Lc6 15. Lf6: Lf6: 16. Sh5 wie in einer Partie Gufeld–Stein, Gori 1971, geschah.

13. Lc4–d3 **Ld7–c6**
14. Sg3–h5

Es gelingt Schwarz nicht, d6-d5 unter günstigen Umständen durchzusetzen.

3. Der klassische Zug

6. Lf1–e2

Dem Schwarzen steht es nun frei, die **Scheveninger Variante** (a) oder die **Drachenvariante** (b) zu wählen. Wichtig ist außerdem die Boleslavski-Variante 6. . . . e5, die ein befriedigendes Spiel verspricht, denn die Schwächung des Punktes d5 kann Weiß kaum ausnützen. Hier ein Muster: 7. Sb3 (spielbar ist auch 7. Sf3, zum Beispiel 7. . . . h6 8. 0-0 Le6 9. b3 Le7 10. Lb2 0-0 11. Dd2 a6 12. h3 Da5 13. Tad1 Tac8 14. a3 Tfd8 15. Tfe1 Lf8 16. Lf1 b5 mit gleichen Aussichten) 7. . . . Le7 8. 0-0 0-0 9. Le3 Le6 10. f4 (oder 10. Lf3 Sa5 11. Sa5: Da5: 12. Dd2 Tfc8! 13. Tfd1 Db4 14. Tab1 h6!

15. a3 Dc4 16. Tbc1 a6 17. Le2 Dc7, ohne Nachteil für Schwarz) 10. ... d5 11. f5 d4 12. fe fe 13. Lc4 dc 14. Le6:+ Kh8 15. bc Dd1: 16. Tad1: Se4: und das Spiel befindet sich im Gleichgewicht.

a) Scheveninger Variante

6. Lf1–e2

6. ...	**e7–e6**
7. 0–0	**Lf8–e7**
8. Lc1–e3	**0–0**
9. f2–f4	**Lc8–d7**

Neuerdings ist auch 9. ... e5 erprobt worden mit der Folge 10. Sb3 a5 (droht bis nach a3 vorzustoßen) 11. a4 Sb4 12. Lf3 Le6 13. Kh1 Dc7 14. Tf2 Tfd8 15. Td2 Lc4 16. Dg1! (oder 16. Sb5 Lb5: 17. ab a4 18. Sc1 d5! 19. fe Se4: 20. c3 Sd2: 21. Ld2: De5: mit unklaren Folgen, Karpov–Spasski, Leningrad 1974) 16. ... Sd7 (nicht 16. ... Sc2: 17. Tc2: Lb3: 18. Lb6 Dd7 19. Td2 ef 20. e5 zum Vorteil von Weiß, Boleslavski) 17. f5 zugunsten von Weiß (17. ... Sc2: 18. Tc2: Lb3: 19. T2c1 Db8 20. Ld1! Ld1: 21. Sd5 Le2 22. Se7:+ Kf8 23. Sd5 mit weißem Übergewicht). Schwarz kann auch 9. ... Dc7 (ein Zug, der früher oder später zu geschehen pflegt, um Druck in der c-Linie auszuüben und den Punkt e5 zu beherrschen) spielen. Nach 10. Kh1 Ld7 11. De1 Sd4: 12. Ld4: Lc6 13. Dg3 Tad8 14. Tae1 b6 15. Ld3 e5 16. fe Sh5 17. Dh3! de 18. Le5: De5: 19. Tf5 Sf4! 20. Te5: Sh3: 21. Te7: Sf2+ 22. Kg1 Sd3: 23. cd Td3: 24. Ta7: Td2 25. b3 f5 26. Sd5 Kh8 27. Tf1 ist eine spannende Endspiellage entstanden, die wohl für Weiß etwas mehr verspricht (27. ... Ld5: 28. Td7 Ta2: 29. Td5:), aber doch sehr zum Remis tendiert.

10. Sd4–b3

Auf 10. De1 setzt Schwarz 10. ... Sd4: 11. Ld4: Lc6 fort (12. Dg3 g6 13. Ld3 Sh5 14. Df2 Sf4: 15. Df4: e5).

10. ...	**a7–a5**

Oder 10. ... a6 11. a4 Sb4 12. Lf3 Tc8 13. Tf2 e5 14. Td2, gefolgt von baldigem De2 und Tad1.

11. a2–a4	**Sc6–b4**
12. Le2–f3	**Ld7–c6**
13. Sb3–d4	**g7–g6**
14. Tf1–f2	**e6–e5**
15. Sd4×c6	**b7×c6**
16. f4×e5	**d6×e5**
17. Dd1–f1!	

Weiß steht etwas besser (Karpov–Spasski, Leningrad 1974, 9. Matchpartie).

b) Drachenvariante (siehe auch unter 2. ... d6)

6. ...	**g7–g6**

Die **Drachenvariante** wird oft in der Zugfolge 1. e4 c5 2. Sf3 d6 3. d4 cd 4. Sd4: Sf6 5. Sc3 g6 angestrebt. Hierbei verfügt Weiß über den scharfen Aufbau 6. f3, gefolgt von Le3, Dd2 und langer Rochade (siehe unter 2. ... d6). Auch 6. f4 ist möglich.

7. Lc1–e3	**Lf8–g7**
8. 0–0	

Weiß kann auch die lange Rochade anstreben, zum Beispiel 8. Dd2 0-0 9. 0-0-0 Sd4: 10. Ld4: Le6 11. Kb1 Tc8 12. h4 Lc4 13. Lf3 Te8 14. h5 Da5 15. a3 Da6 16. hg hg 17. Sd5 e5 18. Sf6:+ Lf6: 19. Lc3 Le6 20. Le2. Schwarz hat Ausgleich erreicht. Probiert wurde ferner 8. Sb3 (beugt Zügen wie d6-d5 und Sc6-a5 vor) 8. ... 0-0 9. f4 a5 10. a4 Le6 11. Lf3 Sb4 12. 0-0 Sd7 13. Sd4 Lc4 14. Tf2 e5! mit gleichen Chancen

8 ...	**0–0**

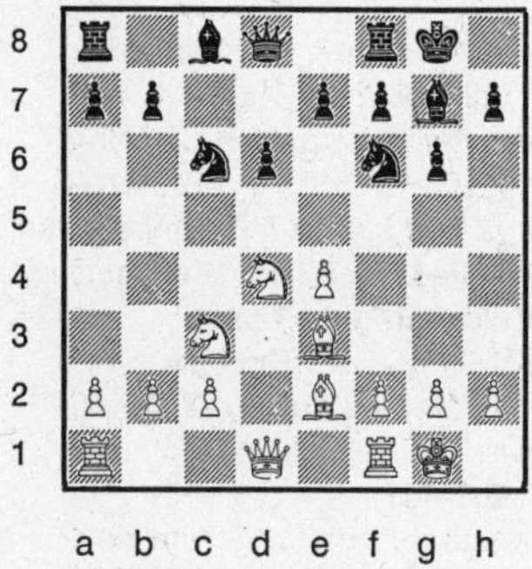

9. Dd1–d2

Unklar ist 9. f4 Db6 10. e5 (besser wohl 10. Dd3 Sg4 11. Sd5 Ld4: 12. Lg4: Le3:+ 13. De3: De3: 14. Se3: Lg4: 15. Sg4:) 10. ... de 11. fe Se5: 12. Sf5 Db2: 13. Se7:+ Kh8 14. Ld4 Db4 15. Le5: De7: 16. Dd4 Sh5 17. Lg7:+ Sg7: 18. Ld3 Le6. Weiß hat kaum einen Gegenwert für den geopferten Bauern. Gut ist auch 9. Sb3.

9. ...	**Sf6–g4**

Auf den thematischen Befreiungszug 9. ... d5 behält Weiß einen geringen Vorteil: 10. ed Sd5: 11. Sc6: bc 12. Tad1 Dc7 (zu prüfen ist 12. ... Lc3:) 13. Ld4 e5 14. Lc5 Td8 15. Se4 Le6 (15. ... f5 16. Sd6) 16. Dg5 (nach Gufeld).

10. Le2×g4	**Lc8×g4**
11. f2–f4	

Droht mit 12. f5 den Läufer abzuschneiden. Ein anderer Versuch ist 11. Sd5 Ld7 12. c4, dem Schwarz mit 12. ... Se5 13. b3 e6 14. Sc3 Da5 15. h3 a6 16. a4 f5 17. f4 Sf7 18. ef gf (Boleslavski) begegnet.

11. ...	**Sc6×d4**
12. Le3×d4	**e7–e5**
13. Ld4–e3	**e5×f4**
14. Tf1×f4	**Lg4–e6**
15. Tf4–f2	**Lg7–e5**
16. Le3–d4	**Ta8–c8**
17. Ta1–d1	**Dd8–a5**
18. a2–a3	**Tc8–c4**

Das Spiel ist ausgeglichen (Unzicker–Geller, Hamburg 1960).

4. Das Fianchetto

6. g2–g3	**g7–g6**

Ein zuverlässiges Verfahren. In Frage kommt auch 6. ... Lg4 7. f3 Ld7 (7. ... Sd4: 8. Dd4: Lf3:? 9. Lb5+ Sd7 10. 0-0 mit starkem Angriff, Matanović) 8. Lg2 a6 9. Sb3 e6 10. Le3 b5 11. f4 Tc8 12. 0-0 Le7 13. Kh1 Dc7 mit ausgeglichenen Chancen, Pfeiffer–Ivkov, 1960. Hingegen ist 6. ... e5 7. S4e2 Le7 8. Lg2 0-0 9. 0-0 a6 10. h3 b5

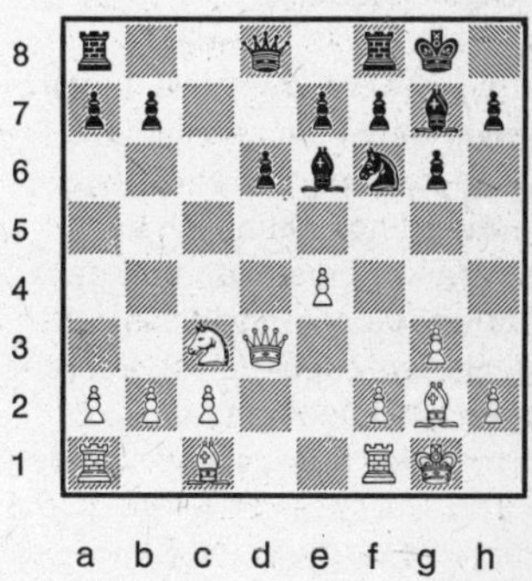

11. Le3 b4 12. Sd5 Sd5: 13. ed Sa5 14. b3 für Weiß angenehmer (Boleslavski). Er läßt bald a2-a3 folgen.,

7. Lf1–g2 Sc6×d4
8. Dd1×d4 Lf8–g7
9. 0–0 0–0
10. Dd4–d3 Lc8–e6

(Siehe Diagramm S. 87)

11. Lc1–d2

Auf 11. b3 ist wegen der Fernwirkung des Lg7 der Vorstoß 11. ... d5! möglich. In einer Partie Teschner–Tal, Wien 1957, versuchte Weiß 11. Sd5 Tc8 12. c3 Te8 und hätte jetzt mit 13. Lg5! fortfahren sollen, denn nach 13. Le3 Da5 14. h3 Da4! 15. Tfe1 b5! nahm Schwarz die Führung in die Hand.

11. ... Dd8–c7
12. b2–b3 a7–a6
13. Ta1–c1 Tf8–d8
14. Sc3–d5 Sf6×d5
15. e4×d5 Le6–f5
16. Lg2–e4 Lf5×e4
17. Dd3×e4 Lg7–b2
18. Tc1–e1 Lb2–f6

und Schwarz hat nichts zu fürchten (Keres–Gligorić, Kandidatenturnier Zürich 1953).

a) Drachenvariante

2. ... d7–d6

Wenn Schwarz ungestört zur **Drachenvariante** kommen möchte, muß er den Zug Sc6 zurückstellen. Allerdings kann sich auch Weiß darauf einstellen und den scharfen Rauserangriff anstreben, der mit den Zügen f2–f3, Le3, der langen Rochade und dem Vorstürmen des h-Bauern verbunden ist.

3. d2–d4

Das Gambit 3. b4 kann Schwarz mit 3. ... Sf6 4. bc Se4: 5. cd e6! beantworten; aber auch das Nehmen auf b4 ist gut, wie Gligorić nachgewiesen hat (Schwarz strebt baldiges e7-e6 und d6-d5 an). Spielbar sind 3. c3 Sf6 4. Lb5+ Ld7 5. De2 und 3. Lb5+ (3 ... Ld7 4. Ld7:+ Dd7: 5. c4 e5 6. d3 g6).

3. ... c5×d4
4. Sf3×d4

Nicht viel verspricht 4. Dd4: Ld7 5. c4 Sc6 6. Dd2 g6 7. b3 Lg7 8. Lb2 Sf6 9. Sc3 0-0 10. Le2 Da5 11. Tb1 a6 12. a3 b5. Die Chancen dürften gleich sein.

4. ... Sg8–f6

Auf 4. ... Sc6 hat Weiß Zeit zu 5. c4 (5. ... e5 6. Sc2)

5. Sb1–c3

Versucht wurde 5. f3 (um den c-Bauern nicht zu verstellen). Nach einer Partie Lombardy–Fischer, New York 1961, steht Schwarz nicht übel, wenn er 5. ... e6 6. c4 Sc6 7. Sc3 Le7 8. Le3 0-0 9. Sc2 d5 zieht und einen Bauern opfert (10. cd ed 11. Sd5: Sd5: 12. Dd5: Dc7 13. Db5? Ld7). Gut ist auch 5. ... e5! 6. Lb5+ Sbd7 7. Sf5 d5! 8. ed a6 9. Ld7:+ Dd7: 10. Se3 Lc5 11. c4 b5 (Cardoso–Fischer, New York 1957).

5. ... g7–g6

1. Der Rauser-Angriff

6. Lc1–e3 Lf8–g7

Der schwere Fehler 6. ... Sg4? 7. Lb5+! (mit Gewinn) ist sogar in der Meisterpraxis vorgekommen.

7. f2–f3 0–0

Schiebt Schwarz die Rochade noch auf, kann sich die für Weiß recht günstige Variante 7. ...

Sc6 8. Lc4 Ld7 9. Dd2 Tc8 10. Lb3 Se5 11. 0-0-0 Sc4 12. Lc4: Tc4: 13. Sb3 0-0 (13. ... b5? 14. e5! de 15. Sc5 Dc8 16. Sd7: Sd7: 17. Sb5: a6 18. b3, Tringov–Bilek, Lugano 1968) 14. Lh6 (Boleslavski) ergeben.

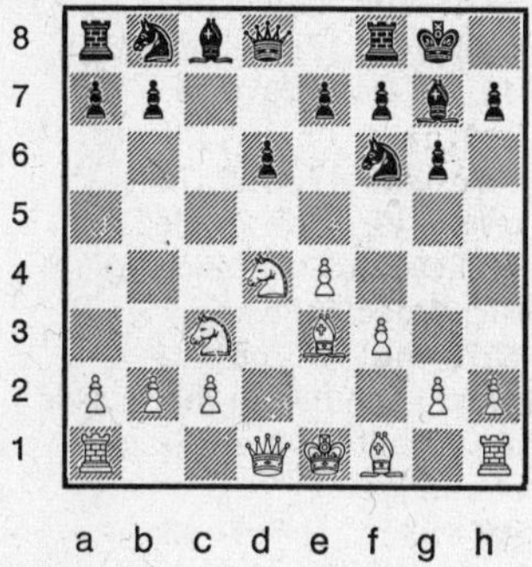

8. Dd1–d2 Sb8–c6
9. Lf1–c4

Auf 9. 0-0-0 erreicht Schwarz mit 9. ... d5 Ausgleich, zum Beispiel 10. Sc6: bc 11. ed Sd5: 12. Sd5: (oder 12. Ld4 e5 13. Lc5 Le6 [Awerbach] 14. Lc4 [die Annahme des Qualitätsopfers gibt Schwarz ein dynamisches Spiel, besonders auf den schwarzen Feldern] 14. ... Sc3: 15. Dc3: Dg5+ 16. Le3 Dg2: 17. Le6: fe 18. Dc6: Tac8! 19. De4 Tf3: 20. Thf1 Tf2!, Geller). 12. ... cd 13. Dd5: Dc7 14. Dc5 Db7 15. Da3 Lf5 16. La6 Dc7 17. Dc5 Db6. Im 14. Zug hat Weiß die Wahl, ob er die Dame für zwei Türme geben will. Die Praxis hat gezeigt, daß 14. Da8: Lf5 15. Df8:+ Kf8: 16. Td2 h5 eher für Schwarz günstig ist.

9. ... Lc8–d7

Eine Art Ausgangsstellung einer vielanalysierten Spielweise ist entstanden, die auch unzählige Male praktisch erprobt worden ist. Erwähnenswert ist noch 9. ... a5 10. a4 Sb4 11. Sd5 S6d5: 12. ed nebst c2-c3, und Weiß hat mehr vom Spiel. Auch 9. ... Sd4: 10. Ld4: Le6 11. Lb3 Da5 12. 0-0-0 Tfc8 13. Kb1 Tc6 14. h4 Lb3: 15. cb b5 16. a3 Tac8 17. b4 (Gipslis) begünstigt den Weißen.

10. 0–0–0

Weniger klar erscheint 10. h4 Tc8 11. Lb3 Se5 12. h5 (ein typisches Baueropfer zur Öffnung der h-Linie, das auch in der Hauptvariante vorkommt) 12. ... Sh5: 13. g4 Tc4! 14. Lc4: Sc4: 15. De2 Se3: 16. De3: Sf6. Für die Qualität hat Schwarz einen Bauern und das Läuferpaar, von denen besonders der dunkelfarbige sehr wertvoll ist.

10. ... Dd8–a5

Von 10. ... Tc8 ist man abgekommen, seit man die Folgen von 11. Lb3 Se5 12. h4 Sc4 (oder 12. ... h5 13. Kb1 Sc4 14. Lc4: Tc4: 15. Sb3 Dc7 16. Ld4 Le6 17. g4 Tc8 18. gh Sh5: 19. Tdg1 Kh7 20. Lg7: Kg7: 21. Sd4, Tukmakov–Sosonko, IBM-Turnier 1974) 13. Lc4: Tc4: 14. h5 Sh5: 15. g4 Sf6 16. S4e2 Da5 (16. ... Te8 17. e5) 17. Lh6 Lh6: 18. Dh6: Tfc8 19. Td3 Dd8 (19. ... T4c5 20. g5! Tg5: 21. Td5! Td5: 22. Sd5:, Karpov–Kortschnoj, Moskau 1974. Auch 19. ... Le6 20. g5 Sh5 21. Sg3 De5 22. Sh5: gh 23. Dh5: Dg7 24. f4 d5 25. Thd1 b5 26. T1d2! Dg6 27. Dh6! [Geller] ist für Weiß günstig) 20. g5 Sh5

21. Sf4 Df8 22. Df8:+ Kf8: 23. Sh5: gh 24. Th5: Kg7 25. Td2! Le6 26. Tdh2 Th8 27. f4 als für Weiß vorteilhaft erkannt hat (Analyse Geller).

11. Lc4–b3!

Fast immer unvermeidlich. Geller stellt auch 11. Kb1 zur Debatte.

11. ... Tf8–c8

Auf 11. ... Tab8 kann Weiß mit 12. g4 oder 12. h4 fortfahren.

12. h2–h4

Eine gute Alternative ist 12. Kb1, zum Beispiel 12. ... Se5 13. Lg5! Sc4 14. Lc4: Tc4: 15. Sb3.

12. ... Sc6–e5

Beim Entgegenstemmen mit 12. ... h5 muß Schwarz mit baldigem g2-g4 rechnen, etwa nach 13. Kb1 Se5 14. De2 a6 15. Tdg1.

13. h4–h5

Die Öffnung der h-Linie mittels Baueropfer kehrt in dieser Variante immer wieder.
Nach letzten Erkenntnissen ist vielleicht 13. Kb1 aussichtsreicher. Die Partie könnte sich mit 13. ... Sc4 14. Lc4: Tc4: 15. Sb3 Dd8 16. Lh6 Lh8 17. h5 Tac8 (17. ... Sh5: 18 Th5:!) 18. hg fg 19. e5 Se8 20. ed e6 21. Lg5 Sf6 22. g4 Df8 23. Dh2 weiterentwikkeln.

13. ... Sf6×h5

14. Le3–h6 Lg7×h6

Weniger ratsam ist 14. ... Sd3+ wegen Dueballs Zug 15. Kb1! mit der Idee 15. ... Ld4: 16. Sd5!, oder 15. ... Lh6: 16. Dh6: Tc3: 17. bc Sf2 18. Th5: gh 19. Tf1 Dc3: 20. Dg5+ Kh8 21. Se2. Falls 15. ... Sb2:, so 16. Kb2: Lh6: 17. Dh6: Tc3: 18. g4 Sf6 19. e5 de 20. Se2 Tb3:+ 21. ab Le6 22. Sc3, Mecking–Joksić, Vrsac 1971.

15. Dd2×h6 Tc8×c3

Schwarz kann häufig nur mittels dieses Qualitätsopfers Gegenspiel erlangen.

16. b2×c3 Ta8–c8

Auf 16. .. Dc3: hat Weiß den guten Zug 17. Se2.

17. Sd4–e2 Sh5–f6

18. Td1–d5 Da5–b6

19. Kc1–b1 a7–a5

20. Se2–f4

und die Lage ist unklar. Schwarz dürfte genügend Gegenwerte für die geopferte Qualität haben.

2. Der Löwenfisch-Angriff

Weiß kann den Versuch machen, die sofortige Flankierung des schwarzen Läufers als fragwürdig erscheinen zu lassen.

6. f2–f4

Ein von dem russischen Großmeister Löwenfisch herrührender Zug. Antwortet Schwarz mit dem natürlichen 6. ... Lg7, gerät er nach 7. e5! in Schwierigkeiten. Zahllose Spieler sind bereits auf die Falle 7. ... de 8. fe Sg4? (hartnäckiger ist 8. ... Sfd7 9. e6 Se5) 9. Lb5+ Kf8? (unbedingt nötig ist 9. ... Sc6 10. Sc6: Dd1:+ 11. Kd1: Sf2+ 12. Ke2 Sh1: 13. Sd4+ Ld7 14. Lf4 mit Vorteil für Weiß) 10. Se6+ und Weiß gewinnt, hereingefallen. Auf 7. ... Sh5 geschieht am besten 8. Lb5+ (8. g4? Sf4:!) 8. ... Ld7 9 e6 fe 10. Se6:.

6. ... Sb8–d7

Wohl am einfachsten. Spielbar ist auch 6. ... Sc6, wonach Weiß mit 7. Sc6: bc 8. e5 seiner eigentlichen Absicht treu bleiben und eine scharfe Gangart einschlagen kann. Schwarz verteidigt sich am besten mit 8. ... Sd7 9. ed ed, zum Beispiel 10. Le3 Le7 (10. ... De7 11. Dd4!) 11. Df3 d5 12. 0-0-0 Lf6 13. Ld4 0-0 14. h4 Tb8 mit gleichen Chancen.

7. Sd4–f3 Dd8–c7

Schwarz stemmt sich folgerichtig dem Vorstoß des weißen e-Bauern entgegen.

8. Lf1–d3 Lf8–g7
9. 0–0 0–0
10. Dd1–e1

Der kürzeste Weg der Dame zum Königsflügel, wo sie Druck ausüben soll.

10. ... a7–a6

Diese Stellung kann auch aus der **Najdorf-Variante** (1. e4 c5 2. Sf3 d6 3. d4 cd 4. Sd4: Sf6 5. Sc3 a6) hervorgehen, wenn Weiß 6. f4 fortsetzt. Die Chancen sind ungefähr gleich. Eine Partie Enklaar–Quinteros, Lanzarote 1974, ging mit 11. Kh1 e6 (gewagter 11. ... e5 12. Dh4 b5 13. fe de 14. Lh6) 12. Dh4 Sc5 13. Le3 b5 14. Ld4 Dd8 15. Tad1 Sh5 16. Dd8: Td8: weiter.

b) Paulsen-Variante

2. ... e7–e6

So pflegte schon Louis Paulsen (1833–1891) zu spielen, der in eröffnungstechnischer Hinsicht seiner Zeit weit voraus war.

3. d2–d4 c5×d4
4. Sf3×d4

1.

4. ... a7–a6

Der für die **Paulsen-Variante** bezeichnende Zug. Heute spielt man oft 4. ... Sc6, die **Taimanov-Variante** (siehe 2). Mit 4. ... Sf6 kann die Partie in die Scheveninger Variante einmünden (5. Sc3 d6 6. Le2). Allerdings steht dem Weißen auch der unternehmungslustige Keres-Zug 6. g4 zu Gebot. Schwarz kann nach 4. ... Sf6 5. Sc3 auch 5. ... Lb4 probieren, obschon Weiß etwas vorteilhafter herauskommen dürfte. Ein Beispiel: 6. e5 Sd5 (6. ... Se4 7. Dg4 Da5 8. De4:) 7. Dg4 Kf8 (interessant ist 7. ... g5 8. a3 Lc3:+ 9. bc Dc7 10. Dg3 Sf4!?, Enzyklopädie der Schacheröffnungen) 8. a3 La5 9. Ld2 Sc3: 10. bc Dc7 11. Dg3 Sc6 12. f4 Sd4: 13. cd Ld2:+ 14. Kd2: (Boleslavski).

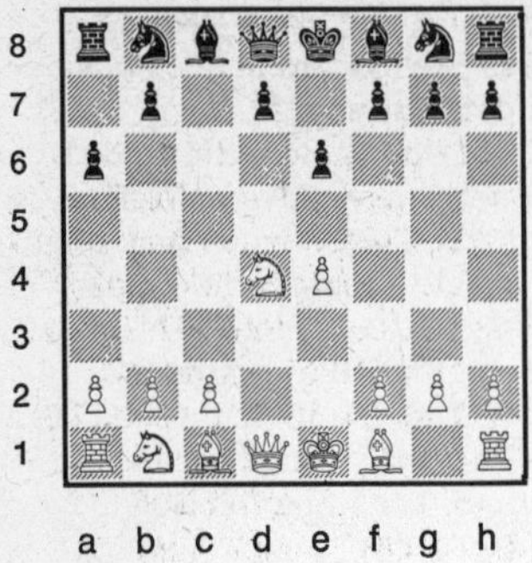

5. Lf1–d3

Weiß hat hier eine große Auswahl an guten Möglichkeiten. Er verfügt über

a) 5. c4 (5. . . . Sf6 6. Sc3 Dc7 7. a3 Sc6 8. Le3 Sd4: 9. Ld4: Ld6 10. Ld3 b6 11. De2 Le5 12. Le5: De5: 13. 0–0, Kavalek–D. Byrne, Amerika 1973),
b) 5. Sc3 (5. . . . Dc7 6. f4 b5 7. a3 Lb7 8. Ld3 Sc6 9. Sb3 d6 10. 0-0 Sf6 11. De2 Le 7 12. Le3),
c) 5. Sd2 (5. . . . Sf6 6. e5 Sd5 7. Lc4 d6 8. ed Sf6 9. 0-0 Ld6:),
d) 5. g3 (5. . . . d5!), und
e) 5. Le2 (5. . . . Sf6 6. Sc3 Lb4 7. Dd3 d5).

5. . . . Lf8–c5

Eine Zeitlang war 5. . . . Sc6 Mode. Es stellte sich aber heraus, daß Weiß nach dem einfachen Tausch auf c6 wegen seiner guten Entwicklung besser daran ist. Man sehe: 6. Sc6: bc 7. 0-0 d5 8. c4 Sf6 9. Sc3 Le7 10. cd cd 11. ed ed 12. Da4+ Dd7 13. Te1!, oder 6. . . . dc 7. 0-0 e5 8. Sd2 Dc7 9. a4 Sf6 10. Df3 Lc5 11. Sc4 0-0 12. Se3 Te8 13. Lc4 Le6, Keres–Tal, Portoroz 1959.

6. Sd4–b3 Lc5–a7

Der Läufer stört den Weißen, so daß er am besten mit Hilfe von Dame und Läufer neutralisiert wird.

7. Dd1–e2 Sb8–c6
8. Sb1–c3 d7–d6
9. Lc1–e3 La7×e3
10. De2×e3 Sg8–f6
11. 0–0–0 Dd8–c7

Riskant dürfte die kurze Rochade sein, denn Weiß könnte ungehindert einen Bauernsturm entfalten, zum Beispiel 11. . . . 0-0 12. f4 e5 13. f5 b5 14. Le2, Dr. Christoph–Hollis,Hastings 1965/66, oder 12. . . . Dc7 13. Thg1 Sb4 14. g4 e5 15. Le2 d5 16. ed ef 17. Dc5!, Spasski–Gerusel, Dortmund 1973.

12. f2–f4 Ta8–b8
13. Th1–g1 b7–b5
14. g2–g4 b5–b4
15. Sc3–e2 a6–a5

Obwohl Weiß etwas besser steht, darf Schwarz auf Gegenspiel hoffen.

2.

4. . . . Sb8–c6

Die **Taimanov-Variante.** Schwarz übt Druck gegen das Zentrum aus, behält sich jedoch den Modus der Entwicklung des Königsflügels noch vor. Diese Spielweise erfreut sich in der gegenwärtigen Turnierpraxis besonderer Beliebtheit.

5. Sb1–c3

Eine Zeitlang hat man gern 5. Sb5 d6 6. Lf4 (oder 6. c4 Sf6 7. S1c3 a6 8. Sa3 Le7 9. Le2 0-0 10. 0-0 b6 11. Le3 Lb7 12. Tc1 Tc8 mit ungefähr gleichen Aussichten) gespielt, um den schwachen Punkt d6 zu markieren. Nach 6. . . . e5 7. Le3 a6 8. S5a3 Sf6 9. Sc3 b5 10. Sd5 Tb8 hat

Weiß nicht viel erreicht. In der berühmten Partie Fischer–Petrosjan, Match 1971 (1) in Buenos Aires, kam Schwarz nach 7. ... Sf6 8. Lg5 Le6 9. S1c3 a6 10. Lf6: gf 11. Sa3 d5! 12. ed La3: 13. ba Da5 14. Dd2 0-0-0 15. Lc4 Thg8 sogar in die günstigere Lage.

5. ... Dd8–c7

Manche schalten hier den fast immer unumgänglichen Zug 5. ... a6 vor, zum Beispiel 6. Le3 Sf6 7. Ld3 d5 8. ed ed 9. 0-0 Ld6 10. Sc6: bc 11. Ld4 0-0, Fischer–Spasski, Reykjavik 1972.

6. Lf1–e2

Eine wichtige Alternative ist 6. g3, wonach sich das Spiel meist mit 6. ... a6 7. Lg2 Sf6 8. 0-0 Le7 (oder 8. ... Sd4: 9. Dd4: Lc5 10. Lf4! d6 11. Dd2 mit einem gewissen Vorteil für Weiß) 9. Te1 Sd4: 10. Dd4: Lc5 weiterentwickelt. Ein Beispiel aus der Praxis: 11. Dd1 d6 12. Le3 e5 13. Dd2 Le6 14. Lc5: Dc5: 15. Tad1 Ke7 16. Te3 Tac8 17. Sa4 Dc7 18. Tc3 Db8 19. Sb6 Tc6 20. Tc6: bc 21. Da5, Zuidema–Langeweg, Wijk aan Zee 1973.

9. ... a7–a6

7. Lc1–e3

Auf 7. f4 genügte in einer Partie Hecht–Matulović, Hamburg 1965, 7. ... Sd4: 8. Dd4: Se7 9. Le3 b5 10. 0-0 Sc6 11. Dd2 Lb7 12. Tad1 Le7 13. a4 b4 14. Sd5 ed 15. ed Dd6 16. dc Dd2: 17. Td2: Lc6: zum Ausgleich.

7. ... b7–b5

8. Sd4×c6 Dc7×c6

Der Sinn des Zuges 5. ... Dc7 zeigt sich darin, daß die Dame auf c6 zurücknehmen kann, nachdem der b-Bauer nach b5 vorgegangen ist.

9. 0–0

Auf 9. f4 scheint 9. ... La3!? angängig zu sein (wahrscheinlich muß Weiß 10. Lc1 erwidern).

9. ... Lc8–b7
10. Le2–f3 Ta8–d8
11. e4–e5 Dc6–c7
12. Lf3×b7 Dc7×b7
13. Le3–g5 Lf8–e7
14. Lg5×e7 Sg8×e7
15. Dd1–d3 Db7–b8

mit gleichen Aussichten, wie eine Partie Petrosjan–Taimanov, UdSSR-Meisterschaft 1969, zeigte.

Der geschlossene Aufbau

1. e2–e4 c7–c5

2. Sb1–c3

Besonders die einstigen Weltmeister Smyslov und Spasski haben sich gern dieses geschlossenen Aufbaus bedient.

Eine ähnliche Möglichkeit besteht übrigens in 2. Sf3 e6 3. d3 mit der Idee, eine günstige Variante der **königsindischen Verteidigung** mit vertauschten Farben und einem Tempo mehr zu erreichen. Der frühere Weltmeister Robert Fischer hat gern so gespielt. Als Beispiel: 3. ... Sc6 4. g3 Sf6 5. Lg2 Le7 6. 0-0 0-0 7. S1d2 d5 8. Te1 b5 9. e5 Sd7 10. Sf1 b4 11. h4 a5 12. a3! (Fischer).

2. ... Sb8–c6

Schwarz stemmt sich nun dem Zug d2-d4 entgegen. Gleiches Spiel ist auch durch einen Aufbau ähnlich der französischen Partie zu erreichen: 2. ... e6 3. g3 d5 4. ed ed 5. Lg2 Sf6 6. S1e2 d4 7. Se4 Se4: 8. Le4: Sd7 9. d3 Sf6 10. Lg2 Ld6 11. 0-0 0-0 12. Lf4 Lg4 13. Ld6: Dd6: 14. h3 Ld7 15. Sf4 Tfe8 wie in einer Matchpartie Spasski–Kortschnoj, 1968.

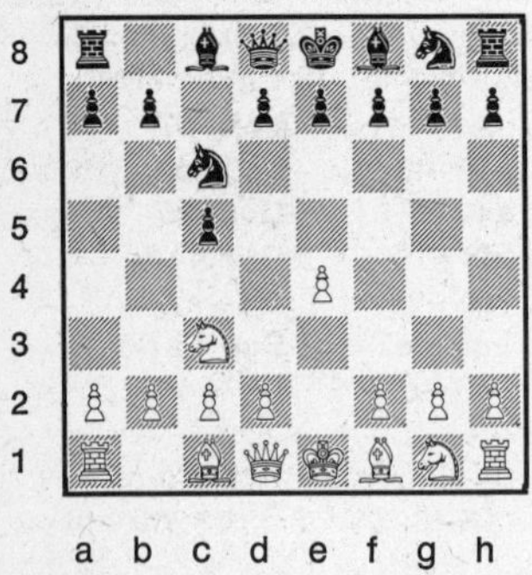

3. g2–g3 g7–g6

Das **Gegenfianchetto** ist eine bewährte Methode. Weniger üblich ist der sofortige Gegenstoß 3. ... e6 4. Lg2 Sf6 5. f4 d5 6. e5 d4 (oder 6. ... Sg8 7. Sf3 Sh6 8. 0-0 Sf5 9. g4 Sfd4 10. Sd4: Sd4: 11. Se2, Aronin–Bronstein, UdSSR 1966, ein wenig zu Gunsten von Weiß) 7. ef dc 8. bc Df6: 9. Sf3 Dd8 10. 0-0 Le7 11. Se5 Se5: 12. fe Dc7 13. Dh5 0-0 14. d3 und Weiß, der den Zug Le4 in petto hat, stand in einer Partie Szabó–Lengyel, Budapest 1970, recht gut.

4. Lf1–g2 Lf8–g7
5. d2–d3 e7–e6

Eine brauchbare Alternative besteht in 5. ... d6 6. Le3 e5, zum Beispiel 7. Dd2 S8e7 8. h4 (Hort) 8. ... h5 9. Sh3 Sd4 10. f4 Lh3: 11. Th3: Dd7 12. Th1 Tb8 13. Df2 b5 14. Tf1 wie in einer Partie Ćirić–Kozomara, Sarajewo 1968.

6. Lc1–e3 Sc6–d4
7. Sc3–e2 b7–b6

Der Bauerngewinn 7. ... Se2: 8. Se2: Lb2: 9. Tb1 Da5+ 10. Ld2 Da2: wäre ein Fehler wegen 11. Tb2:!.

8. c2–c3 Sd4×e2
9. Sg1×e2 Lc8–b7
10. Dd1–d2 f7–f5
11. 0–0 Sg8–e7
12. Tf1–e1 0–0
13. Le3–g5 Dd8–e8
14. Se2–f4 Se7–c6

Soweit eine Partie Medina–Mekking, Palma 1969. Schwarz hat ausgeglichen.

PIRC-VERTEIDIGUNG

Diese in der Sowjetunion als **Ufimzev-Verteidigung** bezeichnete Spielweise (1. e2-e4 d7-d6) hat den Vorteil, daß der Nachziehende sie gegen jeden weißen Eröffnungszug anwenden kann. Sie hat sich einen festen Platz im Eröffnungsrepertoire großer Spieler erworben. Ihre Spielbarkeit haben große Meister wie Michail Botwinnik und Viktor Kortschnoj bewiesen. Versuche, diesen zurückhaltenden Aufbau mit aggressiven Mitteln zu widerlegen, haben keinen Erfolg gehabt.

1. e2–e4 d7–d6
2. d2–d4 Sg8–f6

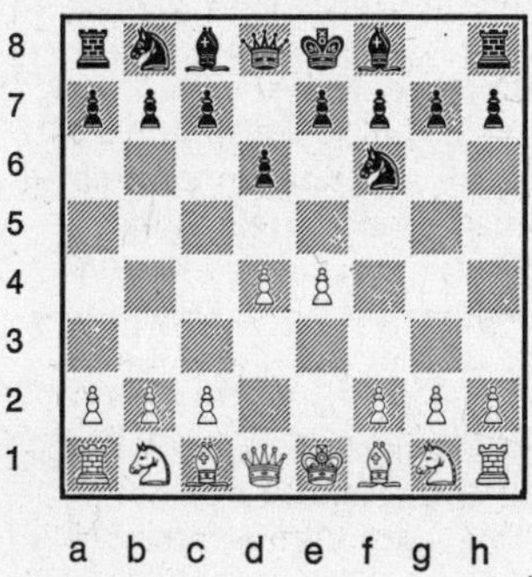

Die Grundstellung. Der Engländer Keene betrachtet sie als Variante der **Modernen Verteidigung** 1. e4 g6 2. d4 Lg7, denn auch bei Pirc (einem jugoslawischen Großmeister, der diese Spielweise in die Praxis eingeführt hat) kommt es regelmäßig zum Fianchetto des Königsläufers.

3. Sb1–c3

Mit 3. f3 g6 4. c4 Lg7 5. Sc3 kann das Spiel in die **Königsindische** übergehen.

3 . . . g7–g6
4. Sg1–f3

Ein guter, einfacher Zug, der sich durchzusetzen beginnt. Noch vor wenigen Jahren genoß 4. f4 **(Österreichischer Angriff)** größere Beliebtheit. Nach einer Partie Gligorić–Keene, Berlin 1971, trat es etwas in den Hintergrund: 4. . . . Lg7 5. Sf3 0-0 6. Ld3 Sc6 7. e5 (ruhiger ist 7. 0-0 Lg4 und jetzt erst 8. e5 de 9. de Sd5 10. h3 Sc3: 11. bc Lf5 12. Lf5: Dd1: 13. Td1: gf 14. Sd4, Parma–G. Garcia, Camaguey 1974) 7. . . . de 8. fe Sh5! (das Feld g4 ist dem Damenläufer vorbehalten.) 9. Le4 Lg4 10. Le3 f6, und Weiß mußte nun auf f6 tauschen. – Beachtlich ist 4. Lg5 Lg7 5. Dd2 (5. f4 h6 6. Lh4 c5 7. e5 Sh5 mit unklarem Spiel) 5. . . . h6 (verwickelt ist 5. . . . c6 6. f4 0-0 7. Sf3 b5 8. Ld3 Lg4 9. f5 b4 10. Se2 S8d7 11. 0-0 c5) 6. Lf4 g5 7. Lg3 Sh5 8. 0-0-0 c6 9. Lc4, Fischer–Mednis, Amerikanische Meisterschaft 1958.

4. . . . Lf8–g7
5. Lf1–e2 0–0
6. 0–0 Lc8–g4

In einer Partie Karpov–Pfleger, Fernsehturnier 1977, geschah 6. . . .Sc6 (um eine Klärung im Zentrum zu provozieren) 7. d5 Sb8 8. Te1 c6 9. Lf1 Sbd7 (vorzuziehen wohl 9. . . . Lg4 10. h3 Lf3: 11. Df3: S8d7 12. Le3 Da5) 10. Lg5 h6 11. Lf4 g5 (lockert die Königsstellung) 12. Lc1 Db6

13. h3 Sc5 14. Sd2 Dc7 15. Sb3 S5d7 16. f4! mit Vorteil für Weiß.

7. Lc1–e3 Sb8–c6
8. Dd1–d2 e7–e5

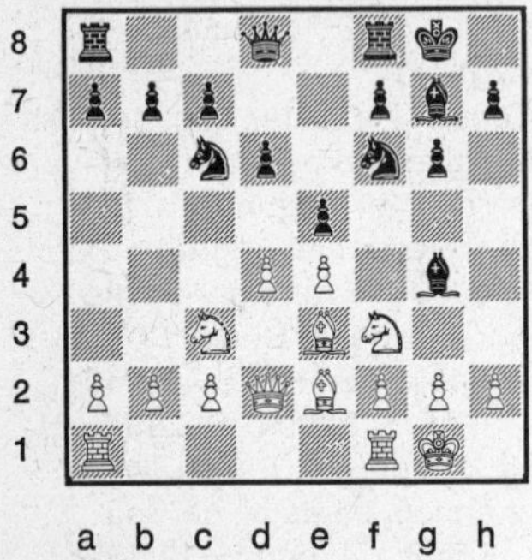

9. d4–d5 Sc6–e7
10. Ta1–d1

Schwarz möchte sich mit c7-c6 befreien. Weiß wirkt dem mit seinem Druck gegen den Punkt d6 entgegen.

10. . . . Lg4–d7

Weder 10. . . . Sd7 11. Sg5! (Spasski) noch 10. . . . Lf3: 11. Lf3: Sd7 12. Le2 f5 13. g3 Sf6 14. f3 Dd7 15. Lb5 (Spasski–Parma, San Juan 1969) vermögen zu befriedigen.

11. Sf3–e1

Auch auf 11. Lh6 spielt Schwarz Sg4.

11. . . . Sf6–g4

In der Partie Larsen–Donner, Fernsehturnier 1977, kam Schwarz nach dem zeitraubenden Manöver 11. . . . Sc8 12. Kh1 Sb6 13. Lg5 Sa4 14. Sa4: La4: 15. Db4 in Nachteil.

12. Le2×g4 Ld7×g4
13. f2–f3 Lg4–d7
14. Se1–d3

mit interessanten Möglichkeiten. In einer Partie Browne–Timman, Stockholm 1971/72, setzte Weiß 14. Lh6 Lh6: 15. Dh6: fort, wonach Schwarz mit 15. . . . c6 zum Gegenspiel kam. Ein bequemeres Spiel hat Weiß, wenn er im 9. Zug auf e5 tauscht.

Im Weltmeisterschaftskampf Karpov–Kortschnoj, Baguio 1978, probierte Karpov in der 18. Partie den Zug **8. Dd3** aus. Kortschnoj antwortete
8. . . . e5 9. d5 Sb4 10. Dd2 a5
und erreichte gleiches Spiel.
Als nicht vollwertig gilt der Zug (nach 1. e4 d6 2. d4 Sf6 3. Sc3 g6 4. Sf3 Lg7 5. Le2 0-0 6. 0-0) **6. . . . c5,** den Kortschnoj gleichwohl in der entscheidenden 32. Matchpartie gegen Karpov anwandte. Die »Enzyklopädie« führt die Partie Gufeld–Kutaraschwili, UdSSR 1971, an, in der Weiß nach 7. dc dc 8. Dd8: Td8: 9. Le3 b6 10. Tfd1 Ld7 (hier ist nach Verbesserungen zu suchen) 11. Se5 Se8 12. Sd7: Sd7: 13. f4 günstiger stand. Karpov spielte **7. d5** mit Übergang in die Ben-Oni-Eröffnung (7. . . . Sa6 8. Lf4 Sc7 9. a4 b6, Weiß stand besser).

Die Spielweise 1. e2-e4 g7-g6 kam schon im ersten Internationalen Schachturnier der modernen Geschichte, in London 1851 zwischen Anderssen und Staunton, vor (mit der Fortsetzung 2. f4 e6, die man heute als »antipositionell« bezeichnen würde, weil Schwarz die dunklen Felder schwächt). Schwarz wählt das Fianchetto des Königsläufers und behält sich den weiteren Entwicklungsmodus noch vor.

1. e2–e4	**g7–g6**
2. d2–d4	**Lf8–g7**

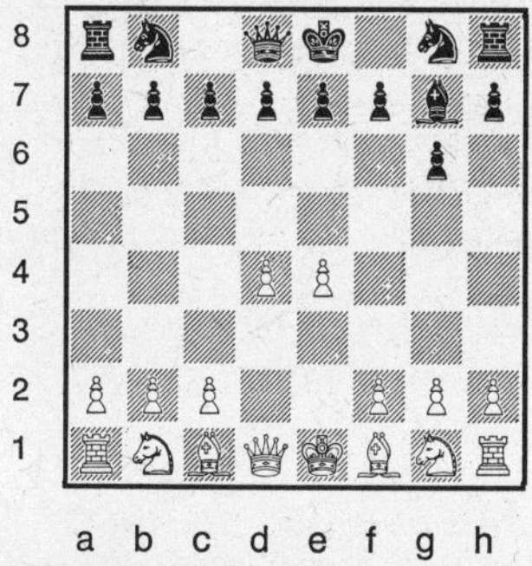

3. Sg1–f3

Im Gegensatz zur Pirc-Verteidigung braucht Weiß seinen Damenspringer noch nicht festzulegen. Trotzdem ist natürlich auch 3. Sc3 gut.
Dazu hier eine Variante: 3. ... c6 (eine Abart der **Caro-Kann-Verteidigung)** 4. f4 d5 5. e5 h5 6. Le3 Sh6 7. Sf3 Lg4 8. Le2 e6 9. Dd2 Sd7 10. g3 Sf5 11. Lf2 mit gutem Spiel für Weiß.

3. ...	**d7–d6**
4. Lf1–c4	**Sg8–f6**
5. Dd1–e2	

Nach 5. Sc3 wäre das Scheinopfer auf e4 möglich.

5. ...	**0–0**
6. 0–0	**c7–c6**
7. Lc4–b3	

Es drohte wieder 7. ... Se4:.

7. ...	**Lc8–g4**

Nach dem abwartenden 7. ... Dc7 steht Weiß ebenfalls etwas günstiger, zum Beispiel 8. e5 de 9. de Sd5 10. Te1 Sa6 11. c3 Sc5 12. Lc2 b6 13. a3 a5 14. c4 La6 15. S1d2 Sf4 16. De3, Tal–Gufeld, Moskau 1972. 7. ... d5 beantwortet Weiß mit 8. S1d2.

8. Sb1–d2	**a7–a5**
9. a2–a4	**d6–d5**
10. c2–c3	

Der Vorstoß 10. e5 ist dem Schwarzen nicht unangenehm, wie das Spiel Matanović–Botwinnik, Belgrad 1969, zeigt: 10. ... Sfd7 11. h3 Lf3: 12. Sf3: e6 13. c4 Sa6 14. Lg5 Db6 15. La2 Sb4.

10. ...	**Sb8–a6**
11. h2–h3	**Lg4×f3**

12. De2×f3. Weiß hat einen gewissen Vorteil.

ALJECHIN-VERTEIDIGUNG

Die Idee, nach 1. e2-e4 den e-Bauern mit dem Zug Sg8-f6 nach vorn zu locken und diesen Bauern dann zu Linienöffnungen zu benützen, stammt zwar nicht von dem früheren Weltmeister Alexander Aljechin (1892–1946), sondern aus ungarischen Schachkreisen; aber Aljechin hat sie in der internationalen Praxis als Erster probiert und dank seines Renommees zu ihrer Beliebtheit beigetragen.

1. e2–e4 Sg8–f6

2. e4–e5

Anders läßt sich jedenfalls nicht mehr erreichen. So kann Schwarz nach 2. Sc3 mit 2. ... e5 in die **Wiener Partie** einlenken. Auch 2. ... d5 ist möglich, entweder (nach 3. e5 Sfd7 4. d4 e6) mit Übergang in die **Französische Verteidigung** oder mit der selbständigen Fortsetzung 3. ed Sd5: 4. Lc4 e6! 5. Sf3 Le7 6. 0-0 0-0 7. d4 b6 mit gleichen Aussichten. Der ruhige Zug 2. d3 ist ohne Nachteil spielbar, zum Beispiel 2. ... e5 3. f4 Sc6 4. Sf3 d5 5. ed Sd5: 6. fe Lg4 7. Le2 Lf3: 8. Lf3: Dh4+ 9. g3 Dd4 10. De2 0-0-0 11. c3 De5: mit Ausgleich (Dr. Euwe), oder 2. ... d5 3. Sd2 e5 4. S1f3 Sc6 5. Le2 Lc5 (Gusev–Wasjukov, UdSSR 1969), eine Art **Altindisch** im Anzug.

2. ... Sf6–d5

Sogar 2. ... Sg8 ist anwendbar, zum Beispiel 3. d4 d6 4. Sf3 g6 5. Sc3 Lg7 6. Lc4 c6 7. h3 d5 8. Lb3 b6 9. 0-0 e6 10. Te1 La6 11. Se2 Se7, Boleslavski–Petrosjan, UdSSR 1966.

3. d2–d4

Die **normale** Entwicklung ist meist das einfachste und beste. Der Vierbauernangriff 3. c4 Sb6 4. d4 (zu unklarem Spiel führt 4. c5 Sd5 5. Lc4 e6 6. Sc3 Lc5: 7. Ld5: ed 8. d4 Lb4 9. Dg4 Kf8 10. Sf3 d6 11. Dg3 Sc6 12. 0-0 Le6) 4. ... d6 5. f4 de 6. fe Lf5 (interessant, aber nicht ganz stichhaltig ist 6. ... c5 7. d5 e6 8. Sc3 ed 9. cd c4 10. Sf3 Lg4 11. Dd4 Lf3: 12. gf Lb4 13. Lc4: 0-0 14. Tg1 g6 15. Lg5 Dc7 16. Lb3 Lc5 17. Df4 Te8 [17. ... Lg1: 18. d6 Dc8 19. 0-0-0! Lc5 20. e6 fe 21. De5 Sd5 22. d7!, Bronstein] 18. Lf6 S8d7 19. Se4! Te5! 20. Le5: Se5: 21. Ke2! mit Vorteil für Weiß.) 7. Sc3 e6 8. Sf3 führt zu gleichem Spiel, wie Smyslov gezeigt hat: 8. ... Le7 9. Le2 0-0 10. 0-0 f6 11. Le3 fe 12. Se5: S8d7 13. Sf3 c6 14. Dd2 De8 15. Tae1 Td8 16. Dc1 Sf6.

3. ... d7–d6

4. Sg1–f3 Lc8–g4

Riskant ist Larsens Manöver 4. ... de 5. Se5: Sd7 wegen der Opferwendung 6. Sf7: Kf7: 7. Dh5+ Ke6 8. c4! S5f6 9. d5+ Kd6 10. Df7! Sb6 11. Sc3 De8 12. Lf4+ Kd7 13. De6+ Kd8 14. De5 Dd7 15. 0-0-0. L. Schmids Vorbeugungszug 4. ... Sb6 führte in einer Partie Dueball–Øgaard, Ribe 1973, zu gutem Spiel für Weiß: 5. a4 a5 5. Lb5+ c6 6. Le2 Lg4 8. S1d2 S8d7 9. Sg5 e6 10. Lg4: Dg5: 11. Se4 Dg6 12. Sd6:+ Ld6: 13. ed Sc4 14. 0-0 Sd6: 15. Te1 0-0 16. Ta3!.

Weiß hat Läuferpaar und Raumvorteil.

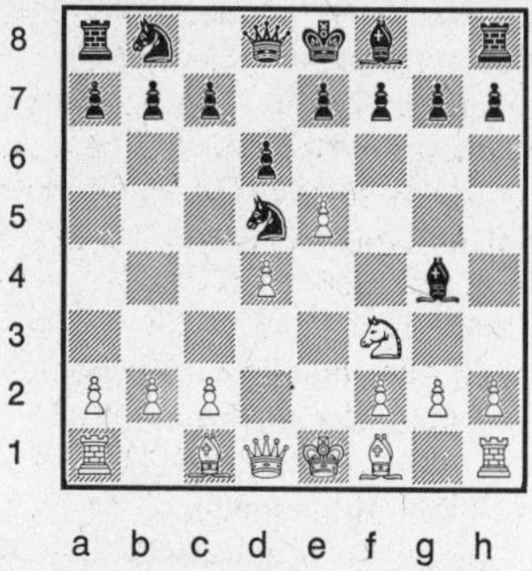

5. Lf1–e2 e7–e6

Eine Zeitlang galt 5. . . . c6 als sicherer. Es hat sich aber gezeigt, daß Weiß mit 6. Sg5 das etwas bessere Spiel erhält, zum Beispiel 6. . . . Le2: (6. . . . Lf5 7. e6 fe 8. g4 Lg6 9. Ld3 Ld3: 10. Dd3: g6 11. 0-0 Lh6 12. Se6: Dd7 13. De2 Lc1: 14. Tc1:) 7. De2: de 8. de e6 9. 0-0 Sd7 10. f4 Le7 11. Se4 Sc5 12. S1d2 Sb4 13. Sc5: Lc5: 14. Kh1 0-0 15. Se4 Le7 16. a3, Milev–Dr. Dittmann, Kienbaum 1958.

6. 0–0 Lf8–e7

6. . . . Sc6 gestattet die energische Reaktion 7. c4 Sb6 8. ed cd (nicht 8. . . . Ld6:? 9. c5) 9. d5! ed 10. cd Lf3: 11. gf! (für Schwarz unangenehmer als 11. Lf3: Se5) 11. . . . Se5 12. Lb5+ S5d7 13. Dd4 Df6 14. Te1+ Kd8 (auch 14. . . . Le7 15. Df6: gf 16. Sc3 a6 17. Le2 Se5 18. f4, L. Vogt–Heidenfeld, Skopje 1971, ist nicht besser) 15. Dd1 Df5 16. Sc3 Se5 17. f4 Dg4+ 18. Dg4: Sg4: 19. Sa4, nach Boleslavski mit Vorteil für Weiß (19. . . . Sa4: 20. Te8+).

7. c2–c4 Sd5–b6

8. Sb1–c3 0–0

9. Lc1–e3 d6–d5

10. c4–c5 Lg4×f3

11. g2×f3

Wiederum (wie in der Anmerkung zum 6. Zug gezeigt) ist das Zurückschlagen mit dem Bauern für Schwarz lästiger als das Schlagen mit dem Läufer, obwohl eine Zersplitterung der Bauernstellung in Kauf genommen wird. Dieser Nachteil spielt hier vorläufig überhaupt keine Rolle. Wenn 11. Lf3:, so 11. . . . Sc4.

11. . . . Sb6–c8

12. b2–b4 f7–f6

13. f3–f4 f6×e5

14. f4×e5 Dd8–e8

15. Le2–d3 Le7–d8

16. Dd1–g4

Wie eine Partie Matanović–Vukić, Meisterschaft von Jugoslawien 1975, gezeigt hat, sind die Aussichten des Weißen, der Kh1 und Tg1 folgen läßt, weit vorzuziehen. Die Aljechin-Verteidigung ist nur für Spieler zu empfehlen, die in der Verteidigung sattelfest sind.

NIMZOWITSCH-VERTEIDIGUNG

Der lettische Großmeister Aaron Nimzowitsch (1886–1935) hat sich der Spielweise 1. e2–e4 Sb8–c6 2. d2–d4 d7–d5 angenommen und beachtliche Erfolge erzielt, vor allem, weil sich die Führer der weißen Steine zuviel von dem Einengungszug 3. e4–e5 versprachen.

1. e2–e4 Sb8–c6

2. d2–d4.

In einer Partie Teschner-Keres, Bamberg 1968, ging das Spiel nach 2. Sf3 e5 3. Lb5 in die Spanische Partie über.

2. ... d7–d5

Nach 2. ... e5 tauscht Weiß auf e5 und hat Raumvorteil in der Mitte.

3. Sb1–c3!

Eine Empfehlung von Boleslavski: Weder 3. ed Dd5: 4. Sf3 Lg4 5. Le2 0–0–0 noch 3. e5 Lf5 4. Se2 (4. Ld3? Sd4:) 4. ... e6 5. Sg3 Lg6 6. c3 Dd7 7. Ld3 0–0–0 8. h4 Ld3: 9. Dd3: h5 verspricht Vorteil. (Siehe Diagramm)

3. ... d5×e4

Andernfalls müßte Schwarz mit 3. ... e6 in eine selten gespielte Variante der **Französischen Verteidigung** einlenken, in der Weiß nach 4. e5 S8e7 5. S3e2! Sf5 6. Sf3, gefolgt von Sf4, gute Angriffsmöglichkeiten besitzt (Boleslavski erwähnt auch die Folge 4. ... b6 5. Sf3 S8e7 6. Se2 La6 7. g3, gefolgt von der Rochade, Te1 und Sf4).

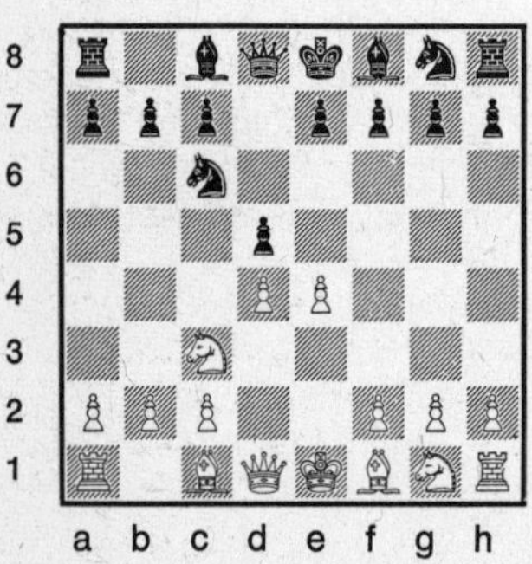

4. d4–d5!

So wird die schwarze Stellung etwas eingeschnürt, zumal 4. ... Se5 5. Lf4 Sg6 6. Lg3 a6 7. Lc4 kaum ratsam ist.

4. ... Sc6–b8

5. Lf1–c4.

Die Idee besteht darin, auf das Zurückschlagen des Be4 zu verzichten und diesen Bauern später für die Linienöffnung in einem sehr aussichtsreichen Gambitspiel zu benutzen.

5. ... Sg8–f6

6. Lc1–f4 g7–g6

Oder 6. ... c6 7. S1e2 cd 8. Sd5: Sd5: 9. Ld5: e6 10. Le4: Dd1:+ 11. Td1:, Weiß ist überlegen entwickelt. Probiert wurde auch 6. ... a6 7. De2 b5 8. Lb3 c5 9. dc e.p. Sc6: 10. Td1 Da5 11. Ld2! mit klarem Vorteil für Weiß, Keres-Larsen, Stockholm 1966/67.

7. Dd1–e2 Lc8–f5

8. 0–0–0 Lf8–g7

9. f2–f3!

Schwarz kommt um den Tausch auf f3, der die weiße Entwicklung noch mehr fördert, nicht herum.

9. ... e4×f3

10. Sg1×f3 0–0

11. Th1–e1

Die weiße Partie spielt sich beinahe von selbst.

SKANDINAVISCHE PARTIE

Mit dem unmittelbaren Vorstoß des d-Bauern erzwingt Schwarz (auf 1. e4) praktisch den Abtausch des weißen e-Bauern. Der Nachteil sind Tempoverluste mit der Dame oder mindestens ein räumlicher Nachteil in der Mitte. Trotzdem ist diese Methode sicherlich ohne ernsten Nachteil anwendbar.

1. e2–e4	**d7–d5**
2. e4×d5	**Sg8–f6**

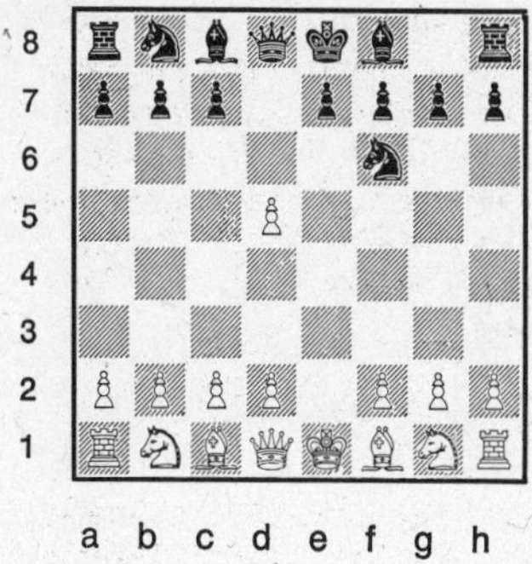

Schwarz möchte den Bauern mit dem Springer zurücknehmen und nimmt in Kauf, daß Weiß ihn festhält. Jaques Mieses (1865–1954), der oft **Skandinavisch** spielte, pflegte 2.... Dd5: 3. Sc3 Da5 (oder 3.... Dd8 4. d4 g6 5. Lf4 Lg7 6. Dd2 Sf6 7. 0–0–0 Sd5 8. Le5 0–0 9. h4 h5 10. S1e2, eine Analyse von R. Fischer) 4. d4 Sf6 zu spielen, zum Beispiel 5. Ld3 Sc6 6. S1e2 Lg4 7. f3 Lh5 8.Ld2 e5! 9. 0–0 0–0–0 mit besserem Spiel für Schwarz, Olland – Mieses, Karlsbad 1907. Inzwischen hat man aber nachhaltigere Wege für Weiß entdeckt. Einer davon: 5. Sf3 Lg4 6. h3 Lf3: 7.Df3: c6 8. Ld2 S8d7 9. 0–0–0 e6 10. Lc4 Dc7 11.The1 0–0–0 12. Lb3, Rubinstein – Bernstein, San Sebastian 1911. – Anderssens Zug 4.... e5 beantwortet Weiß am besten mit 5. Sf3! Lg4 6. Lb5+ c6 7. Le2 Lb4 8. 0–0 Lf3: 9. Lf3: Se7 10. de 0–0 11. Ld2 De5: 12. Te1, Liskov – Persitz, UdSSR 1957.

3. d2–d4

Nach 3. c4 c6! 4. d4 cd ergäbe sich eine Variante der **Caro-Kann-Verteidigung**. Auch mit 3. Lb5+ ist nicht viel zu erreichen. Schwarz spielt wohl am einfachsten 3.... S8d7 (oder 3.... Ld7 4. Lc4 Lg4 5. f3 Lc8 6. Sc3 S8d7 7. S1e2 Sb6 8. Lb3 Sbd5: 9. d4 Sc3: 10. Sc3: e6 11. 0–0 mit unklaren Folgen) 4. Sc3 a6 5. Ld7:+ (5. La4 b5 6. Lb3 Sb6 mit Rückgewinn des Bauern) 5.... Dd7: 6. Df3 b5 7. d6 Ta7 8. de Le7: 9. S1e2 Lb7 10. De3 c5 11. 0–0 b4 12. Sd1 0–0. Für den verlorenen Bauern hat Schwarz ausreichende Gegenwerte, so das Läuferpaar.

3. ...	**Sf6×d5**
4. Sg1–f3	

Auf 4. c4 geht der Springer am besten nach b6 zurück. Weiß behält auch dabei mit etwa 5. Sf3 Lg4 6. Le2 e6 7. 0–0 Sc6 8. b3 einen kleinen Vorteil.

4. ...	**Lc8–g4**

5. h2–h3 Lg4–h5
6. g2–g4 Lh5–g6
7. Sf3–e5 Sb8–d7
8. Se5×g6 h7×g6
9. Lf1–g2 c7–c6
10. c2–c4 Sd5–b6
11. Dd1–e2 Sd7–f6

Weiß steht etwas besser.

Recht aufschlußreich für die moderne Behandlungsweise dieser Variante ist die Partie Pribyl–Gipslis, Tallinn 1977:

1. e4 d5
2. ed Sf6
3. Lb5+ Ld7
4. Le2

(also nicht 4. Lc4 wie auf Seite 101 angegeben)

4. . . . Sd5:
5. d4 Lf5.

(Schwarz möchte seinen Läufer nicht mit 5. . . . e6 einsperren. Dennoch kam dieser Zug in Betracht.)

6. Sf3 e6
7. a3

(Es ist selten, daß eine solche vorbeugende Maßnahme ein Tempo wert ist. Die Erfahrung hat gezeigt, daß mit dem »normalen« Vorgehen 7. 0–0 Le7 8. c4 Sb4 9. Sa3 0–0 10. Db3 a5 11. Td1 c6 nicht mehr als ein annähernd gleiches Spiel zu erreichen ist.)

7. . . . Le7
8. c4 Sb6
9. Sc3 0–0
10. Le3 Sc6
11. 0–0 Lf6.

(Genauer ist 11. . . . Lg4 12. b3 Lf6 13. Se4 Lf3: 14. Sf6:+ Df6: 15. Lf3: Tfd8 16. Lc6: bc 17. Dg4. Weiß steht wohl nur unwesentlich besser.)

12. b3! Dd7
13. Ta2! Tad8
14. Td2 De7
15. Dc1 Td7
16. Tfd1 Tfd8
17. h3 h6
18. b4

mit Raumvorteil für Weiß.

C. Geschlossene Spiele

Darunter sind alle Partien zu verstehen, die nicht mit 1. e2–e4 beginnen. Wir befassen uns zunächst mit den Eröffnungen, die durch den beiderseitigen Doppelschritt des Damenbauern gekennzeichnet sind, danach mit den **Indischen** Verteidigungen (1. . . . Sf6) und Nebengruppen wie **Ben-Oni** (1. . . . c5) und **Holländisch** (1. . . . f5). Zum Schluß gehen wir auf die (heute sehr beliebten) Eröffnungen ein, in denen mit keinem der beiden Mittelbauern begonnen wird, vor allem die **Englische Partie** (1. c2–c4).

Was die **Spanische Partie** bei den offenen Spielen, ist das **Damengambit** bei den geschlossenen. Es wird von der Mehrzahl der Spieler grundsätzlich angestrebt. Weiß entwickelt sich dabei sehr bequem, schafft Spannungen in der Mitte und behindert gleichzeitig die feindliche Figurenentwicklung. Der Nachziehende hat sich oft mit einem schwer verwendbaren Damenläufer herumzuschlagen. Allerdings lassen sich alle Probleme bei genauem Spiel einigermaßen befriedigend lösen.

1. d2–d4 d7–d5
2. c2–c4

Verzichtet Weiß auf diesen Zug, entsteht das Damenbauernspiel (siehe A).

1. Die Annahme des Gambits

2. ... d5×c4

Das ist gut spielbar; nur darf Schwarz den gewonnenen Bauern nicht verteidigen.

3. Sg1–f3

Auf 3. e3 ist 3. ... e5! richtig, nicht aber (als abschreckendes Beispiel) 3. ... b5 4. a4 c6? 5. ab cb 6. Df3 mit Eroberung einer Figur.

3. ... Sg8–f6

Einige Meister bevorzugen 3. ... a6 (als Vorbereitung von Lg4), zum Beispiel 4. e3 Lg4 (wenn 4. ... b5, so 5. a4 Lb7 6. b3! e6 7. bc bc 8. Lc4:) 5. h3 Lh5 6. g4 Lg6 7. Se5 Sd7 8. Sc4: mit gutem Spiel, zum Beispiel 8. ... b5 9. Sa5 c5 10. Ld2 S8f6 11. Lg2 Le4 12. Le4: Se4: 13. Df3 Sd2: 14. Sd2: e6 15. Sc6 Dc8 16. a4, Taimanov – Smyslov, UdSSR-Meisterschaft 1960.

4. e2–e3

Wenig bringt 4. Da4+ c6 5. Dc4: Lg4 6. S1d2 S8d7 7. g3 e6 8. Lg2 Ld6.
Zu unklaren Verwicklungen führt 4. Sc3 e6 5. e4 Lb4 6. e5 Sd5 7. Ld2 Lc3: 8. bc b5 9. a4 c6 10. Sg5, oder auch 4. ... a6 5. e4 b5 6. e5 Sd5 7. a4 Sc3: 8. bc Dd5 9. g3 Lb7 10. Lg2 Dd7 11. La3 e6 12. Lf8: Kf8: 13. 0–0 g6 14. Sh4, Bronstein – Kortschnoj, UdSSR, 1964.

4. ... e7–e6

Auf 4 ... Lg4 5. Lc4: e6 6. h3 Lh5 7. Sc3 S8d7 8. 0–0 Le7 9. e4 0–0 10. Le3 Lg6 11. Ld3 c6 (Larsen – Spasski, Santa Monica 1966) erhält Schwarz wohl keinen vollen Ausgleich. Das gleiche gilt für 4. ... g6 5. Lc4: Lg7 6. 0–0 0–0 7. De2 Sfd7 8. Td1 Sb6 9. Lb3 Lg4 10. h3 Lf3:

11. Df3: c6 12. S1d2 e6 13. Se4 S8d7 14. Ld2 Sd5 15. Tac1, Stahlberg – Bronstein, Moskau 1956.

5. Lf1×c4 **c7–c5**
6. 0–0 **a7–a6**

Schwarz bereitet die Entwicklung des Damenflügels mit b7–b5 und Lc8–b7 vor. Frühzeitiger Tausch auf d4, um dem Weißen einen Einzelbauern zu verschaffen, ist fragwürdig, zum Beispiel 6. ... cd 7. ed Sc6 8. Sc3 a6 9. De2! b5 10. Lb3 Sd4: 11. Sd4: Dd4: 12. Sd5! Sd5: 13. Td1 Sc3 14. bc Dc3: 15. De4 mit Vorteil für Weiß.

7. a2–a4

Die Alternative ist 7. Sc3 b5 8. Lb3 Lb7 9. De2 S8d7 10. Td1 Db8 11. Se5! (11. ... Se5: 12. de De5: 13. Sb5:! Le7 14. Sa3) 11. ... Ld6 12. Sd7: Sd7: 13. d5 e5 14. a4, und nach Nejstadt steht Weiß etwas besser.

7. ... **Dd8–c7**
8. Dd1–e2 **Sb8–c6**

Wenn 8. ... cd, so 9. Td1.

9. Sb1–c3 **Lf8–d6**
10. Tf1–d1 **0–0**
11. h2–h3 **b7–b6**
12. d4–d5 **e6×d5**
13. Lc4×d5! (Siehe Diagramm o.)

Mit dem Vorstoß des Bauern nach d5, einem in dieser Variante oft anzutreffenden Strategem, erreicht Weiß Linienöffnung und etwas Raumvorteil.

13. ... **Lc8–b7**
14. e3–e4 **Ta8–e8**
15. Lc1–g5 **Ld6–e7**
16. e4–e5 **Le7–d8**

Die weiße Stellung ist vorzuziehen (Portisch).

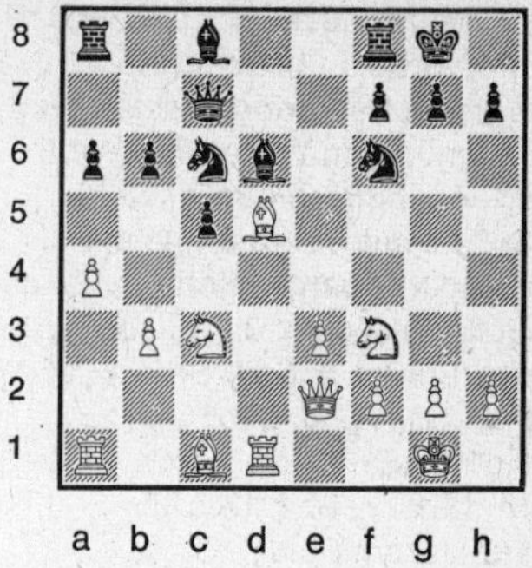

2. Albins Gegengambit

2. ... **e7–e5**

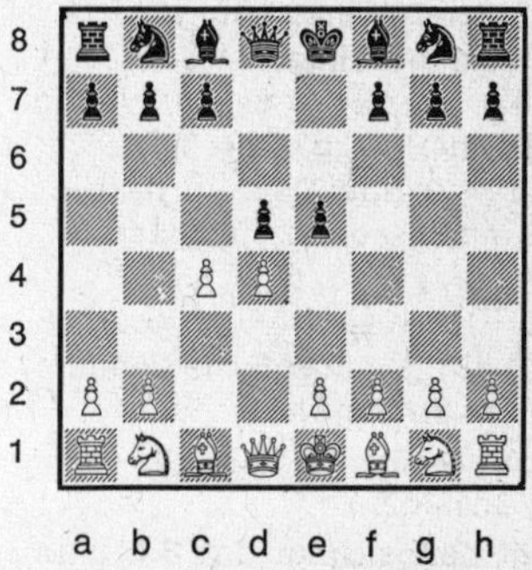

Erwähnenswert sind außerdem Tschigorins 2. ... Sc6 (3. cd Dd5: 4. Sf3 e5 5. Sc3 Lb4 6. e3 Lg4 7. Le2 ed 8. 0–0 Lc3: 9. bc d3 10. Dd3: Dd3: 11. Ld3: Lf3: 12. gf 0–0–0 13. Td1, Quinteros-Kavalek, Lanzarote 1974; wegen seines Läuferpaars steht Weiß günstiger) und Marshalls 2. ... Sf6 (3. cd Sd5: 4. Sf3 g6 5. e4 Sb6 6. Sc3 Lg7 7. Le3 0–0 8. Le2 Lg4 9. Dd2 Sc6 10. Td1 Lf3: 11. gf e5 12. de Se5: und Schwarz hat kaum Sorgen). Besser vielleicht 8. h3.

Der Symmetriezug 2. . . . c5 macht einen verdächtigen Eindruck. Die Theorie kennt jedoch keinen Weg, der zum klaren Vorteil von Weiß führt. Am einfachsten ist wohl 3. Sc3 e6 mit Übergang in die **Tarrasch-Variante** (siehe 2. . . . e6 3. Sc3 c5). Wenn 3. cd, so 3. . . . Sf6 4. Sf3 cd 5. Sd4: Sd5: 6. e4 Sc7 7. Sc3 e5 8. S4b5 Dd1:+ 9. Kd1: Sb5: 10. Sb5: Sa6 11. Le3 Le6! 12. La7: Lb4 13. Lb6 mit unklarem Spiel.

3. d4×e5 d5–d4

Diesen einengenden Bauern muß Weiß möglichst bald beseitigen, allerdings unter Rücksicht auf die Sicherheit seines Königs. Ein bekannter **Reinfall** ist 4. e3? Lb4+ 5. Ld2 de! 6. Lb4:? (nötig 6. fe Dh4+ 7. g3 De4 8. Df3 Ld2:+ 9. Sd2: De5: 10. 0–0–0 Sf6 mit besserem Spiel für Schwarz) 6. . . . ef+ 7. Ke2 fgS+! 8. Ke1 Dh4+ 9. Kd2 Sc6 10. Lc3 Lg4 mit entscheidendem Vorteil für Schwarz.

4. Sg1–f3 Sb8–c6
5. Sb1–d2

Weiß beabsichtigt, den Bd4 mittels Sb3 dreifach anzugreifen.

5. . . . f7–f6

So spielt Schwarz ein echtes Gambit. Auf 5. . . . Lf5 ist 6. Sb3 Lb4+ 7. Ld2 Le7 8. Lf4 Lb4+ 9. Sbd2 Sge7 10. a3 Ld2:+ 11. Dd2: Dd7 12. Td1 0–0–0 13. b4, gefolgt von b4–b5, gut für Weiß; auf 5. . . . Lg4 geschieht 6. a3 (6. h3 Lf3: 7. Sf3: Lb4+ 8. Ld2 De7) 6. . . . De7 7. h3 Lf3: (7. . . . Lh5 8. Da4 0–0–0 9. b4 Kb8 10. g4 Lg6 11. Lg2) 8. Sf3: 0–0–0 9. Dd3 h6 10. g3 g6 11. Lg2 (die Flankierung des Läufers ist hier die angemessene Entwicklungsweise) 11. . . . Lg7 12. 0–0 Se5: 13. Se5: Le5: 14. b4 f5 15. c5.
Weiß ist im Vorteil, wie eine Partie Lasker-Aljechin, St. Petersburg 1914, bewiesen hat.

6. e5×f6 Lc8–f5
7. g2–g3 Dd8×f6
8. Lf1–g2 0–0–0

Das Spiel auf Qualitätsgewinn mittels 8. . . .Sb4 bewährt sich nicht, wie Grünfeld analysiert: 9. 0–0 Sc2 10. Tb1 Sb4 11. a3! Lb1: 12. Sb1: Sc6 13. b4!

9. 0–0 g7–g5
10. Dd1–a4 Kc8–b8
11. Sd2–b3 h7–h6
12. Lc1–d2 Sg8–e7
13. e2–e3!

mit überlegenem Spiel. Schwarz darf den d-Bauern nicht bewegen, weil Lc3 einen Turm kostete. Nach 13. . . . Ld3 14. Tfe1 steht Weiß klar überlegen.

3. Die klassische Verteidigung

Der natürlichste Zug (nach 1. d4 d5 2. c4) ist 2. . . .e7–e6. Schwarz behauptet einen Bauern im Zentrum und bereitet die Entwicklung des Königsflügels vor. Seine weitere Strategie bezieht sich darauf, den eingesperrten Läufer c8 zu entwickeln, falls ihm sein Gegner durch Tausch auf d5 nicht entgegenkommt.

2. . . . e7–e6
3. Sb1–c3 Sg8–f6

In neuerer Zeit wird auch 3. . . . Le7 gespielt und erst nach 4. Sf3 der Königsspringer entwickelt.

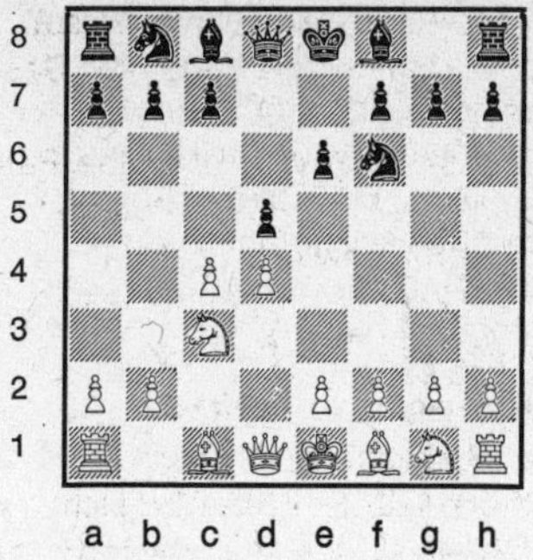

Eine wichtige Alternative ist 3. . . . c5, die **Tarrasch-Verteidigung,** die Dr. Siegbert Tarrasch (1862 bis 1934) für die „einzig richtige" hielt. Sie hat den Vorzug, dem Schwarzen auf Kosten eines Einzelbauern ein freies Figurenspiel zu verschaffen. Für Weiß empfahl er 4. e3, ein Zug, der auch heute gern gespielt wird. Die Variante ist aber hauptsächlich wegen 4. cd ed 5. Sf3 Sc6 6. g3 (Schlechter-Rubinstein) in den Hintergrund getreten, obwohl nicht endgültig bewiesen ist, daß Schwarz in Nachteil kommen muß. In neuerer Zeit hat besonders der ehemalige Weltmeister Spasski die Tarrasch-Idee aufgegriffen. Nach der weiteren Folge 6. . . . Sf6 7. Lg2 Le7 8. 0–0 0–0 9. Lg5 (auf 9. dc hat Tarrasch 9. . . . d4 empfohlen) 9. . . . cd (der ältere Zug 9. . . . Le6 wird am besten mit 10. dc Lc5: 11. Sa4 Lb6 12. Sb6: ab 13. Sd4 h6 14. Lf4 Dd7 15. Se6: fe 16. Db3 beantwortet, Keres) 10. Sd4: h6 11. Le3 Te8 12. Db3 Sa5 13. Dc2 Lg4 14. h3 Lh5 15. Tad1 Tc8 16. g4 Lg6 17. Sf5 Lb4 18. Ld4 Se4 19. Da4 Lc3: 20. Lc3: Lf5: 21. La5: Ld7 22. De4:! de 23. Ld8: Tcd8: dürfte Weiß etwas besser stehen (bis zum 20. Zug identisch mit einer Partie Kortschnoj-Ivkov, Rovinj-Zagreb 1970).

4. Lc1–g5	**Lf8–e7**

Die **Cambridge-Springs-Variante** 4. . . . S8d7 (mit der Falle 5. cd ed 6. Sd5:? Sd5: 7. Ld8: Lb4+, und Schwarz erobert eine Figur) 5. e3 c6 6. Sf3 Da5 ist aus der Mode gekommen, seit man in der Spielweise (bekannt aus dem Wettkampf Aljechin-Euwe 1935) 7. cd Sd5: 8. Dd2 S7b6 9. Tc1 Sc3: 10. bc Sd5 11. Lc4 Sc3: 12. 0–0 b5 (12. . . . Lb4? 13. a3! Da3: 14. Ta1 Se4 15. De2 Sg5: 16. Sg5: Dc3 17. Se4, Stahlberg-Rellstab, Zoppot 1935) den Zug 13. d5! entdeckt hat (Rosenberg analysierte 13. . . . ed 14. Ld5: cd 15. Tc3: Lb4 16. Dd5: mit gutem Spiel für Weiß, und vieles andere).

5. e2–e3	**0–0**
6. Sg1–f3	**Sb8–d7**

Die **Hauptvariante.** Recht beliebt ist die Tartakower-Variante, in der Schwarz nach Einschaltung von 6. . . . h6 7. Lh4 mit 7. . . . b6 die Flankierung des Damenläufers vorbereitet. Das Spiel kann mit 8. cd Sd5: 9. Le7: De7: 10.Sd5: ed 11. Tc1 (Fischer-Spasski, Reykjavik 1972) oder mit 8. Tc1 Lb7 9. Lf6: Lf6: 10. cd ed 11. b4 (Kortschnoj-Spasski, Belgrad 1977) weitergehen. Schwarz kann sich behaupten.

Erwähnenswert ist auch die **Lasker-Variante** 6. . . . h6 7. Lh4 Se4 8. Le7: De7:. Am besten für Weiß scheint 9. cd (gut auch einfach 9. Dc2) 9. . . . Sc3: 10. bc ed 11. Db3 Dd6 (kompliziert ist 11. . . . Td8 12. c4 Le6 13. c5!

Fine) 12. c4 dc 13. Lc4: Sc6 14. Le2 (Pachman) zu sein.

A. 7. Ta1–c1

Richtet sich gegen die Befreiung c7–c5. 7. cd siehe B.

7. ... c7–c6
8. Lf1–d3 d5×c4
9. Ld3×c4 Sf6–d5

Capablancas Entlastungsmanöver. Die Einschaltung 9. ... h6 10. Lh4 und jetzt 10. ... Sd5 ist nicht ratsam wegen 11. Lg3!.

10. Lg5×e7 Dd8×e7
11. 0–0

Von Aljechin stammt der Versuch 11. Se4, um dem Tausch auf c3 aus dem Weg zu gehen. In einer Partie Teschner-Klundt, Bamberg 1968, erhielt Schwarz nach 11. ... S5f6 12. Sg3 Db4+ 13. Dd2 Dd2:+ 14. Kd2: c5 15. Lb5 cd 16. Sd4: Td8 17. Ke2 Sb6 18. f4 a6 19. Ld3 Sbd5 eine befriedigende Stellung.

11. ... Sd5×c3
12. Tc1×c3 e6–e5

So wird das Hindernis für den Läufer beseitigt. Von den vielen guten Möglichkeiten, die Weiß hat, gibt keine einen greifbaren Vorteil. Hier eine Probe: 13. Dc2 (Vidmar) 13. ... ed (weniger gut ist 13. ... e4 14. Sd2 Sf6 15. Tb1 a5 16. a3 Ld7 17. Tbc1 Tae8 18. La2 Dd8 19. Tc5, Pfleger-Robatsch, Palma 1966) 14. ed Sb6 (oder 14. ... Sf6 15. Te1 Dd6 16. Sg5 Lg4 17. Tg3 Lh5 18. Th3 Db4! [18. ... Lg6? 19. Dg6:! hg 20. Lf7:+ Tf7: 21. Th8+] mit haltbarem Spiel) 15. Te3 Df6 16. Lb3 Lg4 17. T1e1 Tad8 18. Dc5 Dd6 19. h3 mit etwas besserem Spiel für Weiß (Gligorić). Schwarz hat, wie sich hier gezeigt hat, kaum eine Chance auf aktives Gegenspiel – ein Grund, warum viele Meister vor dem orthodoxen Damengambit zurückschrecken.

B. 7. c4×d5

Die **Abtauschvariante,** die häufig zum **Minderheitsangriff** am Damenflügel führt, taucht nur noch sporadisch in der Praxis auf.

7. ... e6×d5
8. Lf1–d3 c7–c6
9. Dd1–c2 Tf8–e8
10. h2–h3 Sd7–f8
11. Lg5–f4 Le7–d6
12. Lf4×d6 Dd8×d6
13. 0–0 g7–g6

Eine hier oft angewandte Idee. Schwarz plant das Eventualmanöver Sf8-e6-g7, Lf5.

14. Ta1–b1 Sf6–h5
15. b2–b4

Der **Minderheitsangriff.** Der Bauer stößt nach b5 vor, öffnet Linien und schwächt die schwarze Bauernstellung.

15. ... a7–a6
16. a2–a4

In einer Partie Reshevsky–Flohr, Stockholm 1937, hatte Weiß die besseren Aussichten.

4. Die slawische Verteidigung

Die **slawische Verteidigung** (2. . . . c7-c6) hat den Vorteil, den Bauern im Zentrum zu stützen, ohne den Damenläufer einzusperren. Dafür nimmt sie dem Damenspringer ein gutes Feld und verzichtet vorläufig auf den Vorstoß nach c5. Manchmal läßt Schwarz bald e7-e6 folgen und droht dann, den Bc4 zu nehmen und zu behaupten **(Halbslawisch).**

2. . . . c7–c6
3. Sg1–f3

Die **Abtauschvariante** 3. cd cd ist ein müheloser Weg, eine Zeitlang die Initiative zu behaupten. Schwarz kann jedoch bei genauem Spiel bald ausgleichen, zum Beispiel 3. . . . cd 4. Sf3 Sf6 5. Sc3 Sc6 6. Lf4 Lf5 7. e3 e6 8. Lb5 (oder 8. Db3 Lb4! 10. Lb5 0-0 11. 0-0 Lc3: 12. Lc6: Lb2:! 12. Lb7: La1: 13. Ta1: Db6 14. La8: Ta8: remis, Botwinnik–Trifunović, Moskau 1947) 8. . . . Sd7! (8. . . . Lb4 9. Se5!) 9. 0-0 Le7 10. Tc1 0-0 11. h3 Tc8, Spasski–Larsen, 1968.

3. . . . Sg8–f6

Nach 3. . . . e6 4. Sc3 lenkt 4. . . . dc in das **Noteboom-System** (nach einem holländischen Schachmeister) ein. Nach 5. a4 Lb4 6. e3 b5 7. Ld2 a5 8. ab (Taimanov empfiehlt 8. Se5! Sf6 9. Df3 Lc3: 10. bc Dd5 11. Dg3 0-0 12. f3 Se8 13. e4 Dd8 14. Le2 f6 15. Sg4 Kh8 16. 0-0 nach einer Partie Mileikas.) 8. . . . Lc3: 9. Lc3: (Boleslavski hat 9. bc3 cb 10. Db1 La6 11. Le2 Sc6 12. 0-0 Sf6 13. e4 vorgeschlagen.) 9. . . . cb 10. b3 Lb7 11. bc b4 12. Lb2 Sf6 13. Ld3 S8d7 14. Dc2 0-0 15. e4 e5! (Simagin) 16. 0-0! Dc7 17. Tfe1 Tfe8 18. c5 ed 19. Ld4: Sg4, Kan–Simagin, Moskau 1949, hat Weiß mehr vom Spiel (20. Lc4 S7e5 21. Se5: Se5: 22. Lb3).

4. Sb1–c3 d5×c4

Eine wichtige Alternative ist 4. . . . e6. Nach 5. e3 (sehr verwickelt ist das **Antimeraner Gambit** 5. Lg5. Schwarz kann versuchen, den Bauern auf c4 zu schlagen und dann seinen Bauern zu verteidigen, zum Beispiel 5. . . . dc 6. e4 b5 7. e5 h6 8. Lh4 g5 9. Sg5: hg 10. Lg5: S8d7; er kann auch 5. . . . h6 einschalten.) 5. . . . S8d7 6. Ld3 folgt die für die **Meraner Variante** typische Entwicklung 6. . . . dc 7. Lc4: b5 8. Ld3 Lb7 (oder 8. . . . a6 9. e4 c5 10 d5! mit gutem Spiel für Weiß) 9. 0-0, in der noch c6-c5 zur Befreiung des Läufers anzustreben ist. Ein Beispiel: 9. 0-0 b4 10. Se4 Le7 11. Sf6:+ Sf6: 12. e4 0-0 13. Dc2 h6 14. Le3 Tc8 15. Tfd1 c5 16. dc Sg4 17. Ld4 e5 18. h3 ed 19. gh Tc5:, Kortschnoj–Polugajevski, Evian 1977, Weiß steht gut.

5. a2–a4

Ein Bauernopfer bedeutet 5. e4 b5 6. e5 Sd5. Es bietet Chancen, etwa mit 7. Sg5 h6 (7. ... e6 8. Dh5! g6 9. Df3 nebst S5e4) 8. Sge4 e6 9. a4 b4 10. Sb1 La6 11. Dg4 b3 12. Ld2 Sb4 13. Sa3, Taimanov. Spielbar ist auch Aljechins Zug 5. e3, weil der Bauer nach 5. ... b5 6. a4 b4 7. Sa2 e6 8. Lc4: Lb7! 9. 0-0 Le7 10. De2 0-0 11. Td1 a5 12. Ld2 S8d7 13. Sc1 Db6 14. Sb3 c5 zurückerobert wird, ohne indessen Sorgen für Schwarz zu verursachen.

5. ... Lc8–f5

Bringt den Läufer vor die Bauernfront und behindert den Zug e2-e4. Brauchbar sind auch Züge wie 5. ... Lg4 und 5. ... Sa6.

6. e2–e3

Anfangs wählte man hier 6. Se5, wobei 6. ... e6 7. f3 Lb4 8. e4 Le4: 9. fe Se4: 10. Ld2 Dd4: dem Schwarzen drei Bauern für die Figur einbringt (11. Se4: De4:+ 12. De2 Ld2:+ 13. Kd2: Dd5+ 14. Kc2 Sa6 15. Sc4:! 0-0-0 16. De5 f6 17. Dd5: cd 18. Sa3 Sb4+ 19. Kd2 Kd7 20. Tc1 Tc8 21. Tc3, und in dem Endspiel muß Schwarz genau spielen).

6. ... e7–e6

7. Lf1×c4 Lf8–b4

8. 0–0

Weiß wird nun e3-e4 vorbereiten und durchsetzen, manchmal auch seinen Königsspringer gegen den Lf5 abtauschen.

8. ... 0–0

Wenn 8. ... S8d7, so 9. Db3 a5 10. Sa2 Le7 11. Sh4! Lg4 12. f3 Sd5 13. fg Lh4: 14. e4 Sb6 15. Ld3, Euwe.

9. Sf3–h4

Oft ist auch 9. De2 gespielt worden, zum Beispiel 9. ... S8d7 10. e4 Lg6 11. Ld3 Lh5 (droht e6-e5) 12. e5 Sd5 13. Sd5: cd 14. De3 h6! (Taimanov).

9. ... Lf5–g4

Oder 9. ... S8d7 10. f3! Lg6 11. Sg6: hg 12. Dc2! (12. ... c5 13. Sa2!).

10. f2–f3 Sf6–d5

Wenn 10. ... Lh5, so 11. g4 Sd5 12. Sg2 Lg6 13. Db3 a5 14. Ld2.

11. f3×g4 Dd8×h4

12. Dd1–f3

mit schönem Spiel für Weiß. Schwarz wird sich auf 12. ... Sc3: 13. bc Lc3: 14. La3 La1: 15. Lf8: nicht einlassen, sondern 12. ... Dd8 13. Ld2 Le7 14. Le1 Sa6 versuchen.

DAMENBAUERNSPIEL

Außer dem beliebten **Damengambit** verfügt Weiß über die Methode, die besonders der belgische Meister Colle gern angewandt hat. Er bereitet den etappenweisen Vormarsch des e-Bauern nach e4 gründlich vor. Weiß erhält damit ein bequemes Spiel ohne sonderlich ehrgeizige Pläne.

1. d2–d4 d7–d5

2. Sg1–f3

Zu erwähnen ist hier das **Blackmar-Diemer-Gambit** 2. e4 de 3. Sc3 Sf6 4. f3, das dem Weißen nach Ansicht der Theorie kein genügendes Spiel für den geopferten Mittelbauern einträgt, zum Beispiel 4. . . . ef 5. Sf3: g6 6. Lc4 Lg7 7. 0-0 0-0, und Schwarz steht ganz sicher.

Gelegentlich wird auch 2. Sc3 gespielt, das nach 2. . . . Sf6 3. e4 in das Blackmar-Diemer-Gambit übergehen kann. Weiß hat aber auch die Möglichkeit, sich ruhig zu entwickeln. So würde 3. Lg5 e6 4. e4 in die **Französische** überlenken. Das kann wiederum Schwarz vermeiden, wenn er 3. . . . Lf5 spielt, zum Beispiel 4. f3 c6! 5. e3 S8d7 (droht e7-e5) 6. f4 Db6 mit gutem Spiel für Schwarz (Pachman). Weniger ratsam ist 3. . . . S8d7 4. Sf3 c6 5. e3 Da5 6. Ld3 Se4 7. 0-0!, nach Weressov.

2. . . . Sg8–f6

Zugumstellung bedeutet im allgemeinen 2. . . . c5 3. e3. Weiß könnte auch mit 3. c4 ins **Damengambit** einlenken.

3. e2–e3

Hier beginnt das **Colle-System,** das nicht unterschätzt werden darf.

3. . . . c7–c5

Schwarz kann sich auch zunächst mit 3. . . . g6. 4. . . . Lg7 und 5. . . . 0-0 entwickeln. Möglich ist auch 3. . . . Lf5 4. Ld3 e6!

4. c2–c3 e7–e6

5. Sb1–d2 Sb8–d7

Der Vorteil dieses Zuges gegenüber 5. . . Sc6 ist der, daß der Springer eventuell auf c5 zurückzuschlagen vermag. Nach 5. . . . Sc6 6. Ld3 Ld6 7. 0-0 0-0 8. dc Lc5: 9. e4 Dc7 (nach 9. . . . e5 10. De2 Te8 11. h3 steht Weiß nach Pachman besser) 10. De2 Ld6 11. Te1 Sg4 12. h3 S4e5 13. Se5: Se5: 14. ed ed 15. Sf3 hat Schwarz ebenfalls kaum ernsthafte Sorgen.

6. Lf1–d3 Lf8–e7

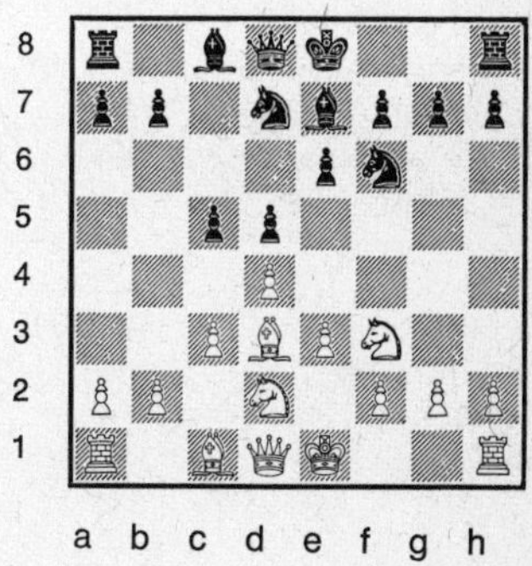

7. 0–0 0–0

8. e3–e4 d5×e4

9. Sd2×e4 Sf6×e4

10. Ld3×e4 Sd7–f6
11. Le4–c2 b7–b6
12. Tf1–e1 Lc8–b7
13. Dd1–d3

mit lebhaftem Spiel (nach 13. ... Lf3:?! 14. Df3: cd 14. Td1 e5 15. cd ed 16. Lg5 hätte Weiß mit dem Läuferpaar gute Aussichten).

Zu der Variante

1. d4 d5
2. Sc3 Sf6
3. Lg5 Sbd7

(siehe Seite 11) haben wir ein neueres, beachtenswertes Beispiel gefunden: Wockenfuß–Timman, Bad Lauterberg 1977. Dort geschah weiter

4. f3 c5
5. dc Da5
6. Lf6: Sf6:
7. Dd4 e5.

(Unternehmungslustig gespielt. Mit dem Bauernopfer trachtet Timman, Zeit für die Entwicklung zu gewinnen; dabei denkt er auch an die wegen des schwerfälligen Zuges f2–f3 vernachlässigten dunkelfarbigen Felder. Es gab auch eine ruhige Methode, nämlich 7. ... Ld7 8. e3 Tc8 9. b4 Da3 10. Lb5 e6 11. Sge2 mit unklarem Spiel.

8. De5:+ Le6
9. e4 Lc5:

(Droht 10. ... d4. Brauchbar ist auch 9. ... 0–0–0 10. 0–0–0 Sd7.)

10. Lb5+

(Weiß sollte lang rochieren.)

10. ... Kf8
11. 0–0–0 Le3+
12. Kb1 d4

und Schwarz steht bereits auf Gewinn.

KATALANISCH

Vor nicht geringe Schwierigkeiten wird Schwarz gestellt, wenn Weiß einen Aufbau ähnlich wie beim Damengambit, aber mit der Flankierung des Königsläufers wählt, die sogenannte **Katalanische Eröffnung.**

1. d2–d4 d7–d5
2. c2–c4 e7–e6
3. Sg1–f3 Sg8–f6
4. g2–g3 d5×c4

Die ruhige Weiterentwicklung mit 4. ... Le7 5. Lg2 0-0 6. 0-0 c5 7. cd Sd5: (7. .. ed lenkt in die Tarrasch-Variante ein) 8. Sc3 (nach 8. e4 Sb6! 9. Sc3 cd 10. Sd4: Sc6! 11. Sc6: bc 12. De2 e5 hätte Schwarz ein ebenbürtiges Spiel) 8. ... Sc3: 9. bc cd 10. cd Ld7 11. Se5 Sc6 12. Sd7: Dd7: 13. e3 Tfd8 14. Tb1 Tac8 15. Ld2 16. Db3 ergibt ein günstiges Spiel für Weiß (nach Stahlberg)

5. Dd1–a4+

Recht gut ist auch der vorläufige Verzicht auf den Rückgewinn des Bauern mittels 5. Lg2, zum Beispiel 5. ... c6 6. Se5 Lb4+ 7. Ld2 Dd4: 8. Lb4: De5: 9. Sa3, oder 5. ... c5 6. 0-0 Sc6 7. Da4 Sd7 (Euwe). (Siehe Diagramm)

5. ... Sb8–d7

Möglich ist 5. ... Dd7 6. Dc4:

Dc6 7. S1d2 Dc4: 8. Sc4: b6 (H. Müller), wobei Weiß günstiger entwickelt ist, oder 5. ... Ld7 6. Dc4: Lc6 7. Lg2 S8d7 8. Sc3 Sb6 9. Dd3 Lb4 10. 0-0 0-0 11. Td1 h6 12. Ld2 De7, und Schwarz behauptet sich (Smyslov–Keres, Fünfkampf 1948).

6. Lf1–g2 a7–a6

Nach 6. ... c5 7. 0-0 cd 8. Sd4: entfaltet Weiß einen starken Figurendruck gegen den Damenflügel.

7. Sb1–c3 Lf8–e7
8. 0–0 0–0
9. Da4×c4 b7–b5
10. Dc4–d3 Lc8–b7

und Schwarz hat sein Hauptproblem, die Entwicklung des Damenflügels, befriedigend gelöst. Weiß kann den Befreiungszug c7-c5 nicht verhindern.

DIE BEN-ONI-VERTEIDIGUNG

Die Verteidigung 1. d2-d4 c7-c5 (den Namen **Sohn des Schmerzes** erhielt sie schon im vorigen Jahrhundert) führt, wenn Weiß den raumgewinnenden Zug 2. d5 macht, häufig zu schwerblütigen Partien mit blockierten Bauernketten. Weiß wird das Manöver e2-e4-e5 und, wenn er den schwarzen d-Bauern beseitigen kann, auch d5-d6 anstreben. Der Nachziehende wird auf den dunklen Feldern, zum Beispiel der Diagonale h8/a1, Druck auszuüben suchen. Er kann ein Spiel am Damenflügel (b7-b5-b4) im Zentrum (nach e7-e6×d5) und manchmal auch am Königsflügel (f7-f5-f4) anstreben. Eine Abart ist die **Moderne Ben-Oni-Verteidigung,** in der Schwarz erst nach 1. d4 Sf6 2. c4 den Zug c7-c5 ausführt. Sie ist wohl aussichtsreicher, weil Weiß sich nicht mehr mit c2-c3 sichern kann.

1. d2–d4 c7–c5

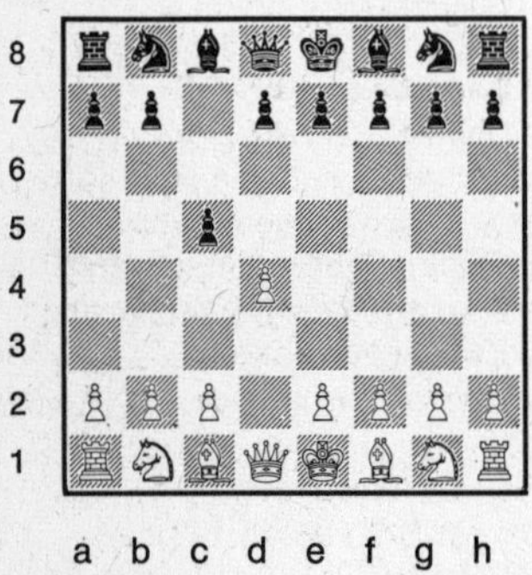

2. d4–d5

2. e4 cd 3. Sf3 lenkt in die **Sizilianische** ein, 2. e3 d5 kann zum **Colle-System** führen und 2. Sf3 d5 3. c4 ins **Damengambit** übergehen.

2. . . . d7–d6

Eine alte Methode besteht in 2. . . . e5 3. e4 d6, zum Beispiel 4. c4 Le7! mit der Absicht, den schwarzfeldrigen Läufer auf g5 abzutauschen. In einer Partie Teschner–Fuderer, Wien 1957, erhielt Weiß mit 4. f4 Sd7 5. Sf3 g6 6. fe Se5: 7. Lb5+ Ld7 8. Ld7:+ Dd7: 9. Se5: de 10. 0-0 eine sehr gute Stellung. Der Nachziehende sollte im 4. Zug auf f4 nehmen (4. . . . ef und nach 5. Lf4: Dh4+ 6. g3 De7, worauf Weiß das Gambit 7. Sf3! spielen wird, um g7-g5 abzuwehren). In einer Partie Aljechin–Castillo, Buenos Aires 1939, konnte der damalige Weltmeister mit 4. Sf3 Se7 5. g3 Sg6 6. h4 Le7 7. h5 Sf8 8. Lb5+ Sbd7 9. a4 a6 10. Le2 h6 11. Le3 Lg5 12. Dd2 Sh7 13. Sc3 Le3: 14. De3: 0-0 nur wenig für Weiß herausholen. Er wird nun den Sf3 nach c4 überführen.

3. e2–e4 g7–g6
4. Sb1–c3 Lf8–g7
5. Sg1–f3

Erwägenswert ist 5. f4 Sf6 6. Lb5+ S6d7 7. a4 0-0 8. Sf3 Sa6 mit schwierigem Spiel (der Springer soll auf c7 den Zug b7-b5 unterstützen).

5. . . . Sg8–f6
6. Lf1–e2 Sb8–a6
7. 0–0 Sa6–c7
8. a2–a4 a7–a6
9. Sf3–d2 Lc8–d7
10. a4–a5

Oder 10. e5 de 11. Sc4 b5 12. ab ab 13. Ta8: Da8: 14. Se5: b4 15. d6 ed mit scharfem Spiel, Larsen–Szabó, Büsum 1969.

10. . . . **Sc7–b5**

und Schwarz hat Gegenspiel. L. Schmid hat sich um die Erforschung dieser Variante sehr verdient gemacht.

Moderne Ben-Oni-Verteidigung

1. d2–d4 **Sg8–f6**
2. c2–c4 **c7–c5**
3. d4–d5

Mit 3. Sf3 sind viele Übergänge in andere Eröffnungen möglich, wenn Weiß den »toten« Punkt auf d5 vermeiden möchte.

3. . . . **e7–e6**

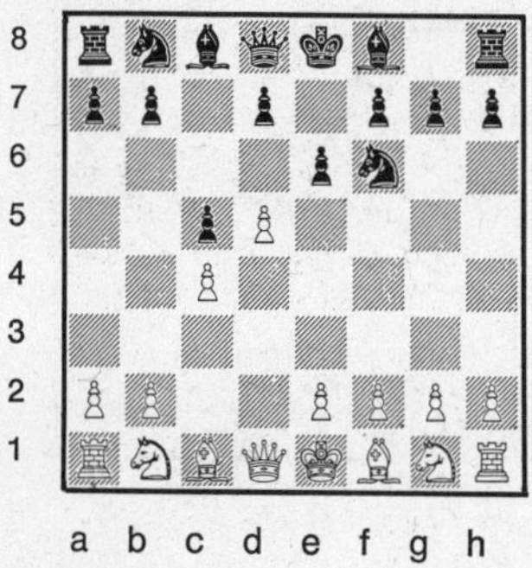

Charakteristisch für diese Variante ist der Tausch auf d5. Möchte Schwarz sofort die Initiative ergreifen, kann er zum **Wolga-** oder **Benkö-Gambit** 3. . . . b5 greifen, bei dem Schwarz für einen verhältnismäßig unbedeutenden Flügelbauern Druck auf den Linien des Damenflügels erhält. Man sehe: 4. cb a6 5. ba La6: 6. Sc3 g6 7. e4 Lf1: 8. Kf1: d6. Weiß hat das Rochaderecht eingebüßt, so daß Schwarz Zeit gewinnt. 9. g3 Lg7 10. Kg2 0-0. Der Bauer dürfte gut angelegt sein. Darum wird öfter die **Fianchetto-Variante** (4.-6. Zug wie oben) 7. Sf3 g6 8. g3 Lg7 9. Lg2 0-0 10. 0-0 S8d7 11. Dc2 Da5 12. Ld2 gespielt, wobei nicht sicher ist, ob Schwarz für den Bauern genügend Ersatz erhält.

Beim sogenannten **Tschechischen Ben-Oni** verzichtet Schwarz auf die Freilegung der e-Linie und spielt sofort 3. . . . e5, zum Beispiel 4. Sc3 d6 5. e4 Le7. Das sieht sehr passiv aus, doch hat Schwarz eine feste Stellung und verfügt über die eventuelle Chance, den Le7 auf g5 zum Tausch zu stellen. Weiß setzt wohl am besten 6. g3 0-0 (auf 6. . . . Sa6 kommt 7. Lh3! sehr in Frage) 7. Lg2 Se8 8. S1e2 Sa6 9. 0-0 Sac7 10. Le3 Tb8 (Schwarz bereitet systematisch b7-b5 vor) 11. a4 b6 12. f4 Lf6 13. Dc2 a6 14. Sc1 b5! (Bilek) fort, kann jedoch nicht vermeiden, daß Schwarz Gegenspiel erhält.

4. Sb1–c3 **e6×d5**
5. c4×d5 **d7–d6**
6. g2–g3

Ein äußerst solider Plan. Als ebenso gut gilt 6. e4 g6 7. Sf3 (Oder 7. Lf4 a6! 8. a4 Lg7 9. Sf3 0-0 10. Le2 mit gleichem Spiel). Der Bauernsturm 7. f4 Lg7 8. e5 wird am besten mit 8. . . . Sfd7 9. Sb5 de 10. Sd6+ Ke7! 11. Sc8:+ Dc8: 12. Sf3 Te8 13. fe Se5: 14. Lb5 Sbd7 15. 0-0 Kf8 16. Se5: Te5: 17. Lf4 a6! beantwortet, und Schwarz hält sich. Wenn hier im 8. Zug Lb5+ eingeschaltet wird

(Taimanov), erwidert Schwarz 8. . . . Sfd7! (8. . . . Ld7 9. e5! Sh5 10. Sf3 0-0 11. Ld7: Sd7: 12. g4 Sf4: 13. Lf4: de 14. Lg5 f6 15. Lh4 mit Vorteil für Weiß, Sacharov), zum Beispiel 9. Ld3 0-0 10. Sf3 a6 (hier scheint 10. . . . Sa6 11. 0-0 Sc7 12. a4 a6 13. Kh1 Tb8 14. f5 nach Spasski nicht so gut zu sein) 11. a4 Sf6 12. 0-0 Lg4 13. h3 Lf3: 14. Df3: S8d7 mit genügenden Gegenchancen. Der Engländer Hollis hat 9. Le2 vorgeschlagen, um die spätere Fesselung auf g4 zu vermeiden.

6. . . . g7–g6
7. Lf1–g2 Lf8–g7
8. Sg1–f3

Der Springer soll über d2 nach c4 wandern.

8. . . . 0–0
9. 0–0 a7–a6

Auf 9. . . . Sa6 gibt 10. h3! Weiß ein gutes Spiel: 10. . . . Sc7 11. e4 Sd7 12 Te1 mit der Eventualdrohung e4-e5, wie 12. . . . Se8 13. Lg5 Lf6 14. Le3 Tb8 15. a4 a6 16. Lf1 De7 17. Sd2 Sc7 18. f4 b5 19. e5!, de 20. Sde4 Dd8 21. Sf6:+ Sf6: 22. d6 zeigt, Kortschnoj–Tal, UdSSR-Meisterschaft 1962.

10. a2–a4

Den Zug b7-b5 wird Weiß nur dann ohne Kampf zulassen, wenn er anschließend mit a2-a4 eine Schwächung der schwarzen Bauernformation erzwingen könnte.

10. . . . Sb8–d7
11. Sf3–d2

Gegen 11. Lf4 Dc7 12. e4 wendet sich Schwarz mit 12. . . . Te8 13. Te1 Sg4 14. h3 S4e5.

11. . . . Ta8–b8

Möglich ist auch 11. . . . Te8 12. h3 Tb8 13. Sc4 Sb6 14. Sa3 Ld7 15. Lf4 Sh5! 16. Ld6: Lc3: 17. Lb8: Lb2: 18. La7 Sa4:! 19. Ta2 Lg7 Ljubojević. Schwarz dürfte für das preisgegebene Material einen genügenden Gegenwert besitzen.

12. Sd2–c4! Sf6–e8

Man beachte den **Reinfall** 12. . . . Sb6 13. Sd6: Dd6:, 14. Lf4.

13. a4–a5 Sd7–e5

Aber nicht 13. . . . b5? 14. ab Sb6: 15. Sa5, gefolgt von Sc6.

14. Sc4–b6 Se8–c7
15. h2–h3

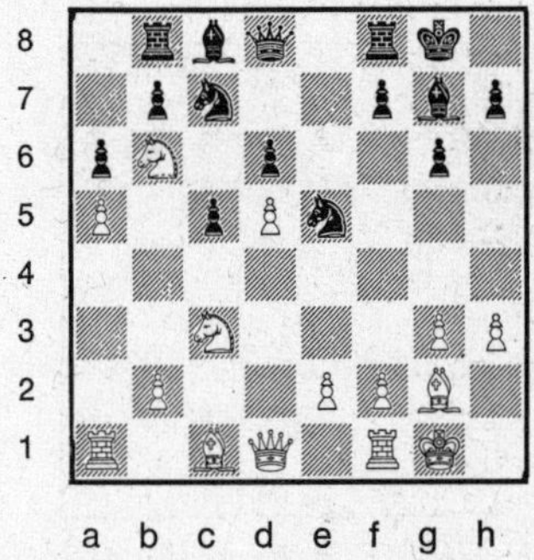

Und Weiß hat einen geringen Vorteil. Sein letzter Zug sollte dem schwarzen Springer das Feld g4 nehmen (15. f4 Sg4 16. Sc4 Te8 17. Se4 Sb5 18. h3 Lf5!, Donner–Keres, Hastings 1954/55). Weiß wird allmählich mit den e- und f-Bauern vorgehen.

KÖNIGSINDISCH

Unter **Indisch** versteht man die Spielanfänge, in denen der Verteidiger zunächst auf die Besetzung des Zentrums mit Bauern verzichtet und den gleichen Zweck mit Hilfe von Figuren zu erreichen sucht. Bei **Damenindisch** (1. d4 Sf6 2. c4 e6 3. Sf3 b6) kontrolliert er das Feld e4 mit Läufer und Springer, bei **Nimzowitsch-Indisch** (1. d4 Sf6 2. c4 e6 3. Sc3 Lb4) nimmt er dem Gegner das Feld e4 mit Hilfe einer Fesselung. **Königsindisch** gehört zu den in letzter Zeit außerordentlich beliebten Eröffnungen, in denen der Königsläufer flankiert wird. Sehr ähnliche Bilder tauchen auch in der **Drachenvariante** der **Sizilianischen Partie** und in der **Modernen Ben-Oni-Verteidigung** auf.

1. d2–d4 Sg8–f6
2. c2–c4 g7–g6

Manche Spieler bevorzugen den »altindischen« Aufbau ohne Flankierung des Königsläufers. Zu ihnen gehört der Bamberger Großmeister L. Schmid. Hier ein Beispiel aus dem Fernsehturnier 1977: Miles–Schmid (Zugumstellung) 1. c4 Sf6 2. Sc3 d6 3. Sf3 e5 4. d4 S8d7 5. e4 Le7 6. Le2 c6 7. 0-0 0-0 8. Te1 Te8 9. Lf1 Lf8 10. h3 a6 11. d5 a5 12. Le3, und nun wäre das vorbereitende 12. . . . Dc7 am Platz gewesen.

3. Sb1–c3 Lf8–g7

Wegen 3. . . . d5 siehe **Grünfeld-Verteidigung.**

4. e2–e4

Auch dem Anziehenden bietet sich hier die Flankierung des Königsläufers an, die zu äußerst schwierigen Situationen führen kann. Hier eine wichtige Variante: **4. g3 d6 5. Lg2 0-0 6. Sf3 S8d7 7. 0-0 e5 8. e4.** (Eine Alternative ist 8. Dc2, um Platz für den Tf1 zu machen, zum Beispiel 8. . . . ed 9. Sd4: Sb6 10. Td1 Sc4: 11. S3b5 wie in Tal–Lehmann, Palma 1966.) **8. . . . c6** (nach 8. . . . Te8 9. h3 ed 10. Sd4: Sc5 11. Te1 a5 12. Dc2 wäre 12. . . . S6e4: 13. Se4: Ld4: 14. Lg5 wenig günstig, so daß Schwarz wohl zu 12. . . . a4 13. Le3 c6 14. Tad1 S6d7 15. Te2 Da5 greifen wird) **9. h3** (Weiß möchte Le3 spielen und muß vorher Sg4 verhindern) **9. . . . Db6** (in Betracht kommt auch 9. . . . Da5, worauf 10. Te1 gut ist, um Lf1 zu ermöglichen, zum Beispiel 10. . . . ed 11. Sd4 Dc5 12. Le3 Dc4: 13. Lf1 Db4 14. Sc2 nebst Dd6:, wie Boleslavski angegeben hat) **10. Te1 Te8** (wenn 10. . . . ed, so 11. Sd4: Sg4 12. S3e2 S4e5 13. b3 Sc5 14. Le3 a5 15. Tb1, Portisch–Gligorić, Jugoslawien–Ungarn 1964) **11. d5.** Weiß macht diesen Zug erst, nachdem der Tf8 gezogen hat. Das schwarze Gegenspiel besteht nämlich in dem Zug f7–f5, und um ihn durchzusetzen, muß der Te8 nach f8 zurückkehren.
11. . . . Sc5 (wenn 11. . . . cd 12. cd Sc5 13. Tb1 a5 14. Le3 Ld7 15. Sd2 Tec8 16. Lf1 mit besserem Spiel für Weiß) **12. Tb1 a5 13. Le3 Dc7 14. Sd2 Ld7 15. Lf1** mit etwas günstigerem

Spiel für Weiß, Marović–Tatai, Malaga 1968.

4. . . . d7–d6

1. Die klassische Entwicklung

5. Sg1–f3

Nachhaltig und auch heute noch beliebt ist das Sämisch-System 5. f2-f3 (siehe B). Zum scharfen **Vierbauernangriff** 5. f2-f4 können sich nicht so viele Spieler entschließen (siehe C).

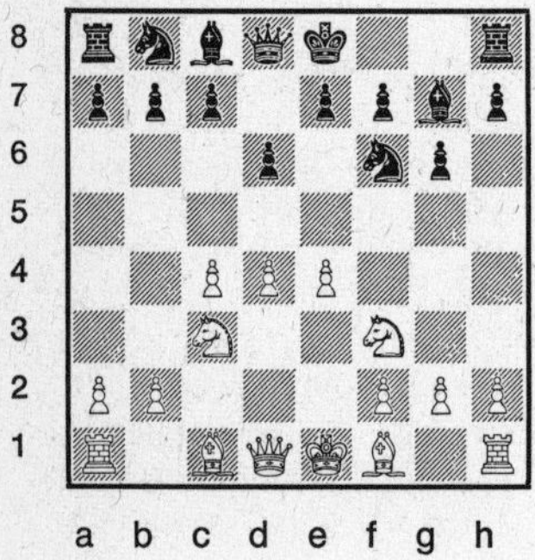

Die von Awerbach stammende Aufstellung 5. Le2 0-0 6. Lg5 ist recht beliebt. Schwarz kann nicht 6. . . . e5 antworten wegen 7. de de 8. Dd8: Td8: 9. Sd5. Eher geht der Bauernvorstoß nach der Einschaltung 6. . . . h6 7. Le3 und nun e5 8. d5 S8d7, wonach 9. h4 Sc5 10. Dc2 a5 11. h5 g5 12. f3 vorteilhaft für Weiß sein dürfte (Polugajevski–Uhlmann, Sarajewo 1965). Logischer ist 6. . . . c5 7. d5 a6 (oder 7. . . . h6 8 Lf4 e5 9. de e. p. Le6: 10. Ld6: Te8 mit Gegenspiel für den Bauern, Adorjan) 8. a4 Da5 9. Ld2 (9. Dd2 b5!) 9. . . . e6 (ein positioneller Fehler wäre 9. . . e5, ein Zug, der den Lg7 aussperrt) 10. Sf3 ed 11. cd Te8 12. 0-0 Dc7 13. Dc2 Lg4 14. h3 Lf3: 15. Lf3:, und mit seinem Läuferpaar steht Weiß ein wenig aussichtsreicher (15. . . . S8d7 16. a5 Te7 17. Ta4 Tae8 18. g3, Portisch–Visier, Palma 1966).

5. . . . 0–0

6. Lf1–e2 e7–e5

Die klassische Ausgangsstellung dieser Variante. Der Zug ist nur scheinbar ein Bauernopfer, denn nach 7. de de 8. Dd8: Td8: 9. Se5: erobert Se4: den Bauern unter günstigen Umständen zurück (10. Sf7:? Lc3:+).

7. 0–0

Petrosjan hat die sofortige Abschließung des Zentrums mit 7. d5 eingeführt, gegen die Steins Zug 7. . . . a5 zu empfehlen ist, zum Beispiel 8. Lg5 h6 9. Lh4 Sa6 10. Sd2 De8 11. 0-0 Ld7 12. b3 Sh7 13. f3 h5 14. Lf2 Lh6, Petrosjan–Stein, Moskau 1967.

7. . . . Sb8–c6

Die **Aronin-Taimanov-Variante.** Der ältere Zug ist 7. . . . S8d7. Er führt meist zu einem gewissen Raumvorteil des Weißen, zum Beispiel 8. Te1 c6 (oder 8. . . . ed 9. Sd4: Sc5 10. Lf1 Te8 11. f3 S6d7 12. Le3 c6 13. Dd2 a5 14. Tab1 nebst b2-b3, a2-a3 und 10. Sd4: Te8 11. Lf4! Sc5 12. Dc2 b3-b4) 9. Lf1 a5 (9. . . . ed Sg4 13. Tad1 Le5 14. Lg3) 10. Tb1 Te8 11. d5 Sc5 12. Sd2 Lh6 13. b3.

8. d4–d5

Auf 8. Le3 antwortet Schwarz am besten 8. . . . Te8, und falls dann 9. d5, so 9. . . . Sd4.

8. . . . Sc6–e7

Weiß verfügt nun über eine ganze

Reihe von Fortsetzungen, wie 9. Sd2 (um Sh5 zu verhindern und den Springer eventuell nach c4 zu führen), 9. Se1 (nebst Sd3 und eventuell f2-f3, c4-c5), 9. b4 (nebst c4–c5) und die hier behandelte.

9. Lc1–d2

Weiß vervollständigt seine Entwicklung und bereitet Tc1 vor.

9. ... Sf6–e8

Nicht 9. ... Sh5 10. g3 f5 11. ef Lf5: 12. Sg5, Borissenko–Terentiev, UdSSR 1960.

10. Ta1–c1

Kortschnoj versuchte gegen Geller (Match 1971) 10. b4 f5 11. Db3 Sf6 12. ef gf 13. c5 Kh8 14. cd cd 15. Tac1.

10. ... c7–c5

Ein Versuch, den Angriff am Damenflügel aufzufangen. In der 3. Matchpartie Taimanov–Fischer, Vancouver 1971, geschah 10. ... f5 11. Db3 b6 12. ef gf 13. Sg5 Sf6 14. f4 h6 15. fe (Balaschov schlug 15. Sh3 vor), und nun wäre nach Vitolins 15. ... hg 16. ef Lf6: am einfachsten gewesen.

11. a2–a3

Dueball regte 11. Tb1 nebst b2-b4 an.

11. ... f7–f5

12. b2–b4

Aber nicht 12. Sg5 h6 13. Se6 Le6: 14. de Sc7.

12. ... (S. Diagr.) **h7–h6**

13. Sf3–e1

Weiß tauscht nicht auf c5, solange der Se8 bereit steht, das Blokkadefeld d6 zu besetzen.

13. ... b7–b6

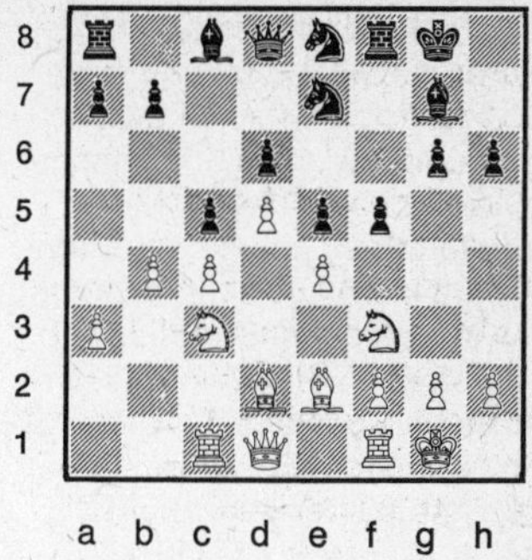

14. Se1–d3 Se8–f6

15. f2–f3 f5–f4

Schwarz hofft, durch Nachstoß des g-Bauern zu Drohungen zu kommen. Er hat es schwer, seinen Türmen zur Tätigkeit zu verhelfen, während Weiß die b-Linie als Aktionsbasis nutzen kann.

16. b4×c5 b6×c5

17. Tc1–b1 g6–g5

18. Tb1–b2

Die Dame bleibt noch auf d1, um g5-g4 zu erschweren.

18. ... h6–h5

19. Dd1–a4 g5–g4

20. Tf1–b1 a7–a6

In einer Partie Dueball–Teschner, Berlin 1971, geschah weniger gut 20. ... Se8 21. Sa2! Schwarz wird versuchen, auf der g-Linie zum Gegenspiel zu kommen.

2. Das Sämisch-System

Der Zug 5. f2-f3 leitet einen schwer zu erschütternden Aufbau ein, der wie nur wenige seine Beliebtheit seit Jahrzehnten nicht eingebüßt hat. Der (an sich ein wenig schwächende) Bauernzug leistet drei Dinge gleichzeitig: er stützt Be4, nimmt den feindlichen Figuren den Punkt g4 und unterstützt gleichzeitig einen eventuellen Bauernsturm am Königsflügel.

5. f2–f3 0–0

Geschieht fast immer sofort, aber Schwarz kann auch die Rochade noch aufschieben. Strebt er mit 5. . . . e5 6. d5 Sh5 7. Le3 f5 ein sofortiges Gegenspiel an, vermag er leicht in Entwicklungsrückstand zu geraten, zum Beispiel 8. Dd2 f4 9. Lf2 Lf6 10. S1e2 Lh4 11. g3 Lg5 12. g4 Lg4: 13. fg f3 14. Le3 Le3: 15. De3: fe 16. gh! efD+ 17. Tf1: Dh4+ 18. Kd2. Bronsteins Idee 7. . . . Sa6 mit der originellen Damenopfer-Variante 8. Dd2 Dh4+ 9. g3 Sg3: 10. Df2 Sf1: 11. Dh4: Se3: ist schwer einzuschätzen. Nach 12. Ke2 Sc4: 13. Tc1 0-0 kann sich eine Stellung aus der Partie Karpov–Velimirović, Skopje 1976, ergeben, in der Weiß nach 14. Sd1! Sb6 15. Sh3 Ld7 16. Se3 f6 17. Thg1 Tad8 18. b3 c6 19. dc bc 20. Sf5! gf 21. Tg7:+ Kg7: 22. Tg1+ zu gefährlichen Drohungen gelangte. Fischer hat ein sofortiges 5. . . . c5 vorgeschlagen. Schwarz muß dabei mit 6. dc dc 7. Dd8:+ Kd8: 8. Le3 rechnen, zum Beispiel 8. . . . Sfd7 9. 0-0-0 b6 10. f4 Lc3: 11. bc Lb7 12. Sf3 Ke8 (12. . . . Le4:? 13. Sg5) 13. Ld3 Sc6 14. e5. Wegen des Rochadeverlusts des Schwarzen steht Weiß, trotz seines Doppelbauern, günstiger.

6. Lc1–e3

6. Lg5 läßt 6. . . . c5 zu.

6. . . . e7–e5

Auf 6. . . . c6 hat Weiß Zeit, mit 7. Ld3 e5 8. S1e2 ed 9. Ld4: d5 10. cd cd 11. e5 Sfd7 12. f4 Sc6 13. Lc2 ein starkes Zentrum zu bilden (Hübner–Gligorić, Leningrad 1973). Ähnlich ist es bei 6. . . . b6 7. Ld3 Lb7 8. S1e2.

7. d4–d5 c7–c6

Schwarz möchte die c-Linie öffnen und so den Weißen von der langen Rochade abbringen.

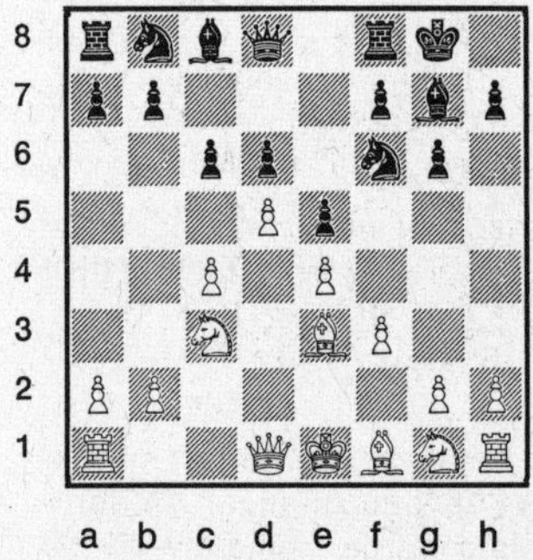

Zu beachten ist 7. . . . Sh5 8. Dd2 f5 9. 0-0-0 a6 (Uhlmann).

8. Dd1–d2

Ebenso gut ist 8. Ld3 cd 9. cd Se8 (unternehmender 9. . . . Sh5 10. S1e2 Sd7 11. 0-0 f5 12. ef gf 13. Dd2 S7f6 14. Kh1 Kh8 15. Lg5, Portisch–Gligorić, Mailand 1975) 10. Dd2 f5 11. S1e2 f4 12. Lf2 Sa6 13. 0-0-0 Ld7 14. Kb1 S8c7 15. Sc1 b6 16. Lc2 Tf7!. Schwarz hat ein haltbares Spiel, Polugajevski–Geller, UdSSR-Meisterschaft 1973.

8. . . . c6×d5

9. c4×d5 Sb8–d7

10. Sg1–e2 a7–a6

Auf 10. . . . Se8 geschieht 11. g4.

11. Se2–g3.

Hier wäre 11. g4 nicht so gut wegen 11. . . . h5! 12. h3 Sh7.

11. . . . b7–b5

12. Lf1–e2 h7–h5!
13. Le3–g5 Dd8–b6
14. Sg3–f1 Sf6–h7

und beide Parteien haben Spielmöglichkeiten.

C. Der Vierbauernangriff

Der breite Aufmarsch der weißen Bauern auf c4, d4, e4 und f4 sieht zwar furchterregend aus, doch hinterläßt er auch Lücken im weißen Spiel, in die Schwarz hineinstoßen kann. Gleichwohl ist er nicht zu unterschätzen. In einigen Fällen kann der Vierbauernangriff in die **Moderne-Ben-Oni-Verteidigung** übergehen.

5. f2–f4

Manchmal geschieht auch zuerst 5. Le2 und nach 0-0 dann 6. f4.

5. ... c7–c5

Zur gleichen Stellung kann 5. ... 0-0 6. Sf3 c5 7. dc Da5 8. Ld3 Dc5: führen. Mit dem früher öfter gespielten Vorstoß des e-Bauern ist nach 6. ... e5 7. fe de 8. d5! kaum Ausgleich zu erzielen, zum Beispiel 8. ... S8d7 9. Ld3 Sc5 10. Lc2 a5 11. 0-0 Dd6 12. De1 Ld7 13. Dh4 Tac8 14. Kh1 h5 15. b3 Sh7 16. a3 f5 17. b4 Da6 18. Tb1 (Aljechin).

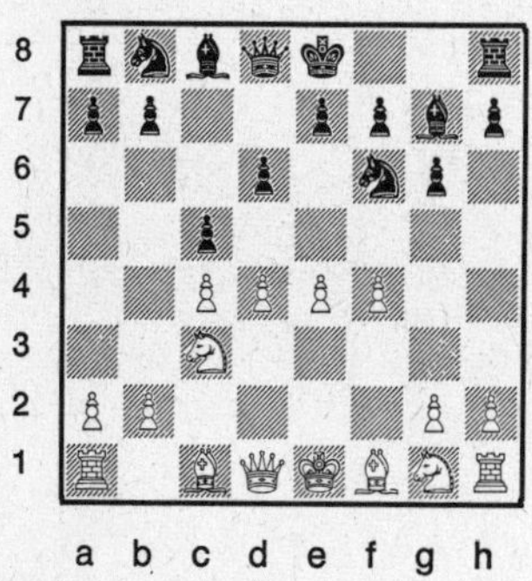

6. d4×c5

In Betracht kommt auch 6. d5 0-0 7. Le2 (oder 7. Ld3 nebst S1e2) 7. ... e6. (Gewisse Chancen bietet das Bauernopfer 7. ... b5 entsprechend dem »Benkö-Gambit«, zum Beispiel 8. cb a6 9. ba La6: 10. Sf3 Db6 11. 0-0 S8d7 12. La6: Da6: 13. e5 Se8!, Janosević–Mednis, Madonna di Campiglio 1974.) 8. de (Spielbar ist ferner 8. Sf3 ed 9. ed – Alternativen sind 9. cd, Ben-Oni, und 9. e5 de 10. fe Sg4 11. Lg5 Da5 – 9. ... Sh5 – wohl besser als 9. ... Lf5 10. 0-0 Se4 – 10. 0-0 Lc3: 11. bc Sg7 12. Tb1 Sd7 13. Tb2 Sf6 14. Ld3 Sf5 mit gleichen Chancen, Forintos–Szabó, Miskolc 1963.) 8. ... fe (möglich auch 8. ... Le6: 9. Sf3 Sc6 10. 0-0 Lg4 11. h3 Lf3: 12. Lf3: Sd4 13. Le3, Gunderam.) 9. Le3. (Zu scharf ist 9. g4 Sc6 10. h4 Sd4 11. h5; Mariotti–Gligorić, Praia da Rocha 1969, nur mußte hier Schwarz 11. ... b5 12. cb Lb7 spielen.) 9. ... Sa6 10. Lf3 Sc7 mit offenem Kampf.

6. ... Dd8–a5

Die Idee des Zuges c7–c5.

7. Lf1–d3 Da5×c5
8. Sg1–f3 Sb8–c6
9. Dd1–e2 Lc8–g4
10. Lc1–e3 Dc5–h5

Schaltet Schwarz 10. ... Lf3: ein, erhält Weiß mit 11. Df3: Sd4 12. Dg3 e5 13. f5 0-0 14. 0-0 gutes Spiel (Bilek).

11. 0-0 Sf6–d7

Fuderers Versuch 11. ... Lf3: 12. Tf3: Sg4 13. Th3 Sd4 14. Ld4: Ld4:+ 15. Kf1 Sh2:+ 16. Ke1 Dg4 ist wegen 17. Sb5 Lb6

18. Kd1 Df4: 19. g3 Dg4 20. Th2: Dg3: 21. Kc2 0-0-0 22. Tf1 Tdf8 23. Th6 f6 24. Tfh1 Tf7 25. Dh2 Dh2: 26. T1h2: für Weiß etwas günstiger.

12. Sc3–d5 Ta8–c8

13. Ta1–d1

und nach R. Schwarz steht Weiß freier.

(Siehe Diagramm)

Sizilianischen Charakter nimmt die Partie nach 6. Sf3 cd 7. Sd4: 0-0 8. Le2 an. Eine Partie Stahlberg–L. Stein, Erewan 1965, ging mit 8. . . . Sa6 9. Le3 Sc5 10. Lf3 Lh6! originell weiter.

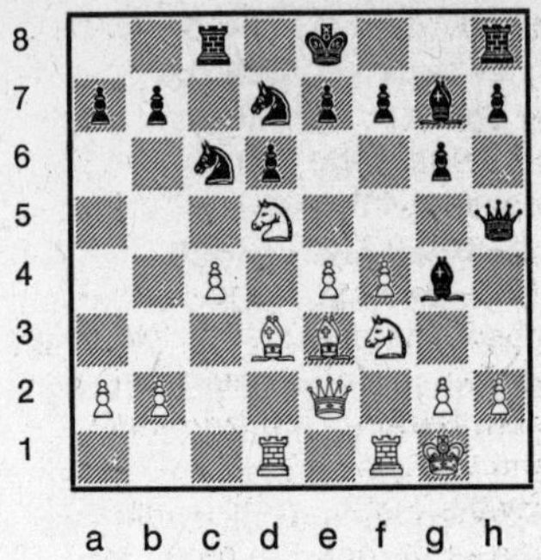

Schwarz läßt e7–e5 folgen und kann zufrieden sein.

DIE GRÜNFELD-VERTEIDIGUNG

Der von dem Wiener Großmeister Ernst Grünfeld (1893–1962) eingeführte Zug (nach 1. d2–d4 Sg8–f6 2. c2–c4 g7–g6 3. Sb1–c3) d7–d5 sieht zunächst stellungswidrig aus, weil Schwarz das Zentrum nicht mehr mit einem Bauern besetzen kann, wenn Weiß auf d5 tauscht. Aber Schwarz erhält einen Druck auf der d-Linie, der von dem Läufer auf g7 unterstützt wird. Es ergeben sich oft kampfbetonte Stellungen, die von starken Meistern, wie dem Amerikaner Robert Fischer oder dem Russen Viktor Kortschnoj, angestrebt werden.

1. d2–d4 **Sg8–f6**
2. c2–c4 **g7–g6**
3. Sb1–c3 **d7–d5**

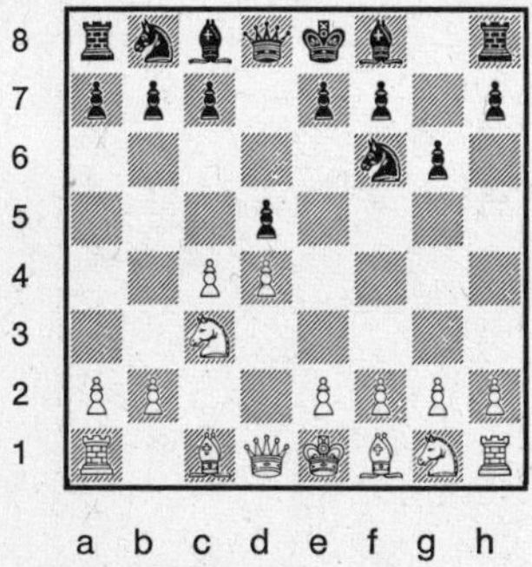

A. 4. c4×d5

Die **Hauptvariante:** Wegen 4. Sg1–f3 siehe B, wegen 4. Lc1–g5 siehe C.

4. ... **Sf6×d5**
5. e2–e4

Weiß baut ein breites Zentrum auf, gegen das der Schwarze bald anrennen wird. Keres hat gern 5. Sf3 Lg7 6. e3 0-0 7. Lc4 gespielt. Schwarz kann sowohl 7. ... Sb6 8. Lb3 c5 9. 0-0 cd 10. ed Sc6 11. d5 Sa5 (Keres–D. Byrne, San Antonio 1972), als auch 7. ... Sc3: 8. bc c5 9. 0-0 Dc7 10. De2 Lg4 11. La3 Sd7 (Najdorf–Kortschnoj, Hastings 1971/72) fortsetzen.

5. ... **Sd5×c3**
6. b2×c3 **c7–c5**
7. Lf1–c4

Elastischer als der Aufbau mit 7. Sf3.

7. ... **Lf8–g7**
8. Sg1–e2 **0-0**

Die **Botwinnik-Variante,** bei der der Bauerntausch auf d4 verzögert wird. Der sofortige Tausch 8. ... cd 9. cd, die **Aljechin-Variante,** ist ebenfalls spielbar, zum Beispiel 9. ... Sc6 10. Le3 0-0 (10. ... b5 11. Ld5!) 11. 0-0 Lg4! 12. f3 Sa5 13. Ld3 (chancenreich ist 13. Tc1 Sc4: 14. Tc4: Ld7 15. Db3 Da5 16. Sc3!.) 13. ... Le6 14. Tc1 (Das Qualitätsopfer 14. d5 La1: 15. Da1: f6 ist unklar, auch bei dem interessanten Zug 16. Td1 Ld7 17. Lh6 Tf7 18. e5 fe 19. De5: b6 20. Ld2 Sb7 21. Lc3 Tf6 22. Sg3 Sd6 23. Te1 Lb5 24. Lb1 Tc8 25. Sh5!, Donner–Ree, Match 1971.) 14. ... La2: (sonst 15. d5) 15. d5. (Gut ist auch 15. Da4 Le6 16. d5 Ld7 17. Db4 e6 18. Sc3 b6 19. La6 Df6 20. f4, Spasski–Dueball, Dortmund 1973.) 15. ... Lb3 16. De1! e6! 17. Db4 ed 18. Tc5 Lc4! mit der Idee 19. Ta5: Ld3: 20. Td5: Le2: 21. Td8: Tfd8: mit ebenbürtigem Spiel für Schwarz. Simagins 8. ... b6 wird mit 9. h4 La6 10. La6: Sa6: 11. h5 beantwortet.

9. 0-0 Sb8–c6

10. Lc1–e3 Sc6–a5

Oft wird auch 10. ... Dc7 gespielt, das nach 11. Tc1 Sa5 12. Ld3 b6 13. De1 e6 14. f3 Lb7 15. Df2 Dd7 16. h4 cd 17. cd Tac8 zu »aktivem Gegenspiel« (Botwinnik) führt.

11. Lc4–d3 b7–b6

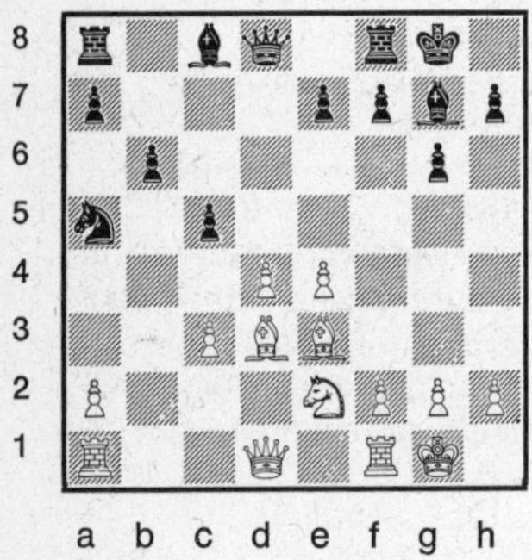

12. Dd1–a4

Der Bauernraub 12. dc bc 13. Lc5: Dc7 14. Ld4 e5 15. Le3 Td8 16. Dc2 Le6 17. Tfd1 Sc4 ist für Schwarz angenehm. Weiß hat aber noch die Wahl zwischen 12. Tc1 (Lb7 13. d5 c4! 14. Lc2 e6 15. de fe, Knaak–Smejkal, Halle 1974, mit etwa gleichen Chancen) und 12. Dd2 (Lb7 13. Lh6 cd 14. cd e6 15. Lg7: Kg7: 16. Tac1 De7 17. Df4 Tac8 18. h4 Sc6 19. h5 e5!, mit gutem Spiel für Schwarz, Szabó–Filip, Moskau 1956, oder 16. Tad1 Tc8 17. Tfe1 De7 18. Sf4 Tfd8 19. d5, Gligorić–Smejkal, Leningrad 1973, und Schwarz hätte nach 19. ... e5 20. Se2 Sc4 befriedigende Aussichten gehabt.) Auch nach 12. f4 cd 13. cd f5! 14. De1 e6 15. Td1 Lb7 16. Lb1 Sc4 steht Schwarz gut, Holm–Pribyl, Primorsko 1974.

12. ... e7–e5

13. Ta1–d1 Lc8–d7

14. Da4–a3 Dd8–c7 (Estrin) und Schwarz behauptet sich. Weiß könnte nach dem Bauerngewinn 15. dc Le6 16. cb ab 17. Db4 Sc4 auf keinen Vorteil rechnen, und auch 15. f4 Lg4 verspricht nichts. Am besten scheint 15. de Le5: 16. f4.

B. 4. Sg1–f3

Weiß behält sich noch verschiedene Systeme vor mit Ausnahme der Hauptvariante, in der der Springer günstiger nach e2 zieht.

4. ... Lf8–g7

5. Dd1–b3

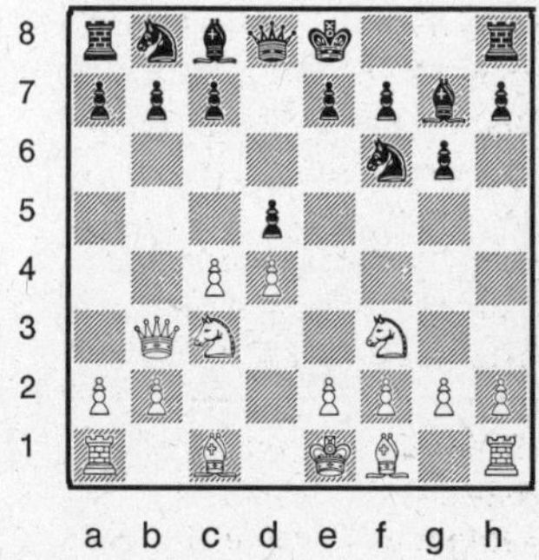

Die **Flohr-Variante** 5. Da4+ bringt nicht viel ein, wie eine Partie Pachman–Teschner, Berlin 1977, gezeigt hat: 5. ... c6 6. cd Sd5: 7. e4 Sc3: 8. bc 0-0

9. Le2 c5 10. 0-0 cd 11. cd Sc6 12. Le3 Ld7! (bevor Schwarz Lg4 spielt, lenkt er die Dame von dem Punkt d4 ab) 13. Da3 Lg4 14. d5 Lf3: (wenig ersprießlich wäre 14. ... La1: 15. dc) 15. Lf3: Sd4 mit gleichem Spiel. Gut spielbar ist 5. Lf4 0-0 6. Tc1 c5 7. dc Le6 (Botwinnik) 8. Sd4 Sc6 9. Se6: fe 10. e3 Da5 11. Le2 Tad8! 12. Da4 Dc5: 13. 0-0 d4 14. ed Sd4: 15. Le3 a6 16. Kh1 Dc7! (Botwinnik) mit Ausgleich, zum Beispiel 17. Ld4: Td4: 18. Dc2 e5.
Zu eigenartigen Verwicklungen führt 5. Lg5 Se4 (möglich ist 5. ... dc 6. e4 c5 7. d5 b5 8. Lf6: ef 9. Sb5: f5) 6. cd (6. Lh4 Sc3: 7. bc c5 8. e3 Sc6) 6. ... Sg5: 7. Sg5: e6 (oder 7. ... c6 8. Sf3 cd 9. e3 0-0 10. Le2 Sc6, Petrosjan–Kortschnoj, UdSSR-Meisterschaft 1973) 8. Dd2 ed (gut auch 8. ... h6 9. Sh3 ed 10. Sf4 0-0 11. g3 Sc6 12. e3 Se7 13. Lg2 c5! 14. dc d4 15. Sd1 de 16. Se3: Dd2:+ 17. Kd2: Lb2:, Karpov–Adorjan, Budapest 1973) 9. De3+ Kf8 10. Df4 Lf6 11. h4 c6 12. 0-0-0 h6 13. Sf3 Le6 14. e4 de 15. Se4: Kg7, und Schwarz kann zufrieden sein.

5. ... **d5×c4**

Lockt die Dame auf unbequeme Felder.

6. Db3×c4 **0-0**
7. e2–e4 **Sb8–a6**

Die **Ragosin-Variante**. Es gibt noch eine Reihe anderer guter Möglichkeiten, wie
a) 7. ... Sfd7 (Smyslov) 8. Le3 Sb6 9. Db3 Lg4 10. Td1 Sc6 11. d5 Se5 12. Le2 Sf3:+ 13. gf Lh5 14. Tg1 Db8! 15. Tg3 (Gut ist 15. f4) 15. ... c6 16. a4 cd 17. a5 Sc4 18. Sd5: Se3: 19. Se7:+ Kh8 20. De3: Lb2:.
b) 7. ... a6 (**Ungarische Variante**) 8. Lf4 b5! 9. Dc7: Dc7: 10. Lc7: Lb7 11. e5 Sd5 12. Sd5: Ld5: mit gleichen Chancen. Oder 8. Db3 b5 9. e5 S6d7 10. Le3 Sb6 11. Td1 Lb7 12. a4 ba 13. Sa4: Ld5 14. Dc2 Sa4: 15. Da4: Dd7.
c) 7. ... Sc6 8. h3 (8. Lf4 Sd7 9. Sd5 e6!) 8. ... Sd7 9. Le3 Sb6 10. Dc5 (10. Dd3 f5 11. Td1 Sb4) 10. ... Dd6 11. Sb5 Dc5: 12. dc Sa4 13. Sc7 Tb8 nebst Sb2:.
d) 7. ... c6 8. Db3 e5 9. de Sg4 10. Le2 Db6 11. 0-0 Te8 12. Lf4! und Weiß steht günstiger.

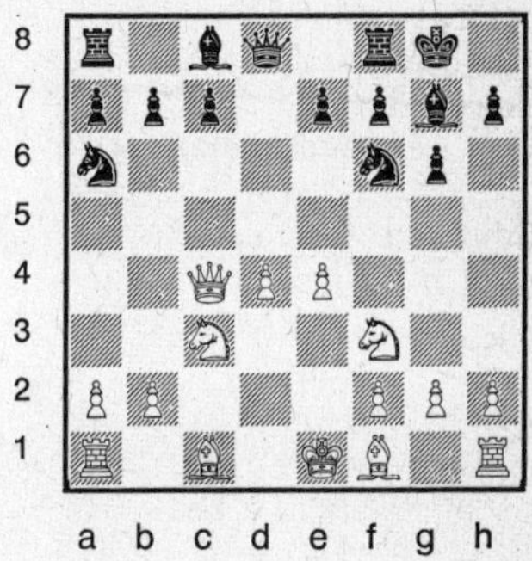

8. Dc4–a4

Ein Zug Uhlmanns. Auf 8. Lg5 h6 9. Lh4 c5 10. 0-0-0 cd 11. Td4: Sd7 12. e5 Sac5 13. Sd5 Te8 14. Se7:+ Te7: 15. Dc5: g5 16. Lg3 De8 17. Da5 Sb6! hat Schwarz genügend Gegenspiel für den preisgegebenen Bauern, R. Byrne–L. Schmid, Lugano 1968.

8. ... **c7–c5**
9. d4–d5

Von 9. La6: cd! 10. Sd4: ba hätte Weiß nichts.

9. . . . Dd8–b6
10. Lf1×a6 b7×a6
11. 0-0 e7–e6
12. Lc1–g5 Lc8–b7

Nicht 12. . . . Db2: 13. e5! (Dc3: 14. ef Lf6: 15. Tac1).

13. Tf1–d1 h7–h6

und Schwarz hat nichts zu fürchten (Polugajevski).
Weiß könnte sich auch einfach mit 8. Le2 entwickeln, worauf 8. . . . c5 9. d5 e6 10. 0-0 (10. d6 e5) 10. . . . ed 11. ed Lf5 12. a3 Te8 13. Lg5 h6 14. Lf6: Df6: 15. Tad1 Tad8 16. Ld3 Ld7 17. Td2 Tb8 für Schwarz nicht unbefriedigend ist (Smyslov–Hort, Palma 1970).

C. 4. Lc1–g5

Die **Aljechin-Variante**. Erwähnenswert ist außerdem 4. Lf4 wegen der **Bauernopfer-Variante** 4. . . . Lg7 5. e3 0-0! 6. cd Sd5: 7. Sd5: Dd5: 8. Lc7:. Sehr verwickelt verläuft das Spiel dann nach 8. . . . Sc6 weiter, zum Beispiel 9. Se2! Lg4 10. f3 Tac8! 11. Sc3 De6 12. Lf4 Sd4:! 13. fg Tfd8 14. Ld3! Sc6 15. Db1! Se5! 16. Le2 Sc4 17. Lc4: Dc4: 18. Dc2 g5! 19. Lg5: b5 20. Td1 Dc5 21. Td8:+ Td8: 22. Df5 Lc3:+ 23. bc Td5 24. Df4 Tg5: mit Rückgewinn der geopferten Figur in einem etwa ausgeglichenen Endspiel. Einfacher hat Schwarz es wohl bei 8. . . . Sa6 9. La6: ba 10. Sf3 (10. Df3 Db5! 11. Se2 Db4+ 12. Sc3 Lb7) 10. . . . Lf5! 11. 0-0 Tfc8 12. Tc1 Db7 13. Le5 Db2:.

4. . . . Sf6–e4
5. Lg5–h4

Viel leichter hat Schwarz es nach 5. Se4: de 6. Dd2 Lg7 7. 0-0-0 h6 8. Lf4 (8. Lh4 b5! cb Dd5, Knaak–Forgacs, Ploesti 1971) 8. . . . c5 9. d5 b5! 10. cb a6 11. e3 Db6. Auch 5. cd Sg5: 6. h4 Se4 7. Se4: Dd5: 8. Sc3 Da5 9. e3 Lg7 10. Lc4 c5 11. Df3 0-0 12. S1e2 cd 13. ed Sc6 ist sehr brauchbar für Schwarz, Canal–Gligorić, Dubrovnik 1950.

5. . . . Se4×c3
6. b2×c3 d5×c4

Der Zug des Amerikaners R. Fischer.

7. e2–e3 Lc8–e6
8. Ta1–b1 b7–b6
9. Lf1–e2

Droht 10. Lf3.

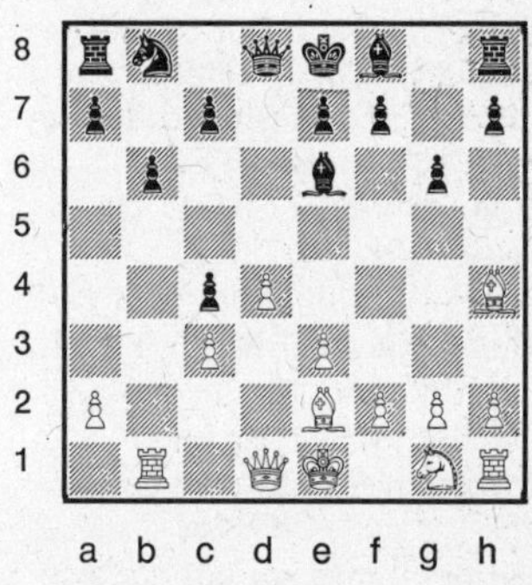

9. . . . Lf8–h6

Beugt dem Zug Sf4 (nach eventuellem Lf3 c6, Se2) vor.

10. Sg1–f3 c7–c6
11. Sf3–e5 Lh6–g7

Weniger ratsam wäre 11. . . . b5 12. Lf3 Ld5 13. e4 Le6 14. d5 (Estrin).

12. f2–f4 Le6–d5

13. 0-0 Sb8–d7
14. Se5×c4
Weiß hat ein recht gutes Spiel erlangt. In der Partie Taimanov–Fischer, Match 1971, erwies sich die schwarze Stellung nach 14. . . . 0-0 15. a4 c5 16. Se5 Se5: 17. de f6 18. Tb2! Le6 19. Td2 Dc7 20. Lg4 Dc8 21. Lf3 Tb8 22. De2 Td8 23. Tfd1 Td2: 24. Dd2: De8 25. ef ef 26. Dd6 Tc8 27. a5 Lf8 als verteidigungsfähig.

Diskussionsvorschlag. Zu der auf Seite 125 gezeigten »Smyslov-Variante 7. . . . Sfd7 gibt es einen neuen Zug, der seit der Partie Forintos–Smejkal, Bar 1977 zur Diskussion steht. Die Zugreihenfolge war:

1. d4 Sf6	**6. Dc4: 0–0**
2. c4 g6	**7. e4 Lg4**
3. Sc3 d5	**8. Le3 Sfd7**
4. Sf3 Lg7	**9. Db3 Sb6**
5. Db3 dc	**10. Td1.**

Smejkal intensivierte den Druck gegen d4, indem er
10. . . . e6
11. Lb5 Lf3:!
12. gf Dh4
(Absicht Lh6 und auch Td8) fortfuhr. Nach den Zügen
13. Se2 a6
14. Ld3 Sc6
15. Lb1 Tfd8
16. Tg1 (16. 0–0 Dh3) **Td7**
17. Tg2 Lh6
18. f4 Tad8
stand der Nachziehende deutlich besser.
Grünfelds Idee, die d-Linie zu öffnen, ist auch anwendbar, wenn Weiß den Zug 3. Sc3 unterläßt und statt dessen seinen Königsläufer flankiert. Hierzu ein Beispiel: Osnos–Waiser (UdSSR-Meisterschaft 1977, 1. Liga)

1. d4 Sf6	**4. Lg2 Lg7**
2. c4 g6	**5. cd Sd5:**
3. g3 d5	**6. e4**

(Zu erwägen ist, diesen Zug erst etwas später auszuführen, um nicht zum frühzeitigen Vorgehen in der Mitte gezwungen zu werden. 6. Sf3 bot sich an.
6. . . . Sf3
7. d5 c6
8. Se2 cd
9. a3.
Weiß läßt sich auf komplizierte Verwicklungen ein, die mit 9. ed zu vermeiden waren.
9. . . . Da5 10. 0–0.
Natürlich nicht 10. Ld2 Sd3+ 11. Kf1 Db6 12. Le3 Db2:.
10. . . . de
11. Ld2 S8c6
12. Le4:.
Weiß glaubte wohl, eine Figur zu erobern.
12. . . . Da6!
(12. . . . De5? 13. Lc6: Sc6: 14. Lc3!)
13. S1c3 Sd3
14. Sd5 0–0
15. Sc7 Dc4
16. Ld3: Dd3:
17. Sf4
(Aber nicht 16. Sa8: Lg4 18. Sf4 Ld1: 19. Sd3: Le2:)
17. . . . De4
18. Te1 Df5
19. Sa8: g5
20. Sg2 Sd4
21. Te3 Ld7
22. Sc7 Lc6!
Obwohl er einen Turm weniger besitzt, hat Schwarz, dem der Sc7 nicht entgehen kann, mehr vom Spiel.

Die Idee des lettischen Großmeisters, nach 1. d2–d4 Sg8–f6 2. c2–c4 e7–e6 3. Sb1–c3 den Punkt e4 indirekt mit Lf8–b4 zu kontrollieren, hat sich als äußerst fruchtbar erwiesen. Seit den zwanziger Jahren, als er den Gedanken in die Meisterpraxis einführte, hat sich eine umfangreiche Theorie der Folgen dieses Zuges gebildet, der bis heute eifrig angewandt wird. Die mit ihm verbundene biegsame Strategie entspricht der modernen Schachauffassung. Schwarz behält sich noch vor, ob er den d-Bauern oder den e-Bauern ins Zentrum vorstoßen wird. Manchmal tut er beides; auch der Zug c7–c5 gehört in vielen Varianten ins Konzept. Daß Schwarz frühzeitig Abschied vom Läuferpaar nimmt, kann ein Nachteil sein; er ist durchaus nicht immer dazu gezwungen (außer beim **Sämisch-Angriff** 4. a3).

1. d2–d4	**Sg8–f6**
2. c2–c4	**e7–e6**
3. Sb1–c3	**Lf8–b4**

1. Die Rubinstein-Variante

In der heutigen Praxis herrscht der einfache Zug 4. e3 vor, der die Entwicklung des Königsflügels einleitet (Rubinstein-Variante). Er hat das früher bevorzugte System 4. Dc2 (B) verdrängt. Geringe Bedeutung hat heute der Sämisch-Angriff 4. a3 (C). Wegen der Spasski-Variante 4. Lg5 siehe D.

4. e2–e3	**c7–c5**

Zur »Normalstellung«, die Schwarz anstrebt, gehören ferner die Züge d7–d5 und 0-0, die manchmal in anderer Reihenfolge geschehen. Eine Zeitlang war der Zug 4. ... b6 gebräuchlich. Weiß kann sich danach mit 5. S1e2 0-0 6. a3 Lc3:+ 7. Sc3: das Läuferpaar verschaffen, ohne seine Bauernstellung schwächen zu müssen. In einer Matchpartie Geller–Spasski, 1965, folgte 7. ... d5 8. cd ed 9. b4 c5 10. bc bc 11. dc Da5 12. Ld2 Dc5: 13. Tc1 Sc6 14. Le2 mit gutem Spiel für Weiß. Wichtig ist der Zug 5. ... La6, der den Bc4 angreift. Mit 6. a3 Lc3:+ 7. Sc3: d5 8. b3 0-0 9. Le2 dc 10. bc Sc6 11. a4 Dd7 12. Sb5 Tfd8 13. Lb2 Sa5 14. Dc2 c6 15. Sa3 De7 16. 0-0 c5 (Botwinnik–Smyslov, Match 1957) kann Weiß nicht viel erreichen, eher mit 6. Sg3 Lc3:+ 7. bc d5 8. La3 Lc4: 9. Lc4: dc 10. 0-0! (Euwe). Nach 4. ... d5 kann Weiß in die **Botwinnik-Variante** 5. a3 Lc3:+ (brauchbar ist der Rückzug 5. ... Le7) 6. bc c5 7. cd ed 8. Ld3 0-0 9. Se2 b6 (plant den Abtausch des gefährlichen weißen Läufers) 10. 0-0 La6 11. f3 Ld3: 12. Dd3: Te8 13. Sg3 Sc6 14. Lb2 Tc8 15. Tae1 mit Initiative für Weiß (15. ... Tc7 16. e4 cd 17. cd de 18. fe Se5 19. Dd1 Sg6 20. d5 Sd7 21. Sf5 S7e5 22. d6 und Angriff, Teschner–Martius, München 1969) einlenken.

5. Lf1–d3

In einer Partie Gligorić–Sosonko, Bad Lauterberg 1977, probierte Weiß 5. S1e2 cd 6. ed 0-0 7. a3 Le7 8. g3 aus.

5. . . . d7–d5

Schwarz kann auch den Zug e6–e5 ansteuern, zum Beispiel 5. . . . Sc6 6. Sf3 Lc3:+ 7. bc d6 8. e4 e5 9. d5 Se7 (10. g3 h6 11. Sh4 g5 12. Sg2 Da5 13. Db3 Lh3, Najdorf–Hübner, Wijk aan Zee 1971, oder 10. Sh4 h6 11. f4 Sg6!, Spasski–Fischer, Reykjavik 1972, oder 10. Sd2 Da5 11. Dc2 Ld7 12. 0-0, Gligorić–Barle, Portoroz 1977)

6. Sg1–f3 0-0

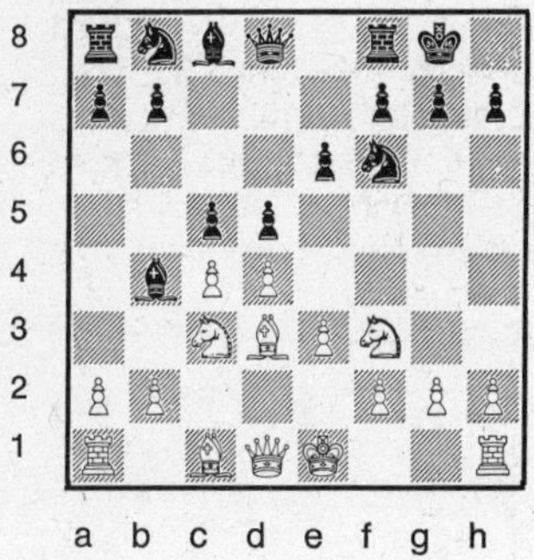

7. 0-0 b7–b6

Schwarz steuert auch hier den schon mehrfach erwähnten Zug Lc8–a6 an, um den Weißen zum Tausch auf d5 und zur Klärung im Zentrum zu nötigen.
Der Münchener Großmeister Unzicker spielt gern 7. . . . dc 8. Lc4: De7 und vermeidet den Abtausch des schwarzfeldrigen Läufers. In einer Partie Teschner–Unzicker, Berlin 1971, folgte 9. a3 La5 10. Dc2 Ld7 11. La2 Tc8 12. Ld2 cd 13. ed Lc6 14. Se5 Lb6 15. Tfe1 (15. Tae1!) 15. . . . Ld4:! 16. Sf7: Lf2:+ 17. Kf2: Df7: 18. Le6: Se4+ 19. Kg1 De6: 20. Se4: mit Remis.
Eine von Karpov bevorzugte Behandlungsweise stellt der doppelte Tausch 7. . . . cd 8. ed dc 9. Lc4: und nun 9. . . . b6 dar.
In einer Partie Portisch–Karpov, Mailand 1975, geriet er allerdings nach 10. Te1 Lb7 11. Ld3 Sc6 12. a3 Le7 13. Lc2 Te8 14. Dd3 Tc8 (g7–g6!) 15. d5! ed 16. Lg5! in eine sehr schwierige Lage, wenngleich er nach einer Ungenauigkeit Remis zu halten vermochte. Deswegen ist 9. . . . Sc6 besser.

8. c4×d5 e6×d5

9. Sf3–e5

Wenig verspricht 9. Ld2 Lg4! 10. a3 Lc3: 11. Lc3: c4 12. Le2 Sc6 13. Se5 Le2: 14. De2: Dd6, Gligorić–Keres, Belgrad 1959. Aussichtsreich ist jedoch auch 9. dc bc 10. Se2 Lg4 11. b3 Sc6 12. Lb2 d4 13. ed Lf3: 14. gf Sd4: 15. Sd4: cd 16. Ld4: Sh5 17. Kh1 Dh4 18. Le5 Tfe8 19. Lg3 Df6 20. Le4, Taimanov–Limbos, Luxemburg 1963.

9. . . . Tf8–e8!

Eine neue Idee Spasskis. Auf 9. . . . La6 wäre 10. Sc6! geschehen, auf das passivere 9. . . . Lb7 10. Ld2 Sc6 11. a3 Lc3: 12. Lc3: Se5: (12. . . . De8!, Gligorić – Govedarica, Vrbas 1977) 13. de Se4 14. Le4: de 15. Dg4 »mit starker weißer Initiative«, Gligorić.

10. Lc1–d2 Lc8–a6

11. Ld3×a6

11. Sc6 Dc8 führt zu nichts.

11. . . . Sb8×a6

12. Dd1–a4 Dd8–c8

13. Tf1–c1 Dc8–b7

14. Da4–c6 Ta8–b8

15. Tc1–c2 Lb4×c3!

16. Ld2×c3 Sf6–e4.

Schwarz hat eine ebenbürtige Partie, nachdem er seinen Springer zentral postieren konnte.

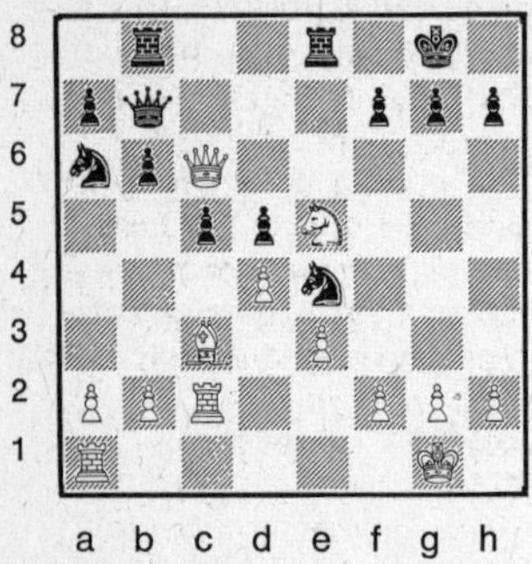

2. Das klassische System

4. Dd1–c2

Der Damenzug soll die Verdoppelung des c-Bauern vermeiden und gleichzeitig den Punkt e4 beherrschen.

4. . . .   c7–c5

Eine alte Fortsetzung, die den ungedeckten Bd4 angreift und folgerichtig erscheint. Zu beachten sind außerdem die **Züricher Variante** 4. . . . Sc6, bei der Schwarz den Zug e6–e5 durchzusetzen bestrebt ist (5. Sf3 d6 – oder 5. . . . d5 6. a3 Lc3:+ 7. Dc3: a5 8. b3 0–0 9. Lg5 h6 10. Lf6: Df6: 11. e3 Ld7, Capablanca-Mikenas, Buenos Aires 1939, mit ungefähr gleichen Aussichten – 6. Ld2 De7 7. a3 Lc3: 8. Lc3: e5 9. de de 10. b4 Lg4 11. b5 Lf3: 12. gf Sd4 13. Db2 0–0–0 mit Gegenspiel für Schwarz), und der **damengambitartige Zug** 4. . . . d5 mit den beiden Möglichkeiten 5. a3 Lc3:+ 6. Dc3: Se4 7. Dc2 Sc6 8. e3 e5 9. cd Dd5: 10. Lc4 Da5+ 11. b4 Sb4: 12. De4: Sc2+ 13. Ke2 De1+ 14. Kf3 Sa1: 15. Lb2 0–0 16. Kg3 h6 17. h3 Dd2! 18. Db1 Dc2 19. Dc2: Sc2: 20. de Lf5, Gerusel–Johannsson, Halle 1967 – Weiß hat genügend Spiel für die Qualität –, und 5. cd Dd5: (oder 5. . . . ed 6. Lg5 h6 7. Lf6: Df6: 8. a3 Lc3:+ 9. Dc3: 0–0 10. e3 c6 11. Sf3 Lf5 12. Le2 Sd7 13. b4 a5 14. 0–0 ab 15. ab Tfc8, Flohr–Szabó, Stockholm 1948, mit gutem Spiel für Weiß: 16. Ta3!). 6. Sf3 c5 7. Ld2 Lc3: 8. Lc3: cd 9. Sd4: e5 10. Sf3 Sc6 11. Td1 Dc5 12. e3 0–0 13. Le2 Lg4 14. 0–0 Tac8 15. Db3, Löwenfisch–Botwinnik, Match 1937. Weiß profitiert von seinem Läuferpaar.

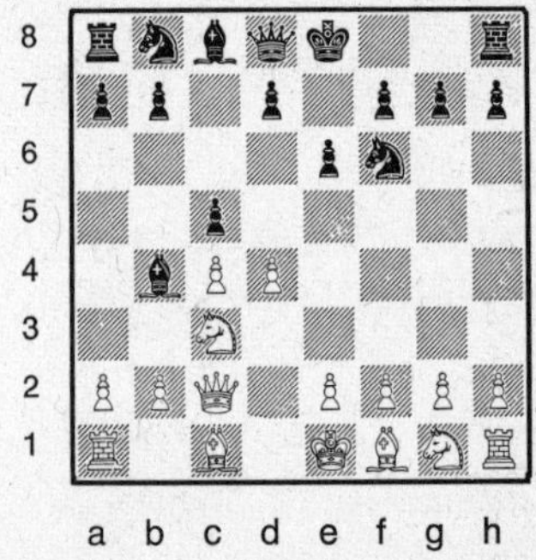

5. d4×c5   0–0

Schwarz behält sich die weitere Entwicklungsweise vor.

6. Lc1–f4

Auf 6. Sf3 ist 6. . . . Sa6 zu empfehlen, um mit dem Springer über c5 nach e4 zu wandern. Auch 6. Lg5 wird mit 6. . . Sa6 gut beantwortet, zum Beispiel

7. a3 Lc3:+ 8. Dc3: Sc5: 9. Sf3 S6e4!, oder 9. Lf6: Df6: 10. Df6: gf 11. f3 a5 12. e4 b6 13. Tad1 a4, Kotov–Awerbach, UdSSR 1951.

6. . . . Lb4×c5

Auf 6. . . . Sa6 geschieht jetzt 7. Ld6! Te8 8. a3 Da5 (8. . . . Lc5: 9. Lc5: Sc5: 10. b4 Sa6 11. Td1 ist günstig für Weiß) 9. Tc1 Lc3:+ 10. Dc3: Dc3:+ 11. Tc3: Se4 12. Tc2 Sac5: 13. Lc5: Sc5: 14. b4, Gerusel–Timman, Bad Lauterberg 1977, wonach sich der Springer c5 nach a4 verirrte (er wäre wohl besser nach e4 gegangen).

7. Sg1–f3 Sb8–c6
8. e2–e3 d7–d5
9. Ta1–d1 Dd8–a5
10. a2–a3 Tf8–d8
11. Sf3–d2.

Gegen Se4 gerichtet. Falsch wäre 11. b4 Sb4: 12. ab Lb4: 13. Le5 Se4 14. Tc1 f6.

11. . . . d5–d4

Lutikovs Verwicklungsversuch. Spielbar ist das ruhige 11. . . . dc 12. Sc4: Td1:+ 13. Dd1: Dd8 14. Dd8:+ Sd8: 15. Sa4 Lf8 16. Sab6 ab 17. Sb6: Ta5 18. Sc8: Tc5 19. Sb6 Tc2, Euwe–Kupper, Zürich 1954. Schwarz hat ausreichendes Spiel für den verlorenen Bauern.

12. Sd2–b3 Da5–b6
13. Sc3–a4 Lc5–b4+

Die Pointe. Weiß gerät in die Defensive, wenn er das Opfer annimmt.

14. a3×b4

Gleiches Spiel ergibt 14. Ke2 Da6 15. Sd4: Le7, Petrosjan–Lutikov, Moskau 1966.

14. . . . Db6×b4+
15. Sb3–d2 Db4–a5
16. b2–b3 Sc6–b4
17. Dc2–b1 d4–d3!
18. f2–f3.

Nicht 18. Tc1 Sc2+ 19. Kd1 Se4. Eine beiderseits schwierige Stellung ist entstanden, in der die interessante Möglichkeit 18. . . . g5 19. Lg3 b5 20. cb S6d5 21. e4(?) Sc2+ 22. Kf2 Sc3! 23. Dc1 (23. Sc3: Db6 matt!) 23. . . . Sa4: 24. Ld3: Db6+ 25. Kf1 Se3+ 26. Ke2 Sg2: 27. Lf2 Sf4+ 28. Kf1 Df2:+ 29. Kf2: Sd3:+ 30. Ke3 Sc1: (mit Vorteil für Schwarz!) steckt.

3. Der Sämisch-Angriff

4. a2–a3

Die radikale Fortsetzung erzwingt den Abtausch des Läufers auf Kosten der Bauernstellung und eines Tempos.

4. . . . Lb4×c3+
5. b2×c3 c7–c5

Am gebräuchlichsten. Je nach der weißen Reaktion strebt Schwarz eine Auflösung oder eine Blockade des Zentrums an.

6. f2–f3

Nach 6. e3 (die Stellung kann auch aus der Botwinnik-Variante – siehe 4. e3 – hervorgehen) hält Schwarz das Spiel geschlossen, zum Beispiel 6. . . . Sc6 7. Ld3 d6 8. Se2 e5 9. 0–0 e4 10. Lb1 0–0 11. Sg3 Te8 12. f3 ef 13. Df3: De7 14. e4 cd 15. Lg5 Se5 16. Dd1 dc 17. Lf6: gf 18. Dc1 Kh8 19. Sh5 Tg8 20. Dc3: Le6 zugunsten von Schwarz, Szabó–Teschner, Helsinki 1952. Wenig bringt 6. e4 (Lehmann) ein. Nach Krogius antwortet Schwarz am besten 6. . . Da5!

7. e5 Se4 8. Ld2 Sc6 9. Se2 b6 10. f4 cd! 11. Sd4: Lb7!.

6. . . . d7–d5
7. c4×d5 Sf6×d5

Elastischer als 7. . . . ed (siehe Botwinnik-Variante).

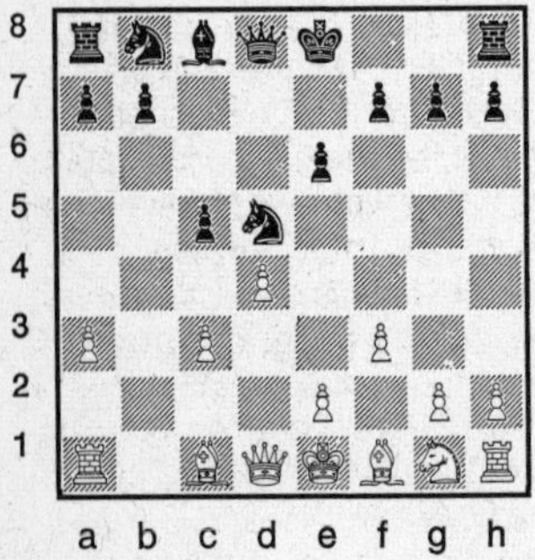

8. Dd1–d2

Ein verhängnisvoller Fehler ist 8. Ld2 cd 9. cd Dh4+, Aaron–Teschner, Stockholm 1962. Der Keres-Zug 8. dc ist jedoch zu beachten. Er entspricht der richtigen Strategie, Linien für die weißen Läufer freizumachen. Schwarz kann 8. . . . Da5 9. e4 Se7 10. Le3 0–0 11. Db3 Sa6 12. Td1 Sc6 13. Lb5 fortsetzen, wobei er ein schwieriges Spiel erhält (Bondarevski–Smyslov, Moskau 1941), oder 8. . . . f5 9. Sh3 Da5 10. Sf2 Dc5: 11. Dd4 Dd4: 12. cd Sc6 13. e3 f4 14. ef Sd4: 15. Tb1 (Taimanov sagt: »Weiß steht besser«).

8. . . . Sb8–c6
9. e2–e4 Sd5–b6
10. Lf1–b5 Lc8–d7
11. Sg1–e2 Sc6–a5!
12. Ta1–b1 Ta8–c8

und Schwarz hatte in der Partie Botwinnik–Donner, München 1958, keine Sorgen.

Wegen des Zuges 8. dc (siehe Analyse zum 8. Zug von Weiß) kommt es nach Taimanovs Vorbild in Frage, auf den Zug c7–c5 zu verzichten und zunächst 5. . . . 0–0 zu spielen. Auf 6. f3 kann 6. . . . Se8 7. e4 b6 8. Ld3 La6 9. a4 Sc6 10. La3 d6 11. f4 Sa5 12. De2 f5 (12. . . . c5 13. Sf3 Tc8 14. e5! f5 15. ef Sf6: 16. Sg5!, Wladimirov–Taimanov, Leningrad 1961) 13. e5 Dh4+ 14. g3 Dg4! folgen mit Blickrichtung auf den Punkt c4. Wenn 6. e3, so 6. . . . Te8 nebst e6–e5 oder 6. . . . d6 7. Ld3 e5 8. Se2 e4 9. Lb1 Le6 10. Sg3 (10. Db3 Sc6!, Gragger) 10. . . . Lc4: 11. Se4: Se4: 12. Le4: d5 13. Ld3 Ld3: 14. Dd3: Sd7, und die Chancen sind ebenbürtig.

4. Der Spasski-Angriff

4. Lc1–g5

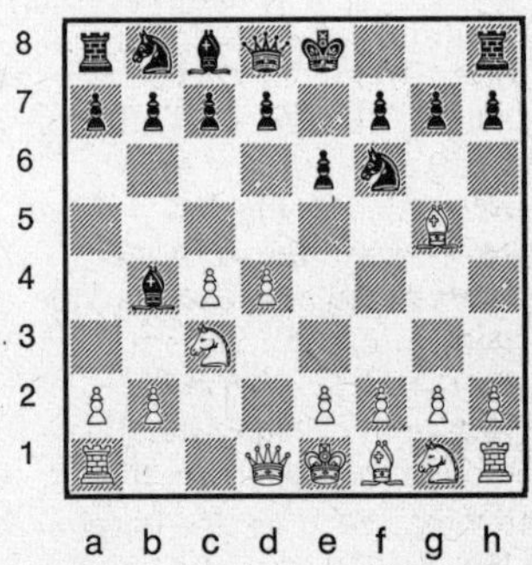

Der frühere Weltmeister Aljechin hat diesen Zug abgetan mit der Bemerkung, 4. . . . h6 5. Lf6: Lc3:+ 6.bc Df6: sei gut für Schwarz. Als Spasski mit ihm aber Erfolge errang (mit 5. Lh4 zuerst 1953 in Bukarest gegen Smyslov), änderte sich die Meinung, und 4. Lg5 gilt seitdem als vollwertig.

4. . . . h7–h6

Den Läufer zu befragen, ist auf jeden Fall ratsam. Bei dem bescheidenen 4. . . . 0–0 5. Dc2 d6 6. e4 e5 7. 0–0–0 Lc3: 8. bc De7 9. Ld3 Sc6 10. Se2 h6 11. Lh4 b6 12. Tde1 Sa5 13. f4 ef 14. Sf4: g5 15. Sd5 Sd5: 16. ed entwickelt Weiß eine nachhaltige Initiative, Teschner–Sämisch, Match 1943.

5. Lg5–h4 c7–c5

Verfrüht wäre 5. . . . g5 6. Lg3 Se4 7. Dc2 Sg3: 8. hg d5 9. a3 Lc3:+ 10. Dc3: zugunsten von Weiß: Mit dem Vorstoß des c-Bauern hofft Schwarz die Tatsache auszunützen, daß der weiße dunkelfarbige Läufer nicht mehr am Damenflügel einzugreifen vermag.

6. d4–d5

In einer Partie Réti–Marshall, Bad Kissingen 1928, kam Schwarz nach 6. e3 cd 7. ed Da5 8. Db3 Se4 9. Tc1 Sc6 gut zu stehen.

6. . . . Lb4×c3+

In der erwähnten Partie Spasski–Smyslov geschah 6. . . . d6 7. e3 ed 8. cd S8d7 9. Lb5 0–0 10. S1e2 Se5 11. 0–0 Sg6 12. Lg3 Sh5 13. Ld3 Sg3: 14. Sg3:, und hier wäre nach Euwe 14. . . . f5 besser als 14. . . . Se5 15. Le2 Lc3: 16. bc Dh4 17. f4 gewesen. Für Schwarz ist es wohl günstiger, den Tausch auf d5 zu unterlassen und e6–e5 anzusteuern. Auch 9. . . . g5 10. Lg3 Da5 ist vorgekommen (Spasski–Porath, Amsterdam 1964).

Zu beachten ist der überraschende Zug 6. . . . Sd5:, der nach Aljechin an 7. Ld8: Sc3: 8. Db3 Se4+ 9. Kd1 Sf2:+ 10. Kc1 Kd8: (oder 10. . . . Sh1: 11. a3 Le1 12. Sf3 Lf2 13. Lc7) 11. Df3 Sh1: 12. Df7: Sc6 13. Dg7: Te8 14. Dh6: scheitert. Das energische 6. . . . b5 genügt nach 7. e4 (weniger empfehlenswert ist die Annahme des Bauernopfers 7. de fe 8. cb 0–0 9. e3 Da5 10. Se2 a6!, Karaklajić, doch 7. Tc1 ed 8. cd d6 ist ruhig und gut) 7. . . . g5 (wenn 7. . . . d6, so nach Euwe 8. f3) 8. Lg3 Se4: 9. Le5 0–0 10. Dh5 d6 11. Ld3 Sc3: 12. Dh6: Se4+ 13. Kf1 de 14. Le4: f5 15. Dg6+ Kh8 zum Remis, Penrose–Unzicker, Neuhausen 1961.

7. b2×c3 e6–e5

8. e2–e3

Der Einsperrungszug 8. d6 stört den Schwarzen unter Umständen doch, wie aus einigen Partien Spasskis hervorzugehen scheint, zum Beispiel 8. . . . Sc6 9. e3 g5 10. Lg3 Se4 11. Le5:! (nicht 11. f3 wie in einer Partie Spasski–Timman, Tallinn 1973) 11. . . . Se5: 12. Dd5 mit vorteilhaftem Rückgewinn der Figur.

8. . . . d7–d6

9. f2–f4

Nach 9. Sf3 Lf5! (besser als 9. . . . S8 d7, Spasski–Larsen, Belgrad 1970) 10. Sd2 g5! 11. Lg3 S8d7 12. Le2 De7 13. 0–0 h5 14. f4 ef 15. ef h4 16. Lf2 gf 17. Da4 Kf8 18. Tae1 Se5 19. Dd1 S6d7 kam Schwarz in einer Partie Planinc–Hort, Hastings

1974/75, sehr gut zu stehen und gewann.

9. . . . **Dd8–e7**

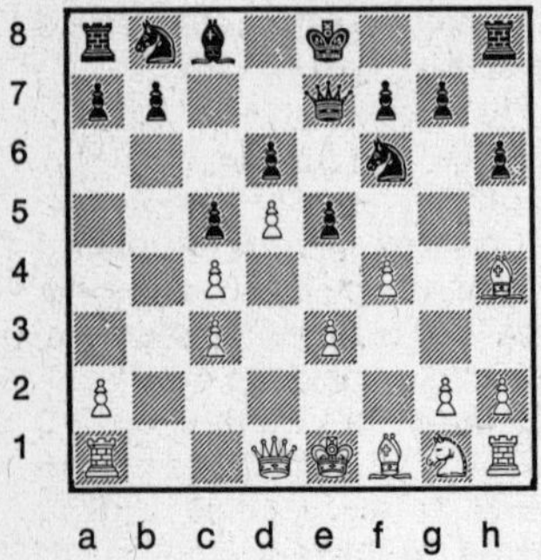

Nach 9. . . . ef 10. ef Lf5 (10. . . . De7+ 11. De2 De2:+ genügt wohl immer zum Ausgleich) 11. Ld3 Ld3: 12. Dd3: 0–0 13. Se2 S8d7 14. 0–0 Te8 15. Sg3 De7 16. Sf5 Df8 17. Dh3 Te4 18. Tf3 erhält Weiß Angriff am Königsflügel, wie eine Partie Krogius–Bobozov, Warna 1969, zeigte.

10. Lh4×f6 **De7×f6**
11. Dd1–d2 **e5×f4**
12. e3×f4 **0–0**
13. Lf1–d3 **Lc8–f5**

und die Chancen dürften gleich sein (Toran).

DAMENINDISCH

Bei der **Damenindischen Verteidigung,** der sich fast alle großen Meister der neueren Zeit, von Capablanca bis Karpov, gern bedient haben, handelt es sich darum, den Damenläufer auf b7 wirksam zu postieren und das Feld e4 mit Läufer und Sf6 zu heherrschen. Das ist nur möglich, wenn Weiß im zweiten (1. d4 Sf6 **2. Sf3**), dritten (1. d4 Sf6 2. c4 e6 **3. Sf3)** oder vierten Zug (1. d4 Sf6 2. c4 e6 3. Sc3 Lb4 **4. Sf3**) den Königsspringer nach f3 entwickelt. Auf 1. d4 Sf6 2. c4 e6 **3. Sc3** b6 könnte ja schon 4. e4 folgen.

Allerdings kommen in der Praxis auch Spielweisen vor, wie die **Owen-Verteidigung** (1. d4 b6 2. e4 Lb7), in denen die Besetzung des Punktes e4 durch den Mittelbauern bedenkenlos zugelassen wird und die nicht ohne weiteres zu widerlegen sind.

1. d2–d4	**Sg8–f6**
2. c2–c4	**e7–e6**
3. Sg1–f3	**b7–b6**

Weiß hat die Wahl, ob er das Gegenfianchetto 4. g3 nebst Lg2 (A) wählen oder sich »normal« mit 4.e3, gefolgt von 5. Ld3 (B), weiterentwickeln soll. (Siehe Diagramm)

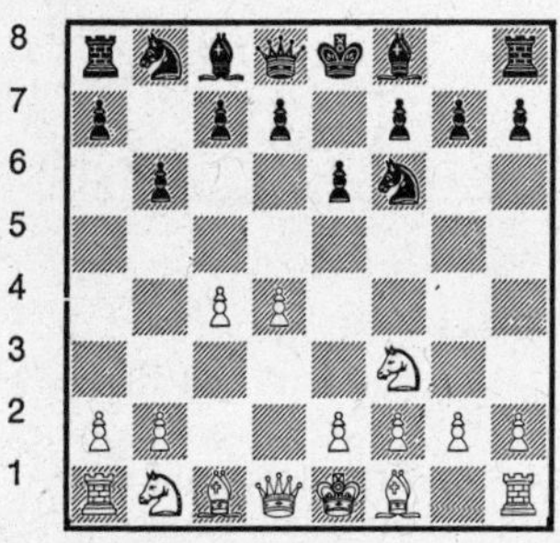

Außerdem wird auch 4. Sc3 gespielt, worauf Schwarz 4. . . . Lb4 5. e3 Lb7 6. Ld3 Se4 antworten und Weiß Gelegenheit zu dem Bauernopfer 7. 0–0 geben kann, dessen Annahme sich aber kaum lohnt (7. . . . Lc3: 8. bc Sc3: 9. Dc2 Lf3: 10. gf Dg5+ 11. Kh1 Dh5 12. Tg1 Df3:+ 13. Tg2 f5 14. La3! Se4 15. Tf1 Tg8 16. Le2 Dh3 17. f3 Sf6 18. d5!, Keres–Spasski, Riga 1965). Auf 7. . . . f5 empfiehlt Euwe 8. Db3 Sa6 9. c5! bc 10. a3. Anstelle von 5. e3 wird heute gern 5. Lg5 Lb7 6. e3 h6 7. Lh4 g5 (oder 7. . . . c5 8. Ld3 Lc3:+ 9. bc d6 10. 0–0 Sbd7 10. Sd2) 8. Lg3 Se4 9. Dc2 Lc3:+ 10. bc d6 11. Ld3 f5 12. d5 (Hort-Bellin, Hastings 1975/76) gespielt.

Sogar der Vorbeugungszug 4. a3, um die Fesselung auf b4 zu vermeiden, ist angängig, zum Beispiel 4. . . . Lb7 5. Sc3 d5 (5. . . . Le7 6. d5! mit Raumgewinn) 6. Lg5 Le7 7. e3 0–0 mit einer Stellung, wie sie auch aus dem Damengambit hervorgehen kann. Das Tempo a2–a3 ist für Weiß praktisch wertlos.

1. Das Gegenfianchetto

4. g2–g3	**Lc8–b7**

In einer Partie Hübner–Larsen, Las Palmas 1976, geschah 4. . . . Lb4+ 5. Ld2 De7 6. Lg2 Lb7 7. 0–0 Ld2: 8. Dd2: 0–0 9. Sc3 Se4 10. Se4: Le4: 11. Df4! d5 12. Tac1 Sa6 13. cd Ld5: 14. Se5 c5 15. dc bc 16. Da4! mit besserem Spiel für Weiß.

5. Lf1–g2 Lf8–e7
6. 0–0 0–0
7. Sb1–c3 Sf6–e4

Der gebräuchliche Entlastungszug. Spielbar ist auch 7. ... d5 8. Se5 Sa6, zum Beispiel 9. Da4 (oder 9. Lg5 c5 10. Tc1 Se4!, P. Garcia–Karpov, Las Palmas 1977; oder 9. Lf4 c5 10. Tc1 Se4 11. cd ed 12. Le3 Dd6!, Browne–Karpov, Las Palmas 1977, beide Male mit befriedigendem Spiel für Schwarz) 9. ... De8 10. De8: Tfe8: 11. Tfd1 Se4 12. Le3 Sc3: 13. bc c6 14. cd cd 15. c4 Tac8. Den frühzeitigen Übergang ins Endspiel überstand Schwarz ohne Nachteil (Kotschijev–Karpov, Leningrad 1977).

8. Dd1–c2

Zu einem raschen Ausgleich führt 8. Se4: Le4: 9. Se1 d5! 10. b3 Lg2: 11. Kg2: c5! 12. dc dc 13. Dd8: Td8: 14. cb ab 15. bc Tc8, Smyslov–Karpov, UdSSR 1976. Nicht viel ergibt auch 8. Ld2, zum Beispiel 8. ... Lf6 9. Dc2 Sd2: 10. Dd2: d6 11. e4 Sd7 12. d5 Se5 13. b3 Sf3:+ 14. Lf3: g6 und Schwarz stand gut in der Partie Mecking–Pogulajevski, 10. Matchpartie 1977.

8. ... Se4×c3
9. Dc2×c3 c7–c5

Möglich ist auch 9. ... Le4 10. Se1 (oder 10. Lf4 Sc6 11. Tfd1 d5 12. Se5 Se5: 13. Le5: Lg2: 14. Kg2: c6 15. Tac1 remis, Petrosjan–Kortschnoj, Match 1977) 10. ... Lg2: 11. Sg2: c6 12. d5! und Ausgleich.

10. Tf1–d1 d7–d6
11. b2–b3.

Auf 11. Dc2 geschieht 11. ... Sc6! (Gulko), auf 11. Lf4 Sd7 (11. ... Dc7 12. dc bc 13. Dd3 Td8 14. b4! cb 15. c5, Saizev–Cholmov, Dubna 1976) 12. dc Sc5: 13. b4 Se4, Tal–Gulko, UdSSR 1976.

11. ... Le7–f6

In einer Partie Petrosjan–Karpov, UdSSR 1976, hatte Weiß nach 11. ... Sd7 12. Lb2 Sf6 13. d5 e5 14. Se5:! de 15. d6 Lg2: 16. De5: Te8 17. de De7: 18. De7: Te7: 19. Kg2: Te2: 20. Lf6: gf 21. Td7 ein aussichtsreiches Endspiel.

12. Lc1–b2 Dd8–e7
13. Dc3–c2

Auch nach 13. Td2 Sc6 14. Dc2 Sb4 15. Db1 Tac8 erhielt Schwarz in der Partie Hort–Kortschnoj, Hastings 1975/76, ein befriedigendes Spiel.

13. ... Sb8–c6

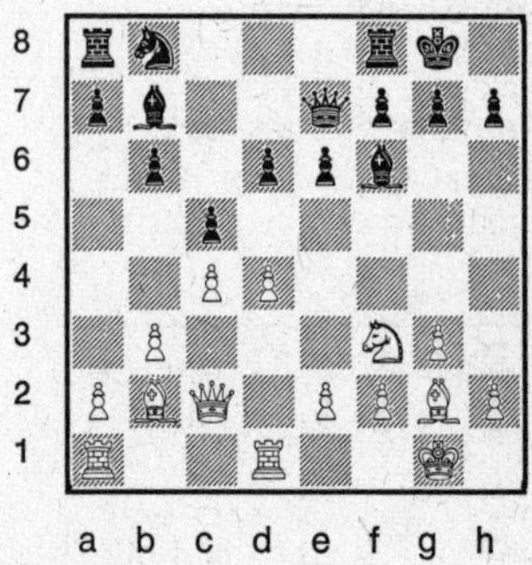

14. e2–e4 g7–g6

Mit 14. ... e5 15. d5 Sd4 16. Ld4:! cd erhält Schwarz zwar einen gedeckten Freibauern auf d4, dafür aber einen auf den schwarzen Feldern blockierten

Läufer (17. Lh3 g6 18. a4 Lg7 19. a5, Polugajevski–Gulko, UdSSR 1976).

15. d4–d5 Sc6–b4
16. Lb2×f6 De7×f6
17. Dc2–d2 e6×d5
18. e4×d5 Lb7–c8

In der 9. Matchpartie Polugajevski–Mecking 1977 verstand Schwarz, Nachteil zu vermeiden.

2. Der Normalzug

4. e2–e3.

Der **normale Entwicklungszug** ist nicht so harmlos, wie er aussieht. Keres, Spasski und andere haben ihn gern angewandt.

4. ... Lc8–b7
5. Lf1–d3 Lf8–e7

Auch das Schachgebot auf b4 hat manches für sich. Nach 6. Sc3 ist eine beim 3. Zug erwähnte Stellung erreicht (danach ist auch 6. ... Lc3:+7. bc d6 8. 0–0 0–0 9. Te1 Se4 10. Sd2 f5 11. f3 Sd2: 12. Ld2: Sd7 13. Dc2 Sf6 14. a4 c5, Gulko–Beljavski, UdSSR 1974, spielbar). Auf 6. S1d2 kann 6. ... c5 7. dc Lc5: 8. 0–0 Sc6 9. a3 Dc7, gefolgt von Se5, geschehen (Petrosjan–Kortschnoj, Match 1977).
Dem Schwarzen stehen auch noch andere Wege offen, wie 5. ... Se4 (6. 0–0 f5 7. Sed2 Ld6! mit der Idee 8. Dc2 Sd2: 9. Sd2: Lh2:+ 10. Kh2: Dh4+ 11. Kg1 Lg2: 12. Kg2: –12. f3 Dg3 – 12. ... Dg4+ 13. Kh2 Dh4+ und Remis durch ewiges Schach) oder 5. ... d5 (6. 0–0 Ld6 7. Sc3 0–0 8. b3 S8d7 9. Lb2 a6 10. De2 Se4 11. Tfd1 Df6, S. Garcia–Gulko, Cienfuegos 1976).

6. 0–0 0–0
7. b2–b3

Auf 7. Sc3 geschieht 7. ... d5 8. Dc2 c5, Osterman–Karpov, Portoroz–Ljubljana 1975.

7. ... c7–c5
8. Lc1–b2 d7–d5

In einer Partie Keres–Taimanov, Tallinn 1975, löste Schwarz die Spannung mittels 8. ... cd 9. ed d5 10. S1d2 Sc6 11. Tc1 (12. De2 Sb4 12. Lb1 Tc8 13. Se5 dc 14. bc Lehmann–Haag, Solingen 1975, sieht ebenfalls gut für Weiß aus) 11. ... Tc8 12. De2 Te8 auf, doch behielt Weiß nach 13. Tfd1 Lf8 14. De3 g6 14. h3 Angriffschancen: der eine Springer soll nach e5, der andere möglichst nach g4 geführt werden.

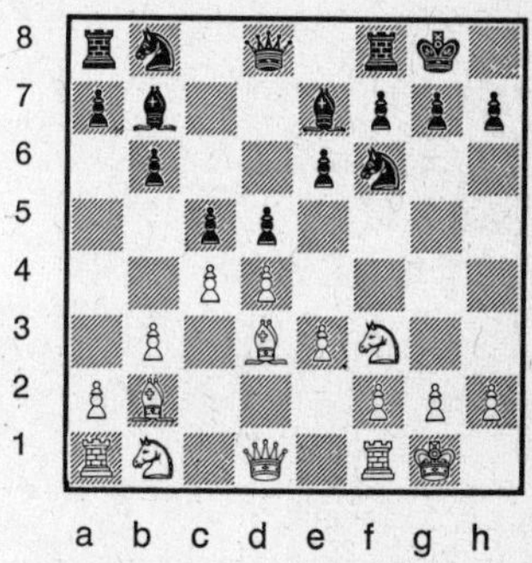

9. Sb1–c3 Sb8–d7
10. Dd1–e2 Ta8–c8
11. Tf1–d1 Dd8–c7
12. Ta1–c1 Tf8–e8
13. c4Xd5 e6Xd5
14. Ld3–f5 g7–g6
15. Lf5–h3 Tc8–d8

und Weiß steht vermutlich ein wenig besser (Spasski–Hort, Kandidaten-Match Reykjavik 1977).

BOGOLJUBOW–INDISCH

Die Idee, seinen Läufer (nach 1. d4 Sf6 2. c4 e6 3. Sf3) frühzeitig abzutauschen und danach die Bauern unter Umständen schwarzfeldrig zu postieren, stammt von Efim Bogoljubow (1889–1952), der seit 1927 deutscher Staatsbürger war.

1. d2–d4 Sg8–f6
2. c2–c4 e7–e6
3. Sg1–f3 Lf8–b4+

1. Mit Läufertausch

4. Lc1–d2

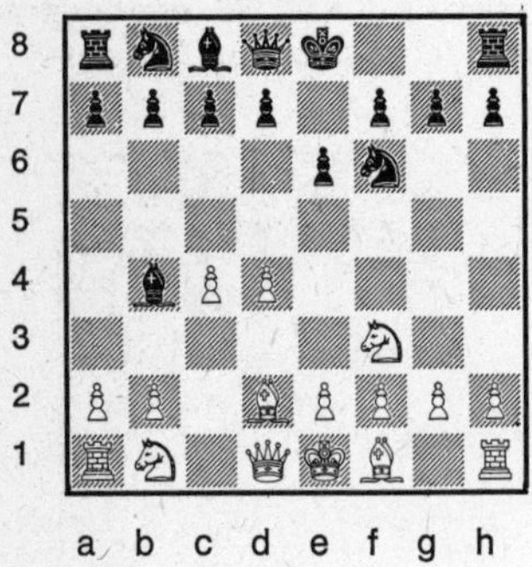

Der Läufertausch fördert die weiße Entwicklung mehr als der Zug 4. S1d2 (B). Aber auch dieser Springerzug hat seine Vorzüge.

4. . . . Dd8–e7

Schwarz darf auch sofort die Grundidee ansteuern und 4. . . . Ld2:+ 5. Dd2: d6 6. Sc3 0–0 7. e4 Sc6 8. 0–0–0 De7 9. Le2 (9. e5 de 10. de Sd7 11. De3 Dc5, Pachman) 9. . . . e5! spielen. In einer Partie Lengyel–Hecht, Belgrad 1969, wählte Weiß 7. g3 Sc6 8. Lg2 e5 9. d5 Se7 10. 0–0 Lg4 11. Se1 Dd7 12. Sd3 Lh3 13. e4 Sg6 14. f3 Lg2: 15. Kg2: mit etwas besserem Spiel für Weiß.

Schwarz hätte am besten 15. . . . Se8 und f7–f5 fortgesetzt (A. Becker).

5. g2–g3 Sb8–c6
6. Lf1–g2 Lb4Xd2+
7. Sb1×d2

Schlägt Weiß mit der Dame, hat Schwarz die gute Antwort 7. . . . Se4 8. Dc2 Db4+.

7. . . . d7–d6
8. 0–0 0–0
9. e2–e4 e6–e5
10. d4–d5 Sc6–b8
11. b2–b4 Lc8–g4
12. Dd1–c2 Lg4Xf3
13. Sd2Xf3 a7–a5
14. a2–a3 Sb8–a6

mit gleichen Aussichten (Unzicker–Petrosjan, Saltsjöbaden 1952).

2. Ohne Läufertausch

4. Sb1–d2 d7–d5

Von A. Becker empfohlen. Schwarz mußte mit a2–a3 rechnen, das ihn vor die Alternative stellte, das Läuferpaar aufzugeben oder e2–e4 zuzulassen. So würde 4. . . . 0–0 5. a3 Ld2:+ 6. Dd2: b6 7. e3 Lb7 8. b4 d6 9. Lb2 S8d7 10. Le2 Se4 11. Dc2 f5 12. 0–0 De7 13. Se1 Dg5 14. Dc1 Tf6 15. f4 Dh4 16. d5 Tg6 17. de! (Uhlmann–Andersson, Raach

1969) dem Weißen ein spürbares Plus einräumen.

5. e2–e3.

Wenig bringt 5. Da4+ Sc6 6. a3 (6. Se5 Ld7 7. Sc6: Ld2:+) 6. ... Le7 7. e3 Ld7 8. Dc2 0–0 ein.

5. ...	**0–0**
6. a2–a3	**Lb4–e7**
7. Lf1–d3	**b7–b6**
8. 0–0	**Lc8–b7**
9. b2–b3	**c7–c5**

und die Chancen sind ebenbürtig.

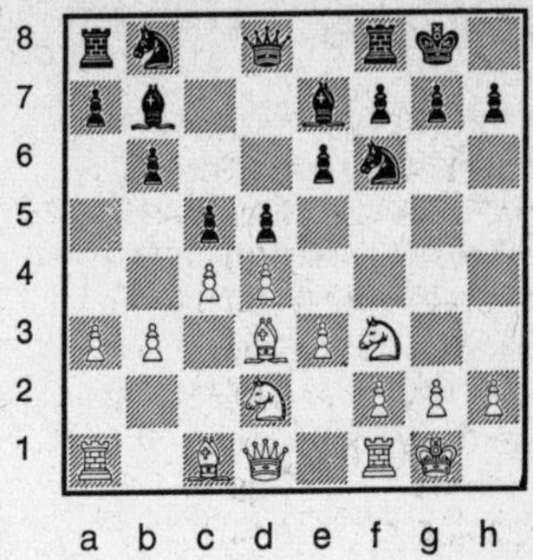

Ein Pendant zur **Sizilianischen Verteidigung** (1. e4 c5) ist die **Holländische** (1. d4 f5). In beiden Fällen bringt die Asymmetrie der Bauernstellungen Spannungen mit sich.

1. d2–d4 **f7–f5**

Mitunter wird erst 1. . . . e6 und auf 2. c4 f7–f5 gespielt. Weiß kann dann natürlich auf Französisch (2. e4) ausweichen.

2. g2–g3

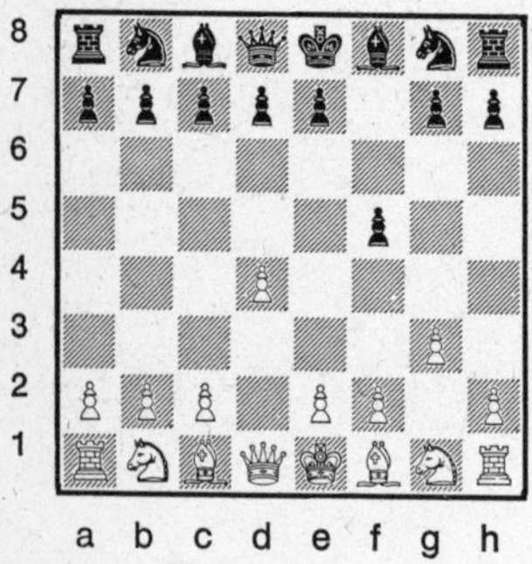

Diese Zugreihenfolge (beim Fianchetto des Königsläufers) ist in der Praxis am häufigsten anzutreffen. Bei sofortigem 2. c4 e6 muß Weiß mit dem Schachgebot oder der Fesselung auf b4 rechnen, zum Beispiel 2. c4 e6 3. Sc3 Lb4 4. e3 Lc3:+ 5. bc Sf6 6. Ld3 0–0 7. Se2 d6 8. Dc2 c5 9. h3 b6 10. d5 De8 mit guten Aussichten für Schwarz (Keres–Schofman, Leningrad 1962).

Erwähnenswert sind das **Staunton–Gambit** 2. e4 fe 3. Sc3 Sf6 4. Lg5 (schärfer ist 4.f3 ef 5. Sf3: g6! 6. Lg5 Lg7 7. Lc4 c6 8. d5 d6 9. Dd2 e6 10. de d5 11. Lb3 Le6:, obwohl Schwarz hier wenig zu fürchten hat) 4. . . . Sc6 (Mieses) 5. d5 Se5 6. Dd4 Sf7 7. Lf6: ef 8. Se4: f5 9. Sg3 g6. Schwarz läßt Lh6 und die Rochade folgen mit ungefähr gleichem, wenn auch schwierigem Spiel.

Der Zug 2. Lg5 sieht seltsam aus, ist jedoch nicht schlecht. Er lockt Schwarz zu 2. . . . h6 (2. . . . c5! 3. d5 Db6) 3. Lh4 g5 4. Lg3 f4? (richtig 4. . . . d5 5. e3 Le6 6. Sf3, aber auch gut für Weiß–Taimanov) 5. e3! (droht Matt auf h5) 5. . . . h5 6. ef h4 7. Ld3 d6 8. Lg6+ Kd7 9. Sf3 mit starkem Angriff für Weiß.

Der ruhige Zug 2. e3 kommt durchaus in Betracht, zum Beispiel 2. . . . Sf6 3. Ld3 d6 (3. . . . e6!) 4. Sf3 g6 (4. . . . Sc6 5. Lb5) 5. 0–0 Lg7 6. b3 0–0 7. Lb2 c6 8. c4 Sa6 9. S1d2 De8 10. Tc1 h6 11. Te1 g5 12. De2, gefolgt von e3–e4 und gutem Spiel für Weiß (Nejkirch und Zwetkov). Interessant ist 3. c4 d6 4. Sf3 g6 5. Sc3 Lg7 6. Le2 0–0 7. 0–0 c6 8. Dc2 Sa6 9. Td1 De8 10. b3. Teschner–Larsen, Holland 1960.

2. . . . **Sg8–f6**
3. Lf1–g2 **e7–e6**
4. Sg1–f3

Von Blackburne stammt der Vorschlag 4. Sh3; der Springer soll den Lg2 nicht verstellen und strebt eventuell nach f4. Den **Steinwall** 4. . . . d5 vermeidet Schwarz dann besser wegen 5. 0–0 Le7 6. c4 0–0 7. Sc3 c6

8. Sf4! (Pachman) in der Absicht 8.... dc 9. e4. Auf 4.... Le7 5. 0–0 0–0 6. c4 d6 7. Sc3 De8 8. e4 fe 9. Sf4 c6 10. Se4: Se4: 11. Le4: kommt Schwarz mit dem Vorstoß des e-Bauern zu gleichem Spiel (Reshevsky–Botwinnik, Den Haag 1948).

4. ... Lf8–e7

In der Partie Petrosjan–Larsen, San Antonio 1972, probierte der Däne, ein Freund der **Holländischen Verteidigung,** den Zug 4.... b5, mit dem er 5. c4 erschweren wollte. Es folgte 5. Se5 c6 6. Sd2 Db6 7. e4 Dd4: 8. S5f3 Dc5 9. ef Df5: 10. 0–0 Sd5. Schwarz hat gewisse Schwierigkeiten mit der Entwicklung des Damenflügels.

5. 0–0 0–0
6. c2–c4 d7–d6

Schwarz bereitet systematisch den Vorstoß e6–e5 vor. Gegen den **Steinwall** 6.... d5 hat Weiß mehrere gute Systeme:

1. 7. S1d2 (Petrosjan) 7.... c6 8. Dc2, zum Beispiel 8.... De8 9. Se5 S8d7 10. Sd3 Se4 11. b3 Sd2: 12. Ld2: Kh8 13. e3 Ld6 14. cd ed 15. Lb4.
2. 7. b3 (Botwinnik) 7.... c6 8. La3 S8d7 9. Dc1 Se4 10. S1d2 La3: 11. Da3: b6 12. Tac1 Lb7 13. Tfd1 Df6 14. cd ed 15. e3.
3. 7. Sc3 c6 8. Dc2 De8 (nach 8.... S8d7 8. cd! müßte der c–Bauer nehmen, so daß Weiß mit 9. Sb5 in Vorteil käme) 9. Lg5! (Tschechower) 9.... Dh5 10. Lf6: Lf6: 11. ed ed (11.... ed 12. e3 Sd7 13. b4 und Minderheitsangriff) 12. Se5 Sd7 (oder 12.... Sc6 13. Sc6: bc 14. e3 nebst 15. Sa4) 13. f4 Se5: 14. de Le7 15. Sb5 Ld7 16. Sd4 Tac8 17. Db3 »mit Vorteil für Weiß« (Taimanov). Der Engländer Bellin gibt 17.... Lc5 18. e3 Ld4: 19. ed De2! zu bedenken.

7. Sb1–c3 Dd8–e8

Die Dame strebt nach h5, manchmal auch nach g6.

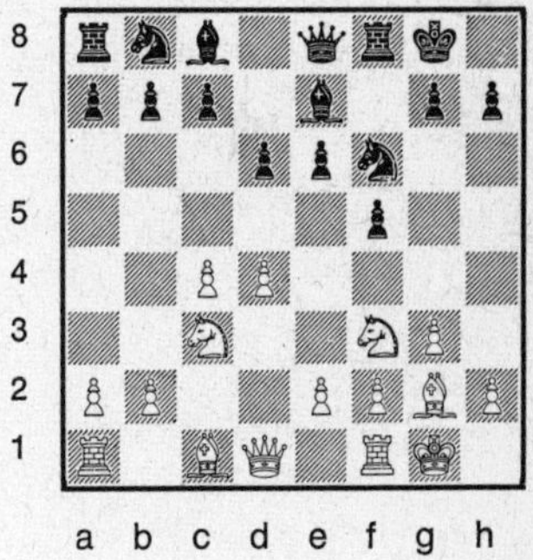

8. b2–b3

Der vielseitigste Zug. Zur Vorbereitung von e2–e4 ist 8. Te1 logisch. Auf 8.... Dg6 kann trotzdem 9. e4 fe 10. Se4: Se4: 11. Te4: geschehen (11.... De4:? 12. Sh4 mit Damengewinn). Falls nun 11.... e5, so 12. Te3!, falls 11.... Sc6, so 12. De2! e5 (ein Bauernopfer; wenn 12.... Lf6, so 13. Ld2 e5 14. de Se5: 15. Se5: Le5: 16. Lc3! Lc3: 17. bc, Friedstein–Kan, Moskau 1952, mit günstiger Stellung für Weiß) 13. de Lf5 14. ed! Dd6: (14.... Le4: 15. de Se7: 16. Sh4) 15. Lf4 Dc5 16. Le3 Db4 17. a3 Da4

18. Tf4 Tad8 19. Sd4 Sd4: 20. Ld4: Dd7 21. Lc3 zugunsten von Weiß (21. ... Ld3 22. Ld5+ Dd5: 23. De7:, Bellin). Auf 8. Te1 ist auch 8. ... Dh5 9. e4 fe 10. Se4: Sc6 11. Sf6:+ Lf6: 12. Lf4 gespielt worden, wonach Bellin 12. ... g5 13. Le3 g4 empfiehlt.

8. ... a7–a5

Auf 8. ... Dh5 kann gut 9. La3 geschehen.

9. Lc1–b2 Sb8–a6

10. Tf1–e1 c7–c6

Will Schwarz den Vorstoß des weißen e-Bauern verhindern, muß er 10. ... d5 spielen (mit Preisgabe der Idee e6–e5). In einer Partie Darga–Radoicić, Hastings 1958/59, erhielt Weiß nach 10. ... Dh5 11. e4 fe 12. Se4: Se4: 13. Te4: e5 (angezeigt war nach Bellin 13. ... Ld7) 14. de Sc5 15. ed! Ld6: (15. ... Se4: 16. de Te8 17. Se5) 16. Dd4 klaren Vorteil.

11. e2–e4 f5×e4

12. Sc3×e4 Sf6×e4

13. Te1×e4 Lc8–d7

und Weiß hat Raumvorteil und Spiel gegen den Punkt e6.

ENGLISCH

Unter den Eröffnungen, bei denen Weiß zunächst auf das Eingreifen eines der Mittelbauern verzichtet, genießt die **Englische Partie** (1. c2–c4) die größte Bedeutung. Das Spiel geht bei ihr allerdings oft in das Damengambit oder eine der »indischen« Verteidigungen über. Sehr häufig ist (als Ergänzung des Drucks gegen d5) mit Englisch die Flankierung des Königsläufers verbunden. Man spricht dann auch von der »Bremer Partie«, nach dem Bremer Meister Carl Carls 1880–1958), der mit Weiß ausnahmslos 1. c4 eröffnete. Ein Gegner von Carls hat, um den ihm unliebsamen Zug zu verhindern, den weißen c-Bauern vor der Partie ans Brett geleimt.

1. c2–c4

1. Sizilianisch im Anzug

1. ... e7–e5

Eine **Sizilianische** mit vertauschten Farben und einem Tempo mehr für Weiß ist entstanden.

2. Sb1–c3

Auf 2. Sf3 kann 2. ... e4 3. Sd4 Sc6 4. e3 Sd4: 5. ed Df6 6. d5 Lc5 7. De2 Dg6! 8. Sc3 Sf6 9. d3 0–0 10. de Sg4! mit Gegenspiel für den Bauern geschehen (Murej–Udov, Moskau 1966).

2. ... Sg8–f6

Mit 2. ... f5 geht Schwarz in eine Art **Holländische** über. Weiß erhält mit 3. g3 Sc6 4. Lg2 Sf6 5. e3 Le7 6. d4 e4 7. f3 0–0 8. S1e2! (Botwinnik–Simagin, UdSSR-Meisterschaft 1952) ein gutes Spiel.

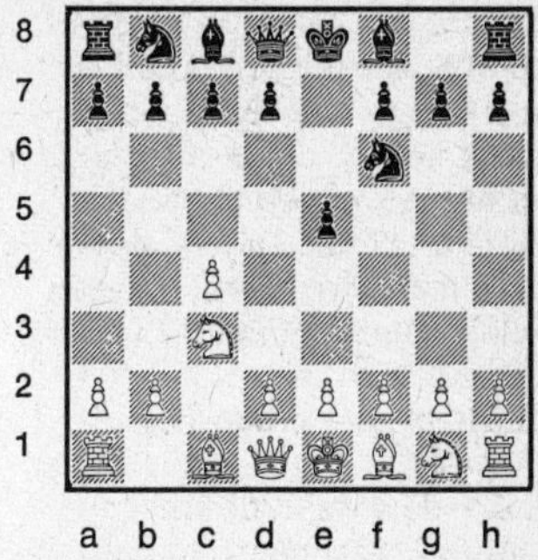

3. g2–g3

Ein gebräuchliches Verfahren (**Bremer Partie**). Möglich ist auch das **Englische Vierspringerspiel** mittels 3. Sf3 Sc6, wonach ebenfalls 4. g3 oder 4. d4 (4. ... ed 5. Sd4: Lb4 [5. ... d6 6. Sc6: bc 7. g3 mit besseren Aussichten für Weiß] 6. Lg5 h6 7. Lh4 Lc3:+ [oder 7. ... g5 8. Lg3 d6 9. Sc6: bc 10. Da4!, Taimanov] 8. bc d6! [8. ... Se5 9. f4! Sg6 10. Lf6: Df6: 11. g3 0–0 12. Lg2 d6 13. 0–0 Te8 14. Tb1 c6 15. Dd2 Sf8 16. e4!] 9. f3 Se5 10. e4 Sg6 11. Lf2 0–0 12. Dd2 c6 13. Le2 d5!, Lengyel–Spasski, Amsterdam 1964) geschehen kann.

3. ... Lf8–b4

Das **Smyslov-System.** Anwendbar ist der klassische Zug 3. ... d5, zum Beispiel 4. cd Sd5: 5. Lg2 Le6 6. Sf3 Sc6 7. 0–0 Le7 (?) 8. d4 ed 9. Sd4: Sd4: 10. Dd4: Lf6 11. Da4+ mit Vorteil für Weiß. Schwarz sollte (im 5. oder) spätestens im 7. Zug Sb6 ziehen, wonach 8. d3 Le7 9. a3 0–0 10. b4 f5 11. Le3 Lf6 12. Tc1 Sd4 13. Sd2 c6 14. Ld4: ed

15. Sa4 Lf7 16. Sc5 Tb8 zu gleichem Spiel führt. Bei der Zugreihenfolge 3. Sf3 Sc6 4. g3 d5 5. cd Sd5: 6. d3 Le7 7. Lg2 Le6 8. 0–0 0–0 9. Ld2 h6 10. Tc1 Dd7 11. a3 Tad8 12. b4 a6 13. Dc2 f5 14. Sa4 f4 errangen die Nachziehenden in der Fernsehpartie des Weltmeisters Karpov gegen die Zuschauer (1976/1977) ein bequemes Remis.

Brauchbar ist auch das **Keres-System** 3. . . . c6 als Vorbereitung von d7–d5. In einer Partie Heinicke–Teschner, Hamburg 1956, setzte Weiß mit dem wohl etwas verfrühten Zug 4. d4 fort, wonach Schwarz eine gute Stellung erhielt: 4. . . . ed 5. Dd4: d5 6. Lg5 Le7 7. cd cd 8. Sf3 Sc6 9. Da4 0–0 10. Lg2 d4 11. Td1 Db6 12. Lf6: Lf6: 13. Sd5 Db2: 14. 0–0 b5. Vorzuziehen ist 4. Sf3! e4 5. Sd4 d5 (5. . . . Db6 6. e3!) 6. cd (6. Lg2 dc) 6. . . . Db6 (6. . . . cd 7. d3!) 7. Sb3 cd 8. Lg2 Lf5! (Keres) 9. d3 Lb4 10. 0–0Lc3: 11. bc 0–0 12. Le3 Dc7 13. Tc1 Sc6 14. c4 Tad8 mit ungefährem Gleichgewicht, Reshevsky–Keres, Los Angeles 1963.

4. Lf1–g2 0–0
5. Sg1–f3

Nicht bewährt hat sich die Befragung des Läufers mittels 5. a3 in der Partie Botwinnik–Smyslov, UdSSR 1964: 5. . . . Lc3: 6. bc e4 7. Sh3 Te8 8. 0–0 d6 9. Sf4 b6 10. f3 e3! 11. d3 Lb7 12. De1 S8d7 mit gutem Spiel für Schwarz.

Mit 5. Db3 Sc6 6. e3 Lc3:! 7. dc e4 8. Se2 Se5 9. 0–0 d6, Thal–K. Richter, Berlin 1962, ist nichts zu erreichen.

5. . . . Tf8–e8
6. 0–0 Sb8–c6
7. d2–d3 h7–h6
8. e2–e4 a7–a5
9. h2–h3 Lb4–c5
10. Kg1–h2 d7–d6

und Schwarz hat ein ebenbürtiges Spiel (Etruk–Smyslov, Riga 1968).

2. Die Symmetrie-Variante

1. . . . c7–c5

Die **symmetrische Entgegnung** wird von vielen Meistern der Spitzenklasse bevorzugt. Tatsächlich hat es Weiß nicht leicht, das Anzugstempo auszunützen.

2. Sg1–f3 Sg8–f6
3. Sb1–c3 d7–d5

Schwarz versucht als erster, von der Symmetrie abzuweichen und das Zentrum zu besetzen.

Angängig ist auch 3. . . . Sc6 4. g3 g6 5. Lg2 Lg7 6. 0–0 0–0 7. d4 cd (die Stellung nach 7. . . . d6 könnte sich aus der **Königsindischen** ergeben) 8. Sd4: Sd4: 9. Dd4: d6 10. Dd3 (10. Dh4 Le6!) 10. . . . a6 11. Le3 Lf5 12. Dd2 Tb8 13. Tac1 b5 14. cb ab 15. La7! Ta8 16. Ld4 mit gutem Spiel für Weiß (Furman–Wasjukov, UdSSR 1969).

Weiß hat es auch in der Hand, nach 3. . . . Sc6 sofort im Zentrum vorzugehen. Ein Beispiel ist die 5. Matchpartie Kortschnoj–Spasski, Belgrad 1977: 4. d4 cd 5. Sd4: e6 6. g3 Db6 7. Sb3 Lb4 8. Lg2 Da6 9. Sd2 Lc3: 10. bc 0–0 11. 0–0 d5 12. Db3 Ld7 13. Da3, und Weiß, im Besitz des Läuferpaars, hatte etwas mehr vom Spiel.

4. c4×d5 Sf6×d5

5. e2–e4

Ein Zug von Nimzowitsch. Weiß kann natürlich wieder seinen Königsläufer fianchettieren, wonach sich etwa die Zugfolge 5. g3 g6 6. Lg2 Lg7 7. 0–0 0–0 8. Sd5: Dd5: 9. d3 Sc6 10. Le3 Ld7 ergeben könnte. Bei der Fortsetzung der Partie Larsen–Miles, Fernsehturnier 1977, kam Schwarz gut zu stehen: 11. Dd2 Tac8 12. Lh6 Dd6 13. a3 b6 14. Lg7: Kg7: 15. b4 Sd4! 16. Tfc1 (16. Tac1!) 16. . . . c4! 17. Sd4: Dd4: 18. Dc3 Dc3: 19. Tc3: cd 20. Td3: La4! mit vorteilhafter Stellung wegen des Besitzes der c-Linie. – Eine ruhige, gute Fortsetzung ist 5. e3.

5. . . . Sd5–b4

6. Lf1–b5+

Eine neuere Idee. Früher pflegte man 6. Lc4 zu spielen (6. . . . Sd3+ 7. Ke2 Sf4+ 8. Kf1 Se6 9. Se5 mit Chancen für Weiß), doch nach einer russischen Analyse hat Schwarz darauf die Antwort 6. . . . Le6 7. Le6: Sd3+ 8. Kf1 fe, wonach er trotz des Doppelbauern recht gut stünde (9. Sg5 Dd7 10. Dg4 e5 11. Se6 Sf4 12. Sg7:+ Lg7: 13. Dg7: Tf8 und Angriff).

6. . . . Sb8–c6

7. 0–0

In einer Partie Poutiainen–Tal, Tallinn 1977, geschah 7. a3 Sd3+ 8. Ke2 Sf4+ 9. Kf1 Se6 mit schwieriger Stellung.

7. . . . a7–a6

8. Lb5–a4 b7–b5

9. a2–a3 Sb4–d3

und Schwarz kann zufrieden sein. Das Opfer 10. Sb5: ab 11. Lb5: Dd6 12. Db3 widerlegte Schwarz in einer Partie Tukmakov–Tal, Leningrad 1977, mit 12. . . . La6! 13. Da4 Lb5: 14. Da8:+ Sd8.

RÉTI-SYSTEM

Der ungarisch-tschechische Großmeister Richard Réti (1889–1929) erregte Anfang der zwanziger Jahre Aufsehen mit seinen »hypermodernen« Eröffnungsideen. Nach seiner Meinung waren die Mittelbauern so wertvoll, daß sie nicht frühzeitig eingesetzt werden sollten. In seinen Partien wies er nach, daß es günstig sein kann, nach Belieben mit einem der beiden Mittelbauern in den Kampf einzugreifen. In seinem Eröffnungssystem, mit dem er einige große Partien gewann, pflegte Réti mit dem Königsspringer zu beginnen, ließ den Vorstoß c2–c4 und danach die Flankierung des Königs- und häufig auch des Damenläufers folgen. Sein Patent war (nach Öffnung der c-Linie) auch das Manöver Lc1–b2, Ta1–c1, Tc1–c2, Dd1–a1 und Tf1–c1.

1. Sg1–f3 d7–d5

Nach 1. ... Sf6 kann die Partie in den Bahnen einer indischen Verteidigung verlaufen oder auch ins Damengambit übergehen.

Nach 2. ... c7–c6.

2. c2–c4 c7–c6

(Siehe Diagramm)

Leitet das **New Yorker System** ein (nach einer Partie Réti–Lasker in New York 1924).

Nach 2. ... e6 kann Weiß mit 3. d4 ins **Damengambit** einlenken oder seinen Grundplan verfolgen: 3. g3 Sf6 4. Lg2 Le7 5. 0–0 0–0 6. b3 c5 7. Lb2 Sc6 8. e3 b6 9. Sc3 Lb7 10. d3 Tc8 11. Tc1 Tc7 12. De2 Td7 13. Tfd1 Da8, und Schwarz wird sich halten können (Botwinnik–Larsen, Palma 1967).

Nach 2. ... d4 könnte man die Stellung mit **Ben-Oni im Anzug** bezeichnen. Weiß hat gutes Spiel nach 3. g3 c5 4. Lg2 Sc6 5. d3 Sf6 6. 0–0 e5 7. b4 (dieses Bauernopfer kennt man auch für den Nachziehenden im **Wolga-Gambit,** einer Variante der **Modernen Ben-Oni-Verteidigung.** Man kann auch einfach 7. e3 Le7 8. ed ed 9. Lf4 0–0 10. Se5 Se5: 11. Le5: Sd7 12. Te1 spielen, wie in Petrosjan–Kortschnoj, Palma 1968). 7. ... cb 8. a3 ba 9. Sa3: Le7 10. e3 0–0 11. ed ed 12. Te1 Lb4 13. Ld2 (Lein).

Nimmt Schwarz im zweiten Zug auf c4 (2. ... dc), so ist 3. e3 c5 4. Lc4: Sf6 5. 0–0 a6 am einfachsten, wonach Weiß mit 6. d4 ins **Damengambit** übergehen kann. Gut ist auch 3. Da4+.

3. b2–b3

Das Schlagen auf c4 drohte nun ernstlich.

3. ... Sg8–f6

4. g2–g3 Lc8–f5

Schwarz möchte mit diesem Zug die Einsperrung des Läufers vermeiden. Manchmal übt er allerdings auch auf der Schrägen h7/b1 nur einen bescheidenen Einfluß aus. Deswegen kommt Capablancas Zug 4. ... Lg4 ernstlich in Betracht (5. Se5 Lh5 6. Lg2 e6 7. Lb2 Le7 8. 0–0 S8d7 9. Sd7: Dd7:, Réti–Capablanca, Moskau 1925, oder 5. Lg2 e6 6. Lb2 S8d7 7. 0–0 Ld6 8. d3 0–0 9. Dc2 Dc7 10. e4 de 11. de Lf3: 12. Lf3: e5, Radulov–Hennings, Lugano 1968).

5. Lf1–g2

Petrosjan hat 5. La3 vorgeschlagen (dann könnte der e-Bauer nur unter Rochadeverlust ziehen). In einer Partie Benkö–Addison (Amerikan. Meisterschaft 1967) geschah 5. ... a5 6. Lg2 Sa6 7. 0–0 Sb4 8. d3 h6 9. Lb2 e6 10. a3 Sa6 11. S1d2.

5. ...	**e7–e6**
6. 0–0	**Sb8–d7**
7. Lc1–b2	**Lf8–c5**

Mit dem Gedanken, daß der Lf5 von einem Zug wie d2–d4 Nutzen ziehen würde. Der weiße d-Bauer gehört nach d3. Die Partie Réti–Em. Lasker ging 7. ... Ld6 8. d3 0–0 9. S1d2 e5 10. cd cd 11. Tc1 (wenn 11. e4 so 11. ... Lg4!) 11. ... De7 12. Tc2 a5 13. a4 h6 14. Da1 Tfe8 15. Tfc1 Lh7 weiter. Schwarz hat die Mitte besetzt und droht, eventuell mit dem e-Bauern nach vorne zu stürmen. Nach 16. Sf1 Sc5 17. Tc5: entstanden schwierige Verwicklungen.

8. d2–d3	**h7–h6**

Ein häufig notwendiger Zug, um den Läufer f5 vor dem Abtausch zu bewahren.

9. Sb1–c3	**0–0**
10. Dd1–c2	**Lf5–h7**
11. e2–e4	**d5×e4**
12. d3×e4	**Dd8–e7**

Wenn 12. ... b5, so 13. cb cb 14. De2.

13. Dc2–e2	**e6–e5**

und es ist eine schwierige Stellung entstanden, in der beide Teile Chancen haben und die einen langwierigen Kampf verspricht – charakteristisch für das Réti-System.

DER LARSEN-ANGRIFF

Der dänische Großmeister Bent Larsen hat sich in einer ganzen Reihe von Partien des früher als ungeeignet zum Erreichen eines Vorteils betrachteten Zuges 1. b2–b3 bedient. Man sagt sich heute, daß ein greifbarer Vorteil mit keinem Eröffnungszug zu erzielen ist. Man versäumt also nichts, wenn man zunächst seinen Läufer auf die Flanke entwickelt. Ein ähnlicher Gedanke liegt dem Zug 1. g3 zu Grund. Hierbei strebt Weiß meist einen Aufbau **à la Königsindisch** an, wählt also ein System mit einem Tempo mehr, das ursprünglich für den Verteidiger gedacht war (zum Beispiel 1. g3 d5 2. Sf3 Sf6 3. Lg2 c5 4. 0–0 Sc6 5. S1d2 e6 6. e4).

1. b2–b3 e7–e5

Möchte Weiß diesen Zug nicht

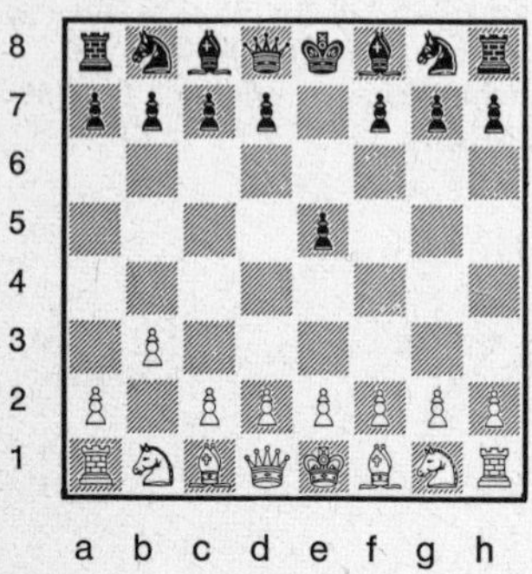

zulassen, muß er wie Réti mit 1. Sf3 beginnen und erst auf 1. . . . d5 2. b3 spielen **(Nimzowitsch-Angriff).** Eine Partie Petrosjan–Fischer, Kandidatenmatch Buenos Aires 1971, ging mit 2. . . . c5 (die beiden schwarzen Züge wurden umgestellt) 3. Lb2 weiter, wonach Schwarz eine gute Stellung erlangte: 3. . . . f6! 4. c4 d4 5. d3 e5. Keene empfiehlt darum 3. e3 (3. . . . f6 4. d4 oder 3. . . . Sc6 4. Lb5).

Gegen 1 . . . d5 spielte Fischer mit Weiß (gegen Mecking in Palma 1970) 2. Lb2 c5 3. Sf3 Sc6 4. e3 Sf6 5. Lb5 Ld7 6. 0–0 e6 7. d3 Le7 8. Lc6: Lc6: 9. Se5 Tc8 10. Sd2 0–0 11. f4 Sd7 12. Dg4, ein gutes Vorbild, das an die **Bird-Eröffnung** (1.f2–f4) erinnert, die auf ähnliche Weise einen Druck gegen die dunkelfarbigen Zentralfelder einleitet.

2. Lc1–b2 Sb8–c6

3. c2–c4

Weiß wendet sich gegen die vollständige Besetzung des Zentrums d7–d5.

3. . . . Sg8–f6

3. . . . Lc5 führt zum Tempoverlust, zum Beispiel 4. e3 S8e7 5. a3 Sg6 6. d4! ed 7. ed Df6(?) 8. Sf3 0–0 9. Dd2 Ld6 10. Sc3, C. Riepenhausen–Franke, Fernpartie 1977.

4. e2–e3

Als Mißgriff entpuppte sich 4. Sf3 in der Partie Larsen–Spasski, Belgrad 1970: 4. . . . e4 5. Sd4 Lc5 6. Sc6: dc 7. e3 Lf5 8. Dc2 De7 9. Le2 0–0–0 mit schönem Spiel für Schwarz (10. f4? Sg4! 11. g3 h5 12. h3 h4! 13. hg hg 14. Tg1 Th1! 15. Th1: g2 16. Tf1 Dh4+ 17. Kd1 gfD+. Weiß gab auf).

4. . . . . d7–d5

Folgerichtig und für ein normales Spiel ausreichend. Schwerer hat es Schwarz bei 4. . . . Le7 5. a3 0–0. Eine Partie Fischer–Andersson, Expressen 1970, verlief 6. Dc2 Te8 7. d3 Lf8 8. Sf3 a5 9. Le2 d5 10. cd Sd5: 11. S1d2 f6 12. 0–0 Le6 13. Kh1! Dd7 14. Tg1 Tad8 15. Se4 Df7 16. g4, gefolgt von Tg3 und Tag1. Weiß gewann im Angriff. Zum Vergleich ein Spiel Fischer-Tukmakov, Buenos Aires 1970: 6. d3 d5 7. cd Dd5: 8. Sc3 Dd6 9. Sf3 Lf5 10. Dc2 Tfd8 11. Td1 h6 12. h3 De6 13. Sd2 Sd7 14. Le2, und nun wäre nach Wade 14. . . . Dg6 am besten gewesen. Tukmakov spielte 14. . . . Kh8 15. 0–0 Lg6 16. b4 a6 17. Tc1 Tac8 18. Tfd1 f5 19. Sa4 Sa7 und geriet nach 20. Sb3! in Schwierigkeiten.

5. c4×d5 Sf6×d5
6. a2–a3

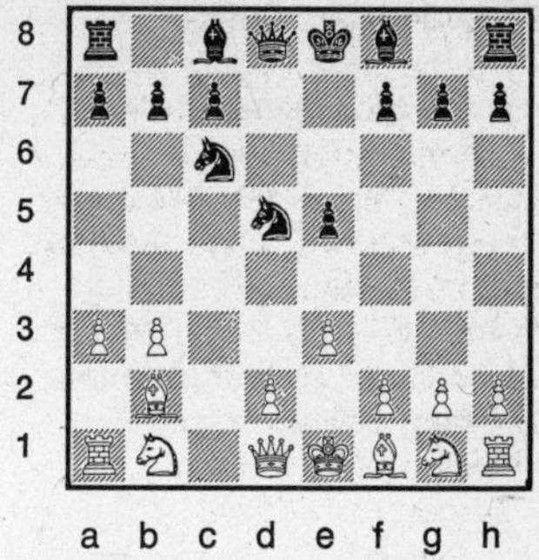

Weniger gut ist 6. Lb5 wegen S5b4!.

6. . . . Lf8–d6
7. Dd1–c2 0–0
8. Sg1–f3 Dd8–e7
9. Sb1–c3 Sd5×c3
10. Dc2×c3 f7–f5
11. Lf1–b5 e5–e4!
12. Lb5×c6 b7×c6
13. Sf3–e5 c6–c5

Eine Partie Larsen–Spasski, Leiden 1970, ging remis aus.

DIE BIRD-ERÖFFNUNG

Der englische Meister Bird (1830–1908) wandte den Zug 1. f2–f4 regelmäßig an. Er trägt deshalb in der Theorie seinen Namen. Der Grundgedanke ähnelt der **Larsen-Eröffnung** (1. b3); manch-lenkt auch die eine Eröffnung in die andere über.

1. f2–f4 d7–d5

Die häufigste Erwiderung: Der Amerikaner R. Fischer (Weltmeister von 1972–1975) hat den Zug stets auf **königsindische** Art, also mit der Flankierung des Königsläufers, bekämpft. Eine Fernsehpartie Larsen–Fischer, Dänemark 1962, verlief 1. . . . Sf6 2. Sf3 g6 3. d3 d5 4. S1d2 d4 5. c3 dc 6. bc Sd5! 7. Da4+ Sc6 8. Se5 Lg7 (8. . . . Sc3:? 9. Dc4 Se5: 10. Dc3:) 9. Se4 (9. Sc6: Sc3: 10. Dc4 bc 11. Dc6:+ Ld7 12. Df3 Se2:) 9. . . . Sb6! 10. Db3 Se5: 11. fe Le5: 12. Db5+ Sd7 13. Lh6 c6 14. Db3 Sf6, und Schwarz verwertete schließlich den gewonnenen Bauern.

Marić (in Skopje 1967) behandelte seine Partie gegen Fischer so: 1. f4 Sf6 2. Sf3 g6 3. d3 Lg7 4. e4 0–0 5. Le2 c5 6. 0–0 Sc6 7. a4 d6 8. De1 (also im Stil der holländischen Verteidigung) 8. . . . c4! 9. Sa3 cd 10. Ld3: Sd7 11. c3 Sc5 12. Lc2 Sb3! 13. Lb3: Db6+ 14. Kh1 Db3:, und mit dem Läuferpaar stand Schwarz gut. Nach 1. . . . e5 (Froms Gambit) 2. e4 geht die Partie in das Königsgambit über. Weiß kann das Bauernopfer auch annehmen und 2. fe d6 3. ed Ld6: 4. Sf3 spielen, worauf Lasker 4. . . . g5 (drohend g5–g4 und nach Zurückweichen des Springers Dh4+ nebst matt) vorgeschlagen hat. Als »letztes Wort« gilt die Folge 5. g3 g4 6. Sh4 Se7 (6. . . . Le7 7. Sg2 h5 8. d4 h4 9. Lf4) 7. d4 Sg6 8. Sg2 Sc6 9. c3! h5 (9. . . .f5 10. Lh6, oder 9. . . . Lf5 10. Lh6) 10. e4 h4 11. e5 Le7 12. Tg1 hg 13. hg Th2 14. Le3 Lf5 15. Sd2 Lg5 16. De2 Le7 17. Lf2 Dd7 18. Se3 0–0–0 19. Tg2 Th1 20. Sf5: Df5: 21. Sc4 mit befestigtem Bauern, Larsen–Zuidema, Beverwijk 1964.

2. Sg1–f3 c7–c5

Oft geschieht auch 2. . . . Sf6 3. e3 g6 4. b4 (Larsen), zum Beispiel 4. . . . Lg7 5. Lb2 0–0 6. Le2 b6 7. 0–0 Lb7 8. Sa3 S8d7 9. c4 c5 10. bc Sc5: 11. Ld4 dc 12. Sc4: Sd5 wie in einer Partie Larsen–Donner, Halle 1963. Schwarz kann zufrieden sein.

3. e2–e3 e7–e6
4. b2–b3 Sg8–f6
5. Lc1–b2 Lf8–e7

Nach einer Partie Tartakower-Lasker, Nottingham 1936, ist auch 5. . . .Ld6 gut (6. Ld3 a6 7. 0–0 Sc6 8. c4 dc 9. Lc4: 0–0 10. Se5 Se7 11. Sc3 Sg6 12. d4 cd 13. ed b5 14. Ld3 Lb7, und Schwarz hat den Punkt d5 in der Hand. Deswegen ist wohl 6. Lb5+ Ld7 vorzuziehen.).

6. Lf1–b5+ Lc8–d7

Schwarz läßt seinen Damenspringer nicht tauschen. Er braucht ihn zur Kontrolle des Punktes e5.

7. a2–a4 a7–a6

8. Lb5×d7+ Sb8×d7

9. a4–a5.

Mit seinem listigen Bauernmanöver hat Weiß den Punkt b6 geschwächt. In einer Partie Larsen–

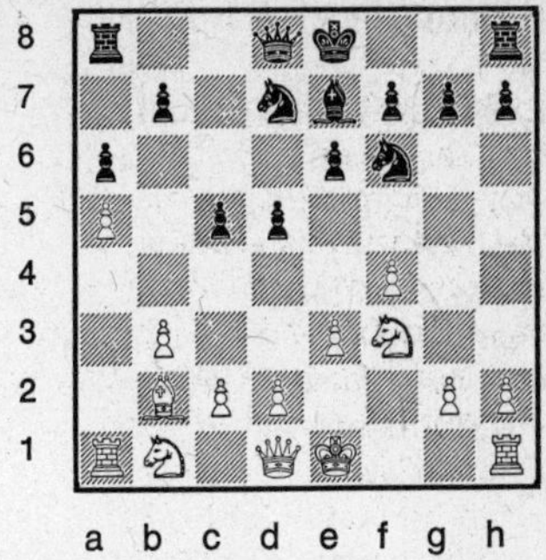

Teschner, Kopenhagen 1963, erwies sich das nach 9. . . .Dc7 10. 0–0 Ld6 11. c4 0–0 12. Sc3 d4 13. ed cd 14. Se2 d3 15. Sc1 Lf4: 16. Sd3: Ld6 ohne besondere Bedeutung. Gleichwohl verdient das weiße Spiel den Vorzug.

SACHREGISTER

NAMENSVERZEICHNIS